Frédéric II de Hohenstaufen

MARCEL BRION

FRÉDÉRIC II DE HOHENSTAUFEN

TEXTO
Le goût de l'histoire

Éditions Tallandier, 2 rue Rotrou, 75006 Paris
www.texto-legoutdelhistoire.com
www.tallandier.com

I

Le « gamin d'Apulie »

Le jour de Pentecôte de l'année 1198, au déclin de ce siècle qui avait vu tant de bouleversements profonds dans les États européens, dans les consciences individuelles, dans l'organisation des sociétés, un enfant de quatre ans montait sur le trône de Sicile. Deux ans plus tôt, il avait déjà reçu la couronne de roi d'Allemagne. C'était un fardeau bien lourd pour une tête d'enfant.

Autour de cet enfant sans père, dont la mère mourra quelques mois plus tard et qui restera seul, sans appui autre que celui que pourraient lui donner — et que ne lui donnent pas — des oncles lointains, prisonnier tout autant que pupille d'un pape qui prétend se servir de lui pour satisfaire son appétit de domination mondiale, toutes les convoitises se déchaînent, toutes les ambitions se démasquent. Ce fin visage, si délicat sous les lourds diadèmes bosselés de pierres précieuses et de camées antiques, porte déjà les traces du souci, de l'angoisse, de la déception. Le petit roi a fait trop tôt l'expérience du cœur humain, de la violence de ses passions, de la brutalité de ses désirs. Il sait — ou il devine — qu'il est une proie pour tous ceux qui l'entourent ; et chacun espère que ce sera une proie facile.

Auprès de lui s'agitent des prélats aimables, insinuants et habiles aux intrigues, des barons aux rudes poignes qui ne mâchent pas leurs mots et composent mal leur visage, des courtisans serviles ou des domestiques arrogants. Tout un monde pour lequel il est un moyen, non une fin, et qui ne l'approche que pour atteindre par lui le but souhaité par le goût du pouvoir, l'amour de l'argent ou du plaisir.

La protection du pape le couvre et lui épargne de devenir la victime de ses ministres indociles, de ses officiers sans scrupules, de ses vassaux hypocrites ou félons. «Trois raisons principales nous poussent à prendre en tutelle et sous notre défense le royaume de Sicile, a écrit Innocent III, et à protéger notre très cher fils en Jésus-Christ, Frédéric : la première est notre devoir général en tant que pasteur, qui nous ordonne de défendre les droits de quiconque et particulièrement des orphelins ; la seconde est d'ordre spécial, car il s'agit du royaume de Sicile qui appartient par droit et par propriété à l'Église romaine ; la troisième est, en quelque sorte personnelle, puisque l'impératrice Constance, d'illustre mémoire, nous a laissé par testament la tutelle et le gouvernement de ce même royaume et de son roi[1]. » La robe pontificale lui fait un manteau, mais, s'il n'y prend garde, il ne pourra bientôt plus respirer sous cet abri, et les plis du pallium l'étoufferont. Il faudra qu'il se méfie de ses amis tout autant que de ses ennemis, les uns et les autres ne voyant en lui qu'une marionnette, une poupée dont on tire les fils, qu'on fait parler et agir à son gré, et non pas toujours dans son propre intérêt ni pour son propre bien.

La double hérédité de deux races violentes, de deux génies contraires, exalte et soulève le petit roi. Cet enfant est le fils de l'empereur allemand Henri VI, que les Siciliens avaient surnommé Henri le Cruel, ou le Cyclope, et le petit-fils de ce Frédéric Barberousse qui disparut un jour en Orient, alors qu'il traversait le fleuve Salef, et dont l'Allemagne, qui n'a jamais voulu croire à sa mort, attend encore le retour. Sa mère, Constance, descendait des rois normands, qui avaient établi sur le royaume de Sicile la domination d'une lignée d'aventuriers héroïques, les Hauteville. Il porte les mêmes prénoms que ses deux grands-pères : Frédéric et Roger. L'un rappelle la dynastie nordique des Hohenstaufen, ces princes souabes qui, nombreux, ont porté la couronne impériale, régné sur l'Allemagne et conquis l'Italie. L'autre le rattache à ces Normands dans lesquels revivait l'esprit des grands Vikings, leur passion de la conquête et de l'autorité, leur soif insatiable d'aventures lointaines et dangereuses. Ses racines s'enfoncent dans le Nord et dans le Midi, dans le terreau sombre des forêts germaniques et dans le sable léger des palmeraies siciliennes. Aucun enfant n'a porté jamais un héritage aussi lourd et aussi magnifique, chargé d'aussi nobles aspirations, d'aussi épuisants devoirs. Et cet orphelin dont la tête penche sous ces somptueuses couronnes a quatre ans.

Le gamin d'Apulie. Ses ennemis le désignent ainsi, par dérision et avec dédain. Ses fidèles aussi — il en a —, avec une nuance de tendresse, d'attachement et de compassion. Un gamin qui, à l'âge des plus pures et des plus douces insouciances, pressent le cheminement lent et compliqué des combinaisons politiques dans lesquelles chacun tente de l'enserrer à son profit. Quelles illusions conserverait-il ? Quels jeux puérils conviendraient à ce garçon élevé sans amour, dans un mélange de sévérité concertée et de négligence qui favorise toutes les libertés, sauf les libertés majeures, qui lui sont refusées par ses régents qui sont en même temps ses gardiens ? Ce petit roi est un monarque absolu, mais ceux qui le dirigent se gardent bien de lui laisser l'autorité. Il est au centre de cet entrelacs touffu d'ambitions, de rivalités, de haines, de rancunes, d'avidités. Et déjà il sait qu'il devra se défendre de toutes ses forces et, le plus souvent, attaquer le premier, avant que les autres aient eu le temps de l'attaquer.

Malgré cette demi-servitude que couvre l'apparat de la majesté royale et quoiqu'il n'ignore plus rien, bientôt, des vilenies et des méchancetés humaines, il ne devient pas misanthrope. Il ne s'attriste pas, ni ne s'aigrit. Tous les jeux sont fades et ternes auprès du grand jeu de la politique, auquel s'exerce son cerveau d'enfant. Tous les rêves sont mesquins qui n'ont pas pour objet, pour noyau, le désir de la puissance universelle, le songe de la domination du monde entier, la souveraineté des nations unies dans la soumission à son unique volonté.

Il connaît les prophéties étranges et terribles qui ont annoncé sa naissance. On raconte qu'il n'est pas le fils d'Henri le Cyclope, mais d'un esprit impur qui a visité l'impératrice Constance, une nuit, pendant son sommeil. Est-il l'Antéchrist, dont parlait Joachim de Flore, ou ce Maître du Monde que prophétisait Merlin ? Que signifie le rêve qu'a fait sa mère, dans lequel elle le voyait sous la forme d'une torche vivante, qui allait mettre le feu à l'Europe ? Quelque forme que prenne ce destin qui l'attend, il sait qu'il sera exceptionnel et grandiose, mais il devine aussi combien sera longue et pénible cette ascension, quels efforts elle réclamera, combien d'échecs, de reprises, d'incertitudes, l'attendront sur cette route.

Cette route commence à Iesi, une bourgade italienne, que rien ne préparait à devenir le berceau du futur empereur, en 1194, le lendemain du jour de Noël. Dans un élan d'orgueil insensé, et un peu sacrilège, il appellera plus tard Iesi, son *Bethléem,* et toutes ses faveurs iront à la petite ville qui a eu l'honneur de voir naître ce « dieu ». Mais pour le moment il n'est que l'enfant d'un couple mal assorti. Sa mère avait quarante ans, dix ans de plus que son père, qui ne l'avait épousée que pour des raisons politiques. Il l'avait fait sortir du couvent, avec la permission du pape, pour partager avec elle la couronne impériale ; cette femme qu'Henri VI n'aimait point et à laquelle il ne s'était uni que par intérêt, lui avait apporté le royaume de Sicile qui comprenait, outre cette île, toute l'Italie du Sud, l'Apulie, les Abruzzes, la Calabre.

Ce mariage étant resté stérile pendant six ans, Constance craignit qu'on ne l'accusât de supercherie. Aussi quand les douleurs l'obligèrent à interrompre son voyage vers Palerme et à demeurer dans la marche d'Ancona fit-elle élever sur la grand'place de Iesi un pavillon dans lequel elle accoucha à la vue de tous. Le peuple entendit ses cris de souffrance et les vagissements de l'enfant. Les prélats et les nobles qui se pressaient autour de sa couche la virent tendre au bébé ses seins gorgés de lait.

Aussitôt que la mère peut se remettre en route, ces vagabonds royaux recommencent leur voyage. Une nouvelle halte à Foligno, pour baptiser l'enfant. Son père, qui n'a pas assisté à sa naissance, est là, escorté de prélats et de barons. Et puis l'empereur et l'impératrice repartent après avoir confié le nouveau-né à la femme d'un capitaine allemand, Conrad de Lutzinhart, duc de Spoleto, qu'on appelait Cervelle-de-Mouche, à cause de sa légèreté proverbiale.

Peu de temps après que les époux royaux furent revenus en Sicile, Henri VI le Cruel meurt à Messine, le 28 septembre 1197. D'une mort inexpliquée, inexplicable, mais le trépas des souverains, à cette époque, quand ils ne tombaient pas sur le champ de bataille, était fréquemment entouré de circonstances mystérieuses. On croit qu'il a été empoisonné. Par qui ? La rumeur publique dit : par l'impératrice Constance elle-même. Mais ce sont de ces calomnies qu'on répand sur le compte de la vieille nonne, dans l'entourage du petit roi, pour augmenter la tristesse et l'angoisse dans laquelle il vit. Il est plus probable qu'une vengeance de ces Siciliens opprimés par l'Allemand barbare à qui ils avaient donné ce terrible surnom, a écarté pour toujours de la scène politique cet empereur de trente-deux ans qui régnait sur ses sujets avec une férocité détestable.

Henri VI mort, il ne faut pas perdre de temps. A chaque instant, un coup d'État peut se produire ; de la part des Sarrasins, des partisans de Tancrède, l'héritier qu'ils disent légitime des rois normands ; ou des barons souabes eux-mêmes, que l'impératrice n'aime pas, qui la haïssent, et qui savent bien, qu'après la disparition d'Henri, ce sont les Italiens qui vont prendre toutes les places. Constance envoie deux messagers à Conrad de Lutzinhart : il faut amener l'enfant d'urgence, en Sicile, pour le faire couronner. Et voilà qu'on se remet en route, de nouveau, en toute hâte. Au galop, le petit roi, escorté du duc de Spoleto, du comte de Celano, du comte de Loreta, quitte l'Ombrie, et gagne le sud de l'Italie, à toutes brides.

Pendant que Frédéric galope, sa mère s'occupe du couronnement. Cette précaution que son père n'a pas pu prendre — il ne pensait pas mourir si jeune —, Constance ne la négligera pas. Peut-être pressent-elle, aussi, qu'elle va mourir, à son tour, avant que l'année soit achevée. Elle craint que les souverains menacés par les grandes ambitions politiques d'Henri VI, ne se vengent sur son fils de la crainte que leur avaient fait éprouver les grands projets de l'empereur. Celui-ci, audacieux, entreprenant, et chimérique, comme tous les Hohenstaufen, rêvait de conquérir Constantinople. Il aurait ainsi réuni sur sa tête les deux couronnes impériales, celle d'Orient et celle d'Occident, et réalisé la reconstitution de l'antique empire romain, dans toute sa puissance, dans toute son unité d'avant la division. Les Byzantins, qui connaissaient ces ambitions, et qui ne les jugeaient pas tout à fait irréalisables, ne sont peut-être pas étrangers à la disparition prématurée d'un monarque qui menaçait dangereusement leur autorité et leur indépendance.

Ce projet grandiose, qui avait probablement germé dans l'esprit de Barberousse avant d'inspirer son fils, coûta la vie à Henri VI. Il pouvait aussi coûter, sinon la vie, du moins la couronne à Frédéric, si on le soupçonnait capable de pareilles aspirations. Trop de princes avaient intérêt à ce que l'héritier impérial ne régnât pas. Une fois couronné, il serait plus difficile de le déposséder. Aussitôt arrivé à Palerme l'enfant est conduit en grande pompe à la cathédrale, par une belle journée de mai, et tandis que le chœur chante «Exauce-nous, Christ! Vie perpétuelle à notre seigneur le roi Frédéric, magnifique, triomphateur, invincible! Exauce-le, Christ sauveur du monde! Exauce-le, sainte Trinité! Exauce-le, sainte Marie! Lumière constante et paix éternelle au recteur pacifique, au très pieux gouverneur le roi Frédéric! Sainte Christine, exauce-le! A lui seul honneur et gloire, vertu et victoire dans la suite infinie des siècles[2]...», la fumée de l'encens s'élève jusqu'aux mosaïques blondes et bleues de la voûte, et le légat du pape pose sur sa tête la vieille couronne des rois normands.

Cette cérémonie accomplie, Constance, certaine que son fils conserverait l'héritage de ses ancêtres, se prépara à terminer pieusement cette existence orageuse et sans joie que les événements lui avaient imposée, et elle s'endormit doucement dans la paix du Seigneur, au mois de novembre 1198. A quatre ans, Frédéric II se trouvait donc roi d'Allemagne et roi de Sicile, en butte à toutes les machinations astucieuses ou brutales qui, toutes, tendaient à arracher à ses faibles petites mains le royaume que ses parents lui avaient légué. La seule autorité à laquelle on pouvait confier la charge de le protéger contre tous ces ennemis proches ou éloignés, était le pape; lui seul, pensait-on, n'abuserait pas de la situation pour accaparer la puissance qui revenait au petit roi. Le pape avait intérêt aussi à contrôler le royaume de Sicile. Toute la politique d'Innocent III tendait à empêcher que l'empire allemand et le royaume italien fassent un bloc qui aurait encerclé les États pontificaux et interdit ses libres communications avec le reste du monde. Il avait intérêt à ce que l'Empire fût fort, afin qu'il pût le protéger, mais pas trop fort, cependant. Des deux pouvoirs, le pouvoir spirituel devait dominer ; il était bon que le pouvoir temporel ne l'oubliât jamais. Préserver l'Italie du Sud, qu'on appelait le royaume de Sicile, contre les entreprises des Byzantins et des Sarrasins, était aussi un des principaux objectifs du Saint-Siège. Les Musulmans n'étaient déjà que trop nombreux et trop puissants dans cette région ; il fallait qu'ils obéissent, malgré tout, à un roi chrétien. Innocent III avait donc accepté cette tutelle, que Henri VI lui avait confiée avant de mourir, et que Constance avait renouvelée, sur son lit de mort. Mais Rome était loin de Palerme, et Innocent III, qui ne pouvait veiller lui-même sur la sécurité de son pupille, délégua cette charge à son chancelier Gautier de Palearia, lequel s'en acquitta, sa vie durant, avec une vigilante fermeté.

Ce n'était pas chose facile, et il n'était pas le seul, malheureusement, à exercer l'autorité — ou à y prétendre —, dans cette cour où les barons allemands, les princes sarrasins, les nobles italiens, se disputaient les préséances, les privilèges et les bénéfices. Ce fut à qui dominerait, par l'habileté ou par la force, le petit roi. Des intrigants comme Guillaume Capparone, des aventuriers comme Diepbold, et surtout le parti souabe, dirigé par Markwald d'Anweiler, se disputaient l'avantageux mérite de «protéger» l'enfant.

Pendant sa brève régence, Constance avait profité de ce qu'elle était toute-puissante pour expulser de la cour et priver de leurs fonctions tous les Allemands qu'Henri VI avait placés aux leviers de commande. Henri VI ne s'était jamais acclimaté à la Sicile. Alors que les rois normands étaient promptement devenus plus siciliens que les Siciliens eux-mêmes, Henri le Cruel était resté un Allemand, gardant ses habitudes d'Allemand, sa langue, inintelligible à ses sujets, dont il ne comprenait pas l'italien. Tout naturellement, il s'était entouré d'Allemands, parce qu'il n'avait confiance qu'en eux, et qu'il ne voulait voir auprès de lui que des hommes de sa race. Une aristocratie étrangère arrogante, accaparante, despotique, s'était donc emparée du royaume, qu'elle gouvernait selon sa fantaisie.

Constance, héritière des rois normands, avait conservé leurs goûts, leurs préférences. Comme eux, elle se sentait Sicilienne, et détestait ces Allemands qui avaient envahi tout le pays, usurpé toutes les fonctions. Soutenue par la noblesse italienne, elle renvoya dans son pays toute cette tribu souabe que l'empereur avait installée à Palerme, et rendit leurs offices aux anciens fonctionnaires. Mais, après sa mort, les Souabes revinrent plus avides, plus autoritaires que jamais. Markwald d'Anweiler s'installa à la cour et prétendit y exercer les fonctions de régent. Il n'essaya pas de gagner la confiance ou l'amitié du petit roi ; il se souciait peu de ces «faiblesses». Cet aventurier, de tous ceux qui pullulaient à Palerme le moins scrupuleux et le plus tyrannique, voulait régner par la terreur. Il disait à qui voulait l'entendre que Frédéric n'était pas le souverain légitime, que la substitution dont beaucoup chuchotaient à mots couverts avait eu lieu réellement, et il se faisait fort de prouver que Frédéric était le fils d'un boucher de Iesi, et non pas le fils de l'empereur et de l'impératrice comme on voulait le faire croire[3].

Comme il ne parvenait pas à assurer pacifiquement son empire sur le jeune roi, malgré son audace, son arrogance, ses calomnies et sa férocité, Markwald et ses Souabes décidèrent un jour de l'enlever, de le séquestrer, et d'imposer par les armes leur autorité à la cour sicilienne. Ce jour-là, Frédéric II mérita le surnom de «petit lion» que lui donnent les chroniqueurs. Lorsque, par une triste journée de novembre de l'année 1201, le jeune garçon vit entrer dans sa chambre ces gentilshommes armés, un sourire ironique aux lèvres et l'épée à la main, qui entendaient contraindre le gamin d'Apulie à abdiquer le pouvoir entre leurs gantelets de fer, il se jeta sur eux et les frappa de ses petits poings. Puis comme les rebelles tentaient de le maîtriser violemment, cet enfant, conscient tout à coup de l'outrage qui était fait au monarque, à celui que Dieu lui-même avait consacré dans sa royauté, cet enfant impuissant et désespéré, s'arracha aux bras brutaux qui le serraient, et déchirant ses vêtements, commença à se griffer le corps, en poussant des cris de rage.

Cette tragique scène que raconte la lettre d'un contemporain, un certain Magister Franciscius, laissa une impression profonde dans ce cerveau enfantin. Le coup de force des Souabes ne réussit pas. Les troupes du légat parvinrent à désarmer les Souabes, et pour quelque temps, les Allemands perdirent leur ascendant, mais le souvenir de cet événement devait marquer le petit roi et lui laisser une horreur instinctive contre tous les actes de violence, une défiance constante contre ses compatriotes qui n'avaient pas craint de porter la main sur son corps « sacré ». Une crainte aussi du retour de pareilles crises, que la protection pontificale ne pouvait pas empêcher. Le danger souabe était passé, mais l'enfant ne se trouvait pas en sécurité cependant. A peine avait-il échappé aux griffes des Allemands qu'il tomba entre les mains des Sarrasins. Ceux-ci voulaient-ils, en s'emparant de cet otage, obtenir le gouvernement du royaume où ils étaient déjà si puissants ? Espéraient-ils seulement monnayer cette capture en ne relâchant leur prisonnier que contre paiement d'une riche rançon ? On ne sait. Par son adresse, par son intrépidité, Frédéric les tint en respect et les vainquit. Plus raffinés que les Souabes, plus « civilisés », ils respectaient davantage les talents et les qualités qui rayonnaient chez cet enfant. Ils lui donnaient déjà cette admiration et cette amitié qu'il leur rendra plus tard quand il fera de sa cour à Capoue, et à Foggia comme à Palerme, une capitale à demi mahométane, où leurs savants, leurs artistes, leurs poètes se sentiront chez eux aussi bien qu'au Caire, à Damas, à Grenade ou à Cordoue.

Passant ainsi de main en main, de captivité en captivité, Frédéric apprit en même temps la fragilité de son pouvoir et la valeur de sa personne. Pendant qu'il s'initiait, trop tôt, aux jeux compliqués et décevants de la politique, il s'instruisait sous la direction du notaire Giovanni di Trajetto et de l'archevêque de Tarente Nicola, dans toutes les sciences qui constituaient le bagage d'un jeune prince et d'un «honnête homme» de ce temps. Au hasard des événements, il découvrit aussi d'autres sciences dont ses maîtres officiels ne lui parlaient pas. Dans cette Palerme cosmopolite où les cabalistes juifs voisinaient avec les savants arabes et les théologiens chrétiens, il ramassa selon la chance des rencontres toutes les bribes des savoirs épars que poursuivait son insatiable curiosité. Il apprit toutes les langues, il s'intéressa à tous les arts. Il écouta les troubadours provençaux, les chanteurs cathares réfugiés en Sicile, et les poètes sarrasins. Les vétérans des guerres d'Italie lui parlèrent de stratégie et de poliorcétique. Puis, lorsque, gorgé de sciences variées, il revenait à la littérature, il composait lui-même des poèmes dans ce *dolce stil nuovo* dont parle Dante.

La culture qui représentait pour cet adolescent, tout pénétré déjà de cet esprit qui sera deux siècles plus tard l'esprit de la Renaissance, la fleur la plus exquise de la vie et l'occupation la plus noble de l'homme, adoucissait cette enfance qui avait découvert prématurément la défiance, la crainte, le soupçon et le mépris. Il excella bientôt dans tous les talents de l'esprit et dans tous les arts de la chevalerie. Il s'intéressait aux armes aussi bien qu'aux statues antiques, aux faucons et aux chiens autant qu'aux livres d'Averroès et aux calculs de Fibonacci. Lorsqu'il eut quatorze ans, le pape pensa qu'il était prudent de marier le jeune roi, sans doute trop attiré déjà par les séductions charnelles de cette cour toute pénétrée de sensualité orientale, et livrée aux voluptés mahométanes que les conquérants normands n'avaient pas craint d'acclimater dans leur Royaume.

Frédéric II avait, plus tard, l'habitude de déclarer que le «Seigneur Dieu n'aurait pas tant vanté sa Terre Promise s'il avait connu la Sicile, la Calabre, la Campanie, et l'Apulie», raconte Fra Salimbene, et, de fait, cet empereur allemand, hostile aux froids et aux brumes du Nord, vécut presque toute sa vie dans ce royaume ensoleillé, paré d'une végétation somptueuse, presque tropicale, enrichi par la dynastie normande de ces églises scintillantes, rutilantes de musiques, de ces palais asiatiques, pleins de fraîches ténèbres, d'eaux chantantes, de bosquets parfumés. La Sicile où, depuis les Grecs, tant de civilisations diverses s'étaient succédé, avait gardé de chacune, le meilleur, le plus beau, le plus exquis. Elle avait les plus beaux temples doriques, les chefs-d'œuvre les plus raffinés de l'art byzantin. Les Arabes, eux-mêmes, habitués aux magnificences féeriques des capitales de l'Islam, étaient éblouis par Palerme. Un de ces savants sarrasins, qui enseignèrent à Frédéric II leurs connaissances et leurs doutes, Ibn Gubaîr, décrivit ces merveilles palermitaines. «Ville ancienne et élégante, splendide et gracieuse, elle apparaît séduisante, superbe, avec ses places et ses faubourgs qui ne sont que jardins. Grandiose par ses rues principales et même dans les moins importantes, elle fascine le voyageur par la rare beauté de ses aspects. Étonnante cité, qui rappelle Cordoue par son style, avec ses édifices de pierre taillée ! Un fleuve limpide la partage, et des eaux limpides jaillissent de quatre fontaines sur ses rives. Les palais du roi entourent le centre de la ville comme des colliers autour du cou et de la gorge d'une belle jeune fille, et le roi peut ainsi aller d'une extrémité à l'autre de sa capitale sans sortir des jardins.»

A toutes les beautés naturelles de la Sicile, les rois normands avaient ajouté les raffinements d'une civilisation exquise qui empruntait ses éléments à ce que tous les peuples pouvaient donner de meilleur. Le Nord et le Midi, l'Orient et l'Occident se rencontraient dans cet art, de même que sur les marchés et dans les Bourses de commerce où affluaient des marchands venant de toutes les parties du monde. La civilisation sicilienne sous les Hauteville était devenue ainsi une sorte de syncrétisme des techniques et des arts de l'Europe, de l'Asie, de l'Afrique. Et comme aucun préjugé racique ou national ne jouait contre les étrangers, ceux-ci accouraient en foule dans cette cour où ils étaient certains de trouver un accueil sympathique et généreux.

Les coutumes de l'Islam s'étaient infiltrées aussi, à la suite des artistes et des marchands sarrasins. La Sicile, si proche de l'Afrique, géographiquement, moralement, s'était arabisée progressivement ; sous les rois normands déjà on y trouvait des palais mauresques, des harems gardés par des eunuques. On fera plus tard un grief à Frédéric II d'avoir acclimaté ces usages païens, mais il les avait trouvés installés dans le pays, et il n'avait fait que continuer la tradition de ses prédécesseurs. Cette atmosphère voluptueuse agissant de façon assez troublante sur l'esprit et les sens d'un jeune homme, c'est pour le préserver contre cette lascivité vers laquelle glissaient si facilement les conquérants nordiques installés dans l'île, autant que dans l'intention d'assurer par un mariage profitable les alliances dont le petit roi avait besoin, que le pape Innocent III pressa ses fiançailles.

Les « partis » ne manquaient pas. Nombreux étaient les rois qui auraient volontiers donné leur fille à ce prince beau, séduisant, plein de talents, et, par surcroît, roi d'Allemagne et de Sicile. Le pape veillait et repoussait les prétendants indésirables. Le duc de Brabant qui avait déjà mis sa fille sur les rangs fut invité sévèrement à retirer sa candidature, et, après avoir longtemps examiné le problème, le pape décida de marier son pupille Frédéric II à son autre pupille, Constance d'Aragon.

Il n'était pas question d'interroger le cœur ni les goûts du futur mari. L'union décidée était simplement politique. Que les époux trouvassent ensuite leur bonheur dans une combinaison où l'amour ni l'inclination n'avaient tenu aucune place, c'était leur affaire. Frédéric II n'avait jamais vu la femme qu'on lui destinait. Elle avait, d'ailleurs, le double de son âge, et était déjà veuve du roi de Hongrie Emerich. C'était une union aussi bizarre que celle d'Henri VI et de Constance ; elle ne devait pas être plus heureuse. Il ne s'agissait pas de bonheur, mais d'utilité. L'association de l'Aragon et de la Sicile serait profitable à la grande action que le pape entendait mener contre l'Islam, et qui devait s'opérer simultanément en Espagne et en Terre Sainte.

Le mariage célébré en 1209, Innocent III pouvait croire qu'il avait assuré la prospérité du royaume et la sécurité de Frédéric. Celui-ci n'aurait plus rien à craindre des Sarrasins, pour lesquels il manifestait une singulière sympathie, ni des Souabes, que la mort de Markwald d'Anweiler avait privés de leur chef, et qui étaient devenus, de ce fait, beaucoup moins redoutables. Les prétentions des amis de Tancrède, héritier des rois normands, avaient trouvé en Gautier de Brienne, roi de Jérusalem, un avocat impétueux et tenace, mais il ne pouvait rien faire contre la protection que le pape accordait à Frédéric. Ce n'était plus, aujourd'hui, un enfant malmené par des courtisans ou des aventuriers, ce jeune prince ardent et génial, qui, déjà, supportait de mauvais gré la tutelle des légats pontificaux, et voulait régner seul, sur les États qu'il avait hérités de son père.

Aux comtes italiens, comme aux barons allemands, il avait fait comprendre qu'ils n'étaient que des sujets, astreints comme les plus humbles à l'obéissance, au respect et à la docilité. Ceux qui se pliaient de bon gré à cette discipline, conserveraient leurs emplois. Les autres iraient chercher fortune ailleurs. Lorque certains imprudents se retirèrent dans leurs châteaux fortifiés, prétendant y vivre en maîtres et seigneurs de la contrée environnante, le roi les assiégea, prit ces châteaux et les rasa pour leur apprendre qu'il n'y aurait désormais qu'une seule autorité en Sicile : celle du roi.

Malgré l'amitié qu'il avait pour les Arabes, leurs mœurs, leurs arts et leurs idées, il leur montra que, de leur part aussi, il ne tolérerait aucun empiètement. Ils ne seraient gênés ni dans leurs usages, ni dans leurs croyances, ni dans la pratique de leur religion, pourvu qu'ils se comportent en bons, loyaux, fidèles et dociles sujets. Par ces mesures où l'adresse s'unissait à la fermeté, Frédéric II ramena l'ordre dans la Sicile où, pendant la minorité du roi, tous les partis s'étaient fait la guerre. Ce n'était pas qu'il fût orgueilleux de son titre de roi et de son autorité, mais la couronne qu'il avait reçue de Dieu lui imposait cette tâche d'assurer à son pays la paix et la prospérité. Il s'emploierait de toutes ses forces, de tout son génie, à l'accomplissement de cette tâche, pour le bien de tous. Ceux qui se trouveraient en travers de son chemin, il était résolu à les écraser sans ménagements : sa mission l'exigeait.

Quand il en eut fini avec ses ennemis, il se retourna contre les conseillers que le pape lui avait donnés pendant sa minorité, et qui espéraient conserver la puissance qu'ils avaient exercée pendant son enfance. Mal résignés à perdre leur prestige et leur autorité, ils continuaient à le traiter en enfant, soutenus qu'ils étaient par le pape qui, lui aussi, répugnait à voir son pupille devenir indépendant. Malgré la reconnaissance qu'il gardait à ses conseillers et à ses professeurs, Frédéric leur enseigna qu'il n'était plus un enfant, qu'il n'avait plus besoin d'eux. Gautier de Palearia, qui lui reprocha peut-être cela comme une ingratitude, fut invité à aller se reposer, dans une petite ville tranquille, des soucis et des fatigues qu'il avait endurés pendant sa régence. Le chancelier essaya de résister, d'abord, mais le roi fut inflexible et il fallut céder. Dorénavant, Frédéric II régnerait seul et gouvernerait lui-même son royaume. Il avait vite découvert les motifs intéressés de la sollicitude que lui témoignait Innocent III. Le pape qui avait le génie d'un très grand homme d'État, un des plus grands, certes, de ce siècle, intriguait en Allemagne, en même temps qu'il appuyait en Italie l'autorité de son pupille. Innocent III jouait adroitement de la vieille guerre des Welfs et des Staufen qui, depuis plusieurs générations, opposait dans une épuisante et inépuisable querelle les deux puissantes dynasties allemandes qui se disputaient la couronne impériale.

Désigné par Henri VI et par Constance comme tuteur de Frédéric, il avait le devoir de défendre les intérêts de son pupille, mais afin de le mieux tenir en main, il importait que celui-ci sentît combien l'aide pontificale lui était nécessaire pour le protéger contre les Welfs, ennemis traditionnels de sa famille. Le double jeu pratiqué par le Saint-Siège avait pour objet de tenir en balance la puissance des Staufen et celle des Welfs, favorisant tantôt l'un tantôt l'autre, méritant, par les avantages qu'il leur accordait alternativement la gratitude des deux adversaires. Ces machiavéliques intrigues, dont le tissu était si serré, si compliqué, se heurtaient à la violence du grand Welf Otton IV, duc de Brunswick, fils de cet Henri le Lion qui, pour ses débuts dans la vie, avait enlevé l'évêque de Brême, avec lequel il était en procès, sur la route même qui le conduisait vers le tribunal qui devait le juger.

Otton de Brunswick avait le caractère violent, intrépide, orgueilleux, et sans scrupules de tous les Welfs. Il fut d'abord heureux de l'appui que le Saint-Siège lui donnait, puis, le jour où il découvrit que ce tissu d'intrigues ressemblait à une toile d'araignée dans laquelle il allait être emprisonné, comme un gros frelon bourdonnant, il déchira brutalement ce tissu et descendit en Italie, à la tête de son immense armée. Pour son début de règne, Frédéric allait se heurter à l'ennemi le plus puissant, le plus hardi, le plus dangereux qui pût lui être opposé. De même qu'Henri le Lion avait été pour Frédéric Barberousse un adversaire impétueux et acharné, Otton de Brunswick et Frédéric de Hohenstaufen allaient s'affronter comme représentants de ces deux maisons rivales entre lesquelles il ne pouvait exister ni paix ni concorde.

II

Welf contre Staufen

C'était une curieuse figure que celle de cet Otton de Brunswick, qui avait été élu roi par la Diète de Cologne, en 1198, contre Philippe de Souabe, frère de l'empereur Henri VI, oncle de Frédéric II. Hampe le décrit comme un « chevalier de haute taille et d'une force peu commune, belliqueux et aventureux, téméraire à la manière des chevaliers normands, mais arrogant, cassant et rude. Il manquait de la tenue que donnent la culture et la supériorité intellectuelle. Sans scrupule et ne doutant de rien, du moment qu'il se sentait fort, il n'avait rien d'un politicien sachant édifier avec prudence et diplomatie. Dans l'ensemble il offrait l'exemple, pas trop réussi, d'un mélange des qualités héréditaires que l'on retrouve chez les Welfs et chez les Plantagenêts[4] ». Les singularités de la société féodale faisaient aussi de lui un seigneur français ; il possédait en France des fiefs, pour lesquels il était en conflit d'autorité et d'intérêt avec Philippe Auguste. Il était, en outre, duc d'Aquitaine.

Élevé en Angleterre, il y avait conservé de puissantes amitiés. Depuis que les Anglais s'étaient brouillés avec les Hohenstaufen à la suite des mauvais traitements infligés par Henri VI à Richard Cœur de Lion, ils considéraient avec sympathie ses ambitions et le soutenaient contre ses rivaux. Ce qui avait entraîné, conformément au jeu de balance européenne, un élan de sympathie de la monarchie française à l'égard des Staufen. Qui était l'ami de l'Angleterre se trouvait, automatiquement, en état d'inimitié avec la France ; et réciproquement.

Les Anglais avaient intérêt à mettre un homme à eux sur le trône impérial. Lorsqu'il apprit la mort d'Henri VI, Otton de Brunswick se trouvait à la cour de Richard Cœur de Lion. L'histoire légendaire raconte qu'il banquetait, à ce moment, avec le roi d'Angleterre et le roi de France. Aussitôt la nouvelle connue, Richard tendit un plat d'or à Otton, en lui disant : « Prenez, beau neveu, vous êtes digne d'avoir la couronne d'Allemagne, et vous l'aurez. » A cela, Philippe Auguste ajouta ce geste et ces mots ironiques ; il offrit son gant à Otton, et lui dit : « Tenez ceci ; quand vous aurez la couronne d'Allemagne, je vous donnerai Chartres et Paris. »

Il était facile de plaisanter, mais Otton avait pour lui un parti extrêmement puissant. Tous les ennemis des Hohenstaufen y figuraient, et l'archevêque de Cologne, Adolphe, lui apportait l'appui d'un clergé nombreux et influent. Plusieurs prélats rhénans suivaient sa politique, d'autant plus efficace qu'il avait profité de la croisade pour supplanter l'archevêque de Mayence et les seigneurs laïcs et ecclésiastiques qui étaient partis en Terre Sainte. Ce parti antigibelin, soutenu par l'Angleterre, avait combattu l'élection de Philippe de Souabe à l'Empire, et lui avait opposé Otton, dont les chances étaient sérieuses. Les ambitions et les convoitises personnelles ne se gênaient point pour nommer un antiempereur, ou un antiroi, ou un antipape, selon qu'elles y trouvaient leur intérêt. Otton en bénéficia, et, avec l'appui du pape, il fut élevé à la dignité impériale, par la Diète de Francfort, d'abord, en 1208, puis par le couronnement, en 1210.

Philippe de Souabe n'était pas de taille à disputer l'Empire au rude fils d'Henri le Lion. De tempérament aimable et doux, délicat et fin, il s'était préparé à l'état ecclésiastique qui paraissait répondre à ses dons et à son caractère. Son père, cependant, lui avait confié le gouvernement de la Toscane, ce qui l'avait plongé aussitôt dans le guêpier de la politique italienne, où il avait rencontré les luttes des communes entre elles, des communes avec les princes et avec l'Empire, et l'hostilité féroce des guelfes contre les gibelins. Guelfes, partisans des Welfs, gibelins sympathiques aux Hohenstaufen, se faisaient la guerre ; une guerre que leur attachement, comme l'indiquaient leurs noms, aux deux maisons allemandes rivales, ne justifiait pas uniquement, et qui était provoquée souvent par des querelles de clochers, des rancunes ancestrales, des luttes d'influence ou d'intérêt. Alors que l'Allemagne du Nord, à peu près entière, tenait pour les Welfs et celle du Sud pour les Hohenstaufen, en Italie les deux partis se combattaient dans la même ville, et entretenaient une atmosphère d'émeutes et de batailles de rue jusque dans les cités qui semblaient devoir être le plus étrangères au différend des empereurs.

Philippe de Souabe n'avait que vingt ans quand il se laissa élire empereur par ses partisans. Aussitôt le parti ennemi élut Otton roi des Romains, ce qui le mettait en conflit avec les Hohenstaufen, la couronne royale ayant déjà été donnée, en 1196, au petit Frédéric II. Dans l'état d'anarchie où vivait l'Allemagne, cette double élection était chose banale ; ailleurs on l'eût jugée désastreuse, coupable et même criminelle. Les guelfes se disaient que la Sicile était loin, qu'il était peu probable que le fils d'Henri VI revendiquât son titre de roi, et que Philippe de Souabe ne conserverait pas l'Empire, qu'il n'était pas de taille à défendre contre son concurrent.

Otton de Brunswick paraissait donc posséder tous les avantages ; il avait pour lui l'or anglais, une grande partie du clergé allemand, le consentement d'abord tacite, puis formel, du pape, et toute la noblesse antiguelfe. Malheureusement, Richard Cœur de Lion qui l'avait fait partir pour l'Allemagne aussitôt après le fameux banquet où il lui avait promis son appui, mourut pendant l'année qui suivit son élection. Il avait pris la précaution de lui léguer la plus grande partie de son trésor, ce qui devait l'aider considérablement, mais Jean sans Terre, devenu roi d'Angleterre après la mort de Richard, suivit une politique toute différente. Jean sans Terre devait faire face à Philippe Auguste, qui profita de ce changement de monarque pour essayer d'arracher aux Anglais leurs possessions en France ; il n'avait donc pas le loisir de s'engager dans la dispute des empereurs.

Privé du secours des Anglais, Otton se trouva en mauvaise posture. Il supplia donc le pape de l'assister. Innocent III, jugeant qu'il était de bonne politique d'intervenir dans la dispute en qualité d'arbitre plutôt que de partisan, ce qui le compromettait davantage, offrit sa médiation. Puis, comme les Staufen refusaient de se soumettre à sa décision, il prit nettement position en faveur du duc de Brunswick, dans son fameux discours devant le consistoire de 1200, où il proclama le droit qu'avait le pape de décider quel était de deux souverains le légitime auquel devait appartenir la couronne. Il se fondait sur l'attribution de la couronne impériale par le pape à Charlemagne ; ce *précédent* commandait, disait-il, toutes les relations futures entre l'Empire et la Papauté.

Philippe de Souabe conservait, cependant, de nombreux partisans ; plusieurs seigneurs « guelfes » avaient déserté, par intérêt ou par conviction, la cause d'Otton, et la situation semblait se gâter pour celui-ci, malgré l'aide du Saint-Siège, quant Philippe mourut, assassiné fort opportunément par le comte palatin bavarois, Otton de Wittelsbach, en juin 1208, dans le palais épiscopal de Bamberg, au moment même où l'étoile pâlissante du Welf portait son propre astre à l'ascendant.

Cette mort arrangeait bien les choses. Puisqu'un des prétendants au trône disparaissait, son rival recueillait sa succession d'admirations, de sympathies, de dévouements. Philippe de Souabe ayant été excommunié, le clergé tout entier se rangea du côté du Welf. Les gibelins se rallièrent, sur la promesse qu'on leur fit qu'Otton épouserait la fille aînée de Philippe de Souabe, ce qui aurait réconcilié pour quelque temps les dynasties ennemies. Quant à Innocent III, tiré d'embarras par ces événements favorables, il déclara qu'Otton était « l'homme selon son cœur », et l'invita à venir se faire couronner à Rome.

Ce n'était qu'une formalité. Comment aurait-on douté d'ailleurs de la docilité et de la gratitude de ce nouvel empereur, qui aussitôt élu, s'empressa de reconnaître l'indépendance et l'intrégrité du Patrimoine, la suzeraineté du pape sur la Sicile, la renonciation au « droit de dépouille » sur la succession des dignitaires ecclésiastiques, le droit exclusif du pape de nommer les évêques allemands ? Mais, aussitôt après le sacre, qui eut lieu le 4 octobre 1209, le ton de ce fils de l'Église changea. Quand le pape lui demanda de promettre de garantir les possessions du Saint-Siège contre toute agression, il refusa de s'engager. Puis il devint évident que si Otton était descendu en Italie, ce n'était pas seulement pour y recevoir la couronne. Cet élan instinctif qui pousse tous les Nordiques vers le Sud, cette « aspiration » des Allemands par l'Italie, firent que le nouvel empereur ne voulut plus s'en aller. Il ne menaça pas le Patrimoine, ce qui eût été une grande maladresse, mais il écouta les appels des barons souabes qui n'avaient pas renoncé à reconquérir le royaume de Sicile. Il s'entendit aussi avec les Pisans, qui étaient de vieux ennemis des

Siciliens — pour des questions d'affaires, les uns et les autres voulant le « contrôle » de la Méditerranée —, et il se prépara à la guerre. Il avait enfin lié partie avec quelques chefs sarrasins, que Frédéric II avait mis à la raison, et qui rêvaient de reprendre leur autorité, sous un monarque moins rigoureux.

Le pape n'avait qu'une arme : l'excommunication. Il excommunia donc son associé, comme il avait excommunié peu d'années auparavant Philippe de Souabe, quand cela servait les intérêts d'Otton. Le duc de Brunswick n'était pas homme à s'effrayer des « menaces d'un prêtre » ; de même que son père, Henri le Lion, qui, à quinze ans, avait enlevé l'évêque de Brême, il se riait des sanctions ecclésiastiques. Quand il aurait conquis le royaume de Sicile, il se retournerait ensuite contre le pape, si celui-ci ne consentait pas à se montrer raisonnable.

A Palerme, ces tragiques nouvelles causèrent une grande consternation. On apprenait que le voyage pacifique d'Otton avait brusquement changé de caractère, que les villes libres se rendaient aux troupes impériales, que le pape avait été impuissant à arrêter son avance si rapide qu'on s'attendait à le voir débarquer en Sicile le lendemain. Il était trop tard déjà pour mettre l'île en état de défense, et Frédéric avait une armée trop faible pour résister. Le courage lui-même devenait inutile dans une partie aussi inégale. On savait qu'une partie de la population, les Allemands d'une part, les musulmans de l'autre, se soulèveraient, dès qu'ils verraient paraître les soldats d'Otton.

Il fallait fuir. On équipa une galère, choisie parmi les plus rapides, qui demeura prête à chaque instant à mettre à la voile. Le roi devait s'y embarquer avec sa femme et son trésor, dès que les Impériaux seraient en vue. Cet état d'angoisse et d'incertitude dura quelque temps ; il semblait que l'avance d'Otton dans le sud de l'Italie se ralentît. Puis, un jour, on apprit avec soulagement que les troupes victorieuses, au lieu de poursuivre leur marche en avant, avaient brusquement tourné bride et remontaient vers le nord. Que s'était-il passé ?

Innocent III, une fois de plus, avait sauvé la situation, par son habileté et son génie politique, par son énergie prodigieuse, par ses talents diplomatiques, qu'il avait exercés avant son pontificat, alors que le cardinal Lothario Conti Segni n'était encore qu'un ambassadeur de son oncle Clément III. Pour empêcher que le sud de l'Italie ne tombât entre les mains de l'empereur, et parce qu'il n'était pas assez fort pour combattre l'empereur, sur le terrain militaire, il usa de cette souplesse toute italienne qui, si souvent, lui avait permis de triompher alors qu'on le croyait déjà vaincu. « Contrairement à Grégoire VII, que son démon précipitait par à-coups dans l'action, écrit Karl Hampe, tout chez Innocent III était dominé par une raison sans cesse en éveil qui pénétrait les ensembles comme les détails. Il ne perdait pas ses forces à lutter contre des courants plus forts que lui ; mais préférait changer de direction et chercher de nouvelles voies pour parvenir au même but. En diplomatie, il ne se laissait pas arrêter par des scrupules excessifs, savait bien qu'on ne peut toucher la poix sans s'engluer, et voyait naturellement les choses sous le jour qu'elles devaient avoir pour être favorables à l'Église. Il trouvait une issue aux situations les plus embrouillées, savait employer pour réduire son adversaire tout le registre de la flatterie et de la menace, de la douceur et de la sévérité, de la passion entraînante et du calcul le plus froid. Il était toujours soutenu par son grandiose dévouement à la charge qui fait de son titulaire un intermédiaire entre les hommes et Dieu, « moins que Dieu, plus qu'un homme[5] ».

Innocent III suggéra donc au roi de France que le moment était favorable pour vaincre en même temps l'Angleterre et l'Empire. Il encouragea les partisans des Staufen, que la vue d'un Welf sur le trône d'Henri VI remplissait d'amertume. Il suscita, en Allemagne même, une vague de mécontentement contre l'empereur qu'il venait de sacrer, et déclara qu'il verrait d'un bon œil son remplacement par un autre monarque. Qui ? Le fils d'Henri VI, naturellement, le prince qui avait déjà été élu roi d'Allemagne, en 1196, et qu'il suffisait aujourd'hui d'élire empereur pour renverser tout l'ambitieux édifice des conquêtes d'Otton. L'accord qui s'était fait, temporairement, sur le duc de Brunswick, après la mort de Philippe de Souabe, se disloqua aussitôt. Les princes allemands fidèles aux Hohenstaufen reprirent courage. Le clergé les soutenait, obéissant aux instructions pontificales, et, suivant ce courant de désaffection qui, à présent, allait isoler Otton privé déjà de ses deux alliés, l'Anglais et le pape, la Diète défit en 1211 ce qu'elle avait fait en 1208 ; elle prononça la déchéance du Welf et, à sa place, élut empereur Frédéric II.

Telle est la raison pour laquelle, en plein succès, le duc de Brunswick abandonnait soudain l'Italie et retournait, à marches forcées, vers l'Allemagne. Il ne s'agissait plus de conquérir un royaume problématique, mais de sauver la situation dans l'Empire où, de nouveau, la grande scission s'était produite entre le Nord et le Sud, les Welfs et les Staufen, et où, une fois de plus, il y avait deux empereurs, tous deux élus par la Diète, donc tous deux légitimes. Otton avait l'avantage d'avoir été sacré par le pape, mais comme il avait été excommunié ensuite, on pouvait dire, avec quelque vérité, que, cette sanction effaçant l'effet de la consécration pontificale, les deux concurrents possédaient donc des avantages égaux.

Comme par l'effet d'un de ces enchantements que relatent les contes arabes dont Frédéric aimait la fantaisie et la sagesse, la situation s'était brusquement retournée au bénéfice du jeune roi. Il n'était plus nécessaire maintenant de regarder la mer avec inquiétude ; la galère qui devait servir à la fuite serait employée à transporter sur la terre ferme l'empereur qui allait prendre possession de son empire. Les barons souabes avaient, tout à coup, proclamé leur indéfectible fidélité au fils d'Henri VI, les Sarrasins lui avaient envoyé des cadeaux précieux. Il n'était plus question de révolte ou de soulèvement dans l'île qui célébrait joyeusement l'accession de son roi au trône impérial, et l'Allemagne, qui, hier encore fournissait à Otton ses régiments, appelait à elle aujourd'hui son nouveau maître qu'elle voulait connaître et acclamer.

Mais les Staufen avaient encore des ennemis, dans cette Allemagne lointaine, et même en Italie. Frédéric II ne pouvait donc se mettre en route sans emmener avec lui une importante armée. Or il n'avait ni soldats, ni argent pour en louer. Il ne s'embarrassa pas pour si peu. La majesté impériale, pensait-il, était une sorte de don divin, et possédait, en conséquence, un pouvoir surnaturel. A quoi bon s'encombrer d'une armée ? L'éclat de la puissance, et de la « mission » qu'elle comportait, suffirait à lui donner la victoire sur tous ses adversaires. Avant de quitter la Sicile, il fit proclamer roi son fils, âgé de deux ans, le futur Henri VII. Il rassurait ainsi le pape qui s'inquiétait déjà de voir la couronne de Sicile et la couronne impériale réunies une fois de plus sur la même tête. La succession était assurée. Il confia le petit souverain à des gouverneurs fidèles, puis s'embarqua à Palerme, sur un navire que le pape lui avait prêté, et commença sa marche vers la gloire.

Tout alla bien, au début. Il débarqua à Gaeta, s'arrêta à Rome, où il salua Innocent III. C'était la première fois que le tuteur et le pupille se rencontraient. Celui-ci était un jeune homme fin, délicat, de taille moyenne ; ses cheveux blonds tiraient sur le roux. Il ne paraissait pas très vigoureux, comme son père Henri VI qui avait toujours été maladif, mais il avait un grand air de noblesse et de dignité, un regard clair, plein de génie. Le pape fit allusion, en passant, aux différends qui les avaient déjà séparés ; la disgrâce et le quasi-exil de Gautier de Palearia, pour lequel Innocent III, l'avait blâmé, puis la sévérité avec laquelle il avait agi envers l'abbé du Mont-Cassin dont il réprima sévèrement les empiètements sur les prérogatives royales. Frédéric, en effet, avait sévi contre les dignitaires ecclésiastiques de la même manière qu'à l'égard des nobles laïcs. Puisqu'il ne devait y avoir dans le royaume qu'une seule autorité, celle du roi, l'abbé du Mont-Cassin, aussi bien que le comte de Geraci ou le comte de Tropea, n'avait qu'à s'y soumettre. Mais on ne s'étendit pas sur ce qui pouvait être un sujet de discussion, et revenant à des propos plus agréables, Frédéric renouvela toutes les promesses qu'il avait faites au pape au moment où il avait appris son élection par la Diète de Nuremberg. « Nous jurons, devant le légat pontifical, avait-il dit, fidélité à vous et à vos serviteurs. » En présence du Souverain Pontife, il répéta ces engagements qu'il devait d'ailleurs préciser l'année suivante, dans une lettre où il disait expressément : « Nous abandonnons à vous, Souverain Pontife, et aux autres prélats de l'Église, toutes les choses spirituelles, car il convient que ce qui appartient à César revienne à César, et ce qui appartient à Dieu soit donné à Dieu. Nous prêterons une aide efficace pour déraciner l'hérésie ; nous respecterons la liberté et la sécurité des possessions que l'Église romaine a déjà récupérées et nous vous promettons en bonne foi de vous aider à récupérer les autres. Parmi celles-ci, les terres de Radicofani à Ceprano, la Marche d'Ancone, le duché de Spoleto, les terres de la comtesse Mathilde, le comté de Bertinoro, l'Exarchat de Ravenne, la Pentapole avec toutes les terres adjacentes, comme on les trouve désignés dans les privilèges de plusieurs empereurs et rois depuis l'époque de Louis Ier[6]. »

Innocent III, satisfait, lui donna sa bénédiction et Frédéric continua son voyage. Gênes et Pavie acclamèrent son passage, mais à mesure qu'il se rapprochait de Milan, l'accueil devenait moins chaleureux. Sous le règne d'Henri VI, la Ligue lombarde s'était opposée violemment à la conquête impériale. La Ligue étant guelfe, donc hostile aux Hohenstaufen, l'héritier du Cyclope allait rencontrer à Milan la même hostilité dont son père avait souffert. On l'avertit que les troupes milanaises, commandées par le marquis d'Este, lui barreraient le passage et que des embuscades avaient été disposées déjà tout le long du chemin qu'il devait suivre.

Il était trop tard pour reculer, et l'on ne pouvait pas changer de route. Confiant dans son étoile, certain que la chance qui l'avait si bien servi ne l'abandonnerait pas, Frédéric II décida de braver tous les périls qui l'attendaient. Le samedi soir, il quitta Pavie, et trotta toute la nuit. Au petit jour, l'empereur et son minuscule cortège arrivaient devant la petite rivière Lambro et se disposaient à la traverser, quand les soldats apostés par le condottiere d'Este se jetèrent sur eux. Les Milanais étaient beaucoup plus nombreux, et ils avaient l'avantage de la surprise. Frédéric et les siens ne voyaient donc pas d'autre issue que de se lancer dans le fleuve, qu'ils traversèrent avec beaucoup de peine, l'empereur monté sur un cheval non sellé. Ils atteignirent cependant sans encombre l'autre rive, et là, se précipitèrent dans une chevauchée folle, jusqu'à Vérone, en passant par Crémone et Mantoue.

Il s'agissait maintenant de franchir le Brenner, où de nouveaux obstacles les attendaient. Le duc de Bavière, allié des Welfs, avait massé ses troupes tout le long des défilés que Frédéric devait suivre pour pénétrer en Allemagne. Autant heurter du bout du doigt une épaisse porte de fer hérissée de clous. Frédéric, alors revient en arrière, change de chemin et suit la vallée de l'Adige, pour traverser la Suisse. Là il trouve des prélats intelligents et sympathiques, des abbés généreux qui lui fournissent des hommes, des vivres, de l'argent même, car il manque de tout. Certains d'entre eux, séduits par sa beauté, son prestige, le suivent, et voilà que son cortège se grossit de l'évêque de Coire, de l'abbé de Saint-Gall, qui se joignent à lui avec leurs escortes d'ecclésiastiques et de chevaliers. Ce n'est pas encore une armée, il n'a que trois cents chevaux mais l'appui moral que lui donnent ses nouveaux alliés est considérable, et trois cents lances ne sont pas à négliger quand on n'a auprès de soi que son chapelain et ses écuyers.

Et voilà qu'à chaque ville, à chaque village qu'on traverse, des nobles, des bourgeois, des prêtres, des soldats d'aventures viennent augmenter cette troupe. Comme une sorte de rayonnement magique, cet adolescent, empereur et roi de deux royaumes, porte son génie, sa chance, et ceux qui le voient passer, devinant son destin, veulent être des premiers à le saluer pour leur maître, à le suivre dans sa téméraire chevauchée.

Téméraire, oui, car voilà que sur l'autre rive du lac de Constance au bord duquel on parvient, brillent des tentes, étincellent des armures, flottent des étendards. C'est le camp d'Otton de Brunswick, l'empereur excommunié. Son armée est là et il tient la ville de Constance, aussi, où il s'est retranché et qui est pleine de ses partisans.

On ne peut pas livrer bataille. Otton possède une véritable armée, alors que l'escorte de Frédéric compte plus de prêtres que de soldats. Ce sont les prêtres qui vont gagner la bataille. Pendant que l'ancien empereur raille le médiocre appareil de son rival, qu'il appelle l'« empereur des clercs », pendant que Constance s'étonne qu'on puisse l'assiéger avec de si faibles moyens, un des prélats se détache et galope jusqu'au pied des murailles. Du poing, il frappe la porte, et comme celle-ci ne s'ouvre pas, dans le silence qui s'est fait, soudain, il crie d'une voix terrible le décret d'excommunication qui a frappé Otton. Puis il regagne au galop le cortège de l'empereur légitime, Frédéric II. C'est l'évêque de Bari, Bérard, légat du pape, qui va remporter la victoire. Les habitants de Constance n'hésitent qu'un instant ; le pouvoir redoutable de l'excommunication les épouvante. Ils se hâtent d'ouvrir les portes qu'ils tenaient fermées malgré les appels de l'empereur, et le fils d'Henri le Lion, comprenant que la partie est perdue pour lui, lève son camp, plie ses belles tentes, et bat en retraite.

Cette retraite, de plus en plus rapide, prendra bientôt le rythme d'une déroute. Les cités qui l'acclamaient hier, se préparent maintenant à accueillir son ennemi. Les villages pavoisent pour son rival. Il se croit poursuivi, la terre tremble sous ses pas, et ce galop dans lequel il entraîne son armée, prête à écraser l'intrus, n'est plus qu'une fuite jusqu'à Cologne qui lui offre un asile, et où il se jette, affolé comme s'il se sentait talonné par cet empereur enfant qu'il a menacé.

Les princes gibelins d'Allemagne font fête à leur champion. La Diète de Francfort le nomme roi, renouvelant ainsi l'élection de 1196, le 5 décembre, et quatre jours plus tard, dans la cathédrale de Mayence, il est couronné. Les insignes dont on se sert, dans cette cérémonie, ne sont pas le vrai sceptre ni la vraie couronne, car ceux-ci, Otton de Brunswick les emporte avec lui, et il ne s'en dessaisira pas, puisqu'il se considère comme le seul empereur légitime. Mais, authentiques ou non, les insignes ont bien joué leur rôle ; c'est en qualité d'empereur couronné que Frédéric rencontre le roi de France, et combine avec lui une grande action d'ensemble, à la fois contre l'Angleterre et contre l'usurpateur.

Pour assurer sa victoire complète sur Otton, Frédéric a besoin de la France. Philippe Auguste, de son côté, à la veille de tenter un grand débarquement en Angleterre, a besoin d'un allié qui tienne en respect ses ennemis continentaux. L'entrevue de Vaucouleurs consacre une alliance qui aboutira quelques mois plus tard à la victoire de Bouvines. Victoire décisive, remportée le 27 juillet 1214, par les troupes françaises sur une coalition anglo-impériale, qui mettait en ligne des régiments beaucoup plus nombreux, sous le commandement d'Otton IV, accompagné des princes flamands qui s'étaient rangés aux côtés de Jean sans Terre. Capitale pour la France puisque, comme l'écrit très justement Hampe, « ce fut la première manifestation de la gloire nationale, qui renforça le sentiment de son unité politique. Personne dans le pays n'osa plus désormais se mesurer avec la couronne. A l'intérieur, le pouvoir du roi, qu'on louait comme étant le vrai successeur de Charlemagne, garantissait la paix. A l'extérieur, Philippe Auguste fut assez raisonnable pour se contenter de ce qu'il avait acquis. Dès 1214, sur la demande du pape et pour gagner du temps, il termina la guerre par l'armistice de Chinon, qui laissait l'Aquitaine, ainsi qu'une partie du Poitou à Jean sans Terre. Philippe II, dont le surnom « Auguste » fut interprété, selon la coutume comme « celui qui augmente », avait doublé l'étendue des possessions de la couronne[7] ».

Victoire capitale, enfin, pour le destin de l'Empire, puisqu'elle entraîna l'effondrement d'Otton IV, qui s'en alla mourir, misérable et désespéré, dans son château du Harz. Pendant quatre ans, il remâcha dans cette solitude où tout le monde l'avait abandonné, l'amertume de cette défaite. Il avait renoncé à revendiquer l'Empire pour la conquête duquel il avait tant lutté. On ne le vit pas au concile de Latran de 1215 où, lorsqu'on débattit la question de l'Empire, les avocats des Welfs furent seuls à soutenir ses droits. Vainement, d'ailleurs ; peut-être ne croyait-il plus, lui-même, à sa légitimité. Un à un, des vassaux se détachèrent de lui. Les villes les plus fidèles, l'oublièrent. Brême, même... Solitaire dans son château, hanté par le remords des péchés qu'il avait commis, il se faisait fouetter par des clercs, en manière de pénitence. Sa mort passa presque inaperçue. Il avait trente-six ans.

Parmi le butin que les Impériaux laissèrent sur le champ de bataille de Bouvines, il y avait un aigle d'or, qui surmontait le *carroccio* de l'empereur. Philippe Auguste l'envoya à Frédéric II, en gage de la victoire qu'il avait remportée sur leur ennemi commun. Dans les bagages d'Otton IV on trouva aussi les insignes impériaux, les vrais, et le roi de France les fit porter aussi à l'empereur allemand.

On les lui présenta le 25 juillet 1215, dans cette « rotonde » d'Aix-la-Chapelle, construite par Charlemagne, où son successeur se fit couronner, avec toute la pompe traditionnelle, et le cérémonial ancien qui avait manqué au précouronnement de Mayence. La victoire de Bouvines avait réglé l'avenir de l'Allemagne ; c'étaient des mains françaises qui posaient sur le front de Frédéric le diadème de l'antique empereur.

Après le couronnement, obéissant à un sentiment de grande dévotion plutôt que de sacrilège curiosité, il fit ouvrir le cercueil de Charlemagne. Avant qu'on déposât le corps du grand empereur dans la châsse d'or qu'il avait fait fabriquer pour lui, Frédéric se prosterna devant ces restes illustres, médita et pria. Puis il se leva, enleva son manteau royal, et prenant des mains des ouvriers le marteau et les clous, il referma lui-même le couvercle du cercueil.

III

Une révolution aristocratique

Les engagements pris par Frédéric II étaient de nature à satisfaire un pape aussi exigeant qu'Innocent III. A cette époque où la surveillance royale s'exerçait assez rigoureusement sur le clergé d'un État, c'était faire preuve d'une grande libéralité que d'y renoncer, et davantage encore de renoncer aux ressources pécuniaires que le Trésor tirait du *droit de dépouilles.* Innocent III, pourtant, réclamait davantage. Sa politique, je l'ai dit, ayant toujours tendu vers la séparation de l'Italie et de l'Allemagne, il s'était opposé de toutes ses forces à ce que l'empereur pût être en même temps roi de Sicile. C'étaient les ambitions italiennes d'Otton IV qui avaient brusquement privé ce téméraire de l'appui du Saint-Siège; le vigilant pontife veillerait sans cesse à ce que cette réunion des deux couronnes, éventuellement dangereuse pour le Patrimoine, ne pût être réalisée.

Elle venait pourtant d'être accomplie, du fait que Frédéric était élevé à la dignité impériale. Il importait donc pour contenter la diplomatie du pape, qu'il se démît de son titre de roi de Sicile. Frédéric l'avait promis, au cours de l'entretien qu'il avait eu avec Innocent. Cette promesse, il la réitéra, dans une lettre datée de Strasbourg, le 1er juillet 1216 ; lettre extrêmement précise, explicite, qui reconnaît en même temps les droits de l'Église sur la Sicile. « Nous vous promettons qu'à peine couronné empereur nous émanciperons de notre puissance paternelle notre fils Henri que, par mandat du Pontife, nous avons fait couronner roi de Sicile, et nous renoncerons au royaume de Sicile, en deçà et au delà du Phare, pour qu'il soit tenu par l'Église, de qui nous-même nous le tenons. De même ne nous ferons-nous plus appeler roi de Sicile, mais nous ferons gouverner le royaume par notre fils le roi, et pour lui, jusqu'à sa majorité par quelque personne apte, afin que l'on ne puisse pas penser que, du moment que Dieu nous a appelé à la charge de l'Empire, il existe une union quelconque entre le royaume et l'Empire du fait que nous tenons l'un et l'autre[8]. »

Cette renonciation, formelle, solennelle, apaisa les craintes d'Innocent III. Le couronnement d'Henri VII confirmait la cession du royaume à cet enfant ; il était évident, toutefois, qu'avant d'avoir atteint l'âge d'homme Henri VII resterait soumis aux volontés de son père ou des régents que celui-ci lui donnerait ; et Henri VII avait deux ans. Il semble donc que l'engagement pris par le nouvel empereur, malgré les termes pleins de respect, de soumission, de dévotion, qu'il employait, demeurait pratiquement sans effet. Pour être efficace, il eût fallu que le gouvernement du royaume passât entre les mains d'un légat pontifical et Frédéric aimait trop *sa* Sicile pour y renoncer jamais complètement.

Innocent III attendait encore autre chose de lui. La grande ambition du Souverain Pontife depuis son élection au trône de saint Pierre, avait été l'organisation d'une grande croisade. Cette croisade, d'une immense envergure, devait être le couronnement de son pontificat. Or, malgré toutes les tentatives faites par lui, ce projet n'avait jamais abouti. Les croisades qu'il avait préparées avaient échoué, soit par l'indifférence et la négligence des princes auxquels il s'adressait, soit parce que l'expédition avait été détournée de son but, comme cela s'était produit pour la quatrième croisade[9]. Innocent III avait vainement dépensé tous ses efforts, tout son zèle ; pour des motifs obscurs et étranges, toutes les amorces de croisades avaient abouti au néant. Et voilà qu'il se sentait vieillir, et il redoutait de mourir avant d'avoir vu se réaliser son vœu le plus cher.

L'accession de Frédéric II à l'Empire lui rendit l'espoir. Voici, pensait-il, un jeune homme qui est mon pupille, que j'ai protégé alors que son enfance était menacée par des ennemis nombreux, que j'ai fait élever par mes légats et mes hommes de confiance afin d'en faire un serviteur de l'Église fidèle, ardent et dévoué. Il est temps que je recueille le fruit de toute la sollicitude que j'ai dépensée ; Frédéric II, couronné empereur, prendra l'initiative de ma croisade et la fera aboutir. Le grand plan politique d'Innocent III, qui rêvait de créer une Europe unie aussi homogène que possible, et soustraite aux désastres des guerres incessantes, était de constituer, avec l'aide de l'empereur, une puissance œcuménique, quelque chose de plus vaste et de plus complet que le Saint-Empire lui-même. Le pape et l'empereur agissant ensemble, avec les mêmes idéaux, suivant les mêmes principes, à la poursuite d'un même objet, atteindraient enfin cette association des pouvoirs, le spirituel et le temporel, divisés mais unis, et dirigeant leurs efforts dans le même sens vers un but commun, sans empiètement, de part ou d'autre, chaque souverain gouvernant seul dans son domaine. A l'empereur le temporel, au pape le spirituel ; étant bien entendu, cependant, que l'empereur obéirait au pape et travaillerait toujours pour le bien de l'Église.

C'était une belle et noble idée. Innocent III l'avait développée bien souvent dans ses lettres et ses mandements ; peu de temps avant sa mort, le concile de Latran définit cette idée avec une précision admirable. « Le pape est, sur la terre, le représentant visible de Dieu invisible ; il est infaillible en matière de foi et tout-puissant dans les choses de la foi. Toute déviation de la pensée ou de la foi en ce que l'Église enseigne est une opposition à sa volonté, une hérésie, une rébellion, un crime contre Dieu. Si le chef spirituel condamne, le chef politique a le devoir de poursuivre et de punir le coupable dans ses biens et dans sa vie[10]. »

Innocent III s'était fondé sur ce principe pour inviter les souverains temporels à la « croisade intérieure » qu'il avait menée contre les hérétiques. C'était l'époque où les pauvres de Lyon et les cathares menaçaient l'ordre établi, aussi bien l'ordre social que l'ordre religieux, en vertu de doctrines étranges qui, souvent, séduisaient les masses et même les princes : Arnaud de Brescia, Valdo, Joachim de Flore, Pierre de Bruys, Henri de Lausanne, Bérenger de Tours, visaient également au bouleversement de la structure de la société, et à la réforme de l'Église. Le pape et l'empereur avaient donc intérêt, l'un et l'autre, à agir conjointement contre ces « ennemis de l'État » dont la prédication était aussi pernicieuse pour le pouvoir temporel que pour le pouvoir spirituel. L'empereur prêterait le bras séculier, pour frapper les adversaires de l'Église ; le pape condamnerait les ennemis de l'État.

Les expéditions contre les Vaudois et contre les Albigeois, soutenues par le pape, encouragées par lui, tendaient à l'anéantissement de mouvements révolutionnaires, au point de vue politique aussi bien qu'au point de vue religieux. Cathares, pauvres de Lyon, arnaudistes, constituaient un « danger public » contre lequel la ligue du pape et de l'empereur paraissait nécessaire. Mais tout en proclamant la distinction du spirituel et du temporel, les soixante-douze décrets du concile de Latran affirmaient pourtant la supériorité du premier sur le second. « La société temporelle dépend de la spirituelle et tombe sous la loi. Le laïque, même s'il est prince, ne peut être juge en ce qui concerne les matières ecclésiastiques ou les personnes, celles-ci sont au-dessus de lui ; le prêtre ne peut prêter hommage à aucun prince temporel ni mettre ses biens en la dépendance de celui-ci, parce qu'ils ne peuvent être ni cédés ni vendus sans l'autorisation de son supérieur ecclésiastique[11]. »

Le concile, enfin, donnait au pape une arme contre les souverains temporels, en décidant que si le souverain temporel est lui-même entaché d'hérésie, le pape délie ses sujets de leur serment de fidélité et transfère ses biens à un autre prince chrétien.

Pour le pape, Frédéric II, quoiqu'il fût devenu un homme, demeurait toujours l'enfant dont on lui avait confié la tutelle et dont il avait surveillé de loin l'éducation, la formation, avec l'espoir d'en user un jour comme d'un instrument docile à ses instigations. Et, jusqu'alors, Frédéric ne lui avait donné aucun sujet de plainte ; il s'était montré respectueux et dévoué dans ses paroles, dans ses actes, dans ses écrits. A plusieurs reprises, il avait déclaré que le royaume de Sicile appartenait au Saint-Siège ; il avait confirmé les droits de propriété du pape sur certaines provinces de l'Italie centrale et il semblait, plus qu'aucun autre roi de ce temps, enflammé contre les hérétiques.

En qualité d'empereur allemand, Frédéric était tout désigné pour développer la croisade contre les Slaves païens, qui était aussi un des objectifs importants d'Innocent III. Depuis que Meinhard de Segeberg et Albert d'Appeldorn avaient fondé l'Ordre des Chevaliers Porte-Glaives, la poussée allemande vers l'est avait été continue, tenace et féconde. L'Empire semblant se désintéresser de ces opérations qui auraient dû l'occuper au plus haut point, et n'aidant que faiblement les Porte-Glaives, Innocent III les secourut, les appuya, leur envoya des hommes, de l'argent, moyennant quoi il parvint à enlever à l'Empire certains évêchés, comme celui de Riga, qui désormais dépendaient directement du Saint-Siège. Le Grand Maître de l'Ordre teutonique, Hermann de Salza, avait une grande influence sur Frédéric II, qu'il intéressa au succès de cet apostolat à la fois militaire et religieux, pour des fins politiques tout autant que spirituelles. Frédéric se montrait disposé à frapper les hérétiques, il subventionnait les Porte-Glaives ; il ne lui restait plus qu'à partir pour la Terre Sainte ; ainsi serait-il devenu le croisé parfait que le pape voulait qu'il fût.

Innocent III pensa qu'il approchait de son but quand il apprit que pendant la messe du couronnement à Aix-la-Chapelle, spontanément, dans un grand élan de foi et d'enthousiasme, Frédéric avait promis de prendre la Croix. Dans quelle mesure le jeune empereur était-il sincère ? Souhaitait-il plaire au pape, qui lui avait facilité le chemin vers la couronne impériale ? Sensible comme il l'était à toutes les émotions, avait-il considéré, ce jour-là, que la mission divine que lui imposait l'Empire comportait aussi la délivrance des Lieux Saints ? Quoi qu'il en soit, que ce fût par impulsion généreuse, ou par diplomatie, le geste du jeune empereur enchanta Innocent III, qui le pressa de mettre sa promesse à exécution.

Le pape, pourtant, ne devait pas vivre jusqu'à la réalisation de son rêve. Au mois de juillet 1216, alors qu'il avait quitté Rome pour aller arbitrer un des innombrables conflits qui opposaient toujours les deux grandes cités maritimes et commerciales, Gênes et Pise, Innnocent III mourut en cours de route, à Pérouse.

Son successeur, Cencius Savelli, qui prit le nom d'Honorius III, était un vieillard de quatre-vingt-dix ans. Financier adroit, il avait des vues moins vastes qu'Innocent III, un génie moins souple et moins grandiose. Aussitôt coiffé de la tiare, il entreprit une politique financière habile et active, destinée à faire rentrer beaucoup d'argent dans les caisses de l'Église. Il comprenait que l'argent, lui aussi, quoique si noblement méprisé et honni par les ordres mendiants, était une puissance ; comme tous les éléments de puissance, il devait appartenir au Saint-Siège. Honorius III stimula *l'esprit de croisade,* dans les différents États, et en profita pour lever de nouveaux impôts. « Ceux-ci, dit Hampe, ne furent plus obligatoirement attribués aux croisés des pays qui les avaient fournis. Des collecteurs pontificaux particuliers les remettaient directement à la Chambre apostolique. On était en train d'organiser une imposition régulière sur les revenus ecclésiastiques qui, à côté des autres recettes complétées en cas de besoin par les prêts des banques italiennes, constituaient la plus large part des revenus pontificaux[12]. »

Honorius III, lui aussi, tenait à « sa croisade ». Un des premiers actes de son règne fut d'inviter Frédéric II à prendre la croix, ainsi qu'il en avait fait le vœu. Ayant été, du temps où il était vice-chancelier et camérier de l'Église romaine, légat d'Innocent III, et chargé en cette qualité de veiller sur le petit roi de Sicile, Cencius Savelli ne doutait point que, par esprit de docilité au moins, et par reconnaissance envers son ancien tuteur, Frédéric n'obéît aussitôt

Le jeune empereur, pourtant, n'avait aucune hâte de partir pour la Terre Sainte. Il lui restait, en Europe, bien d'autres tâches à achever avant qu'il pût songer à se croiser. Dès qu'il apprit l'élection d'Honorius, il lui fit porter ses félicitations par l'abbé de Saint-Gall et le marquis de Montferrat ; et il joignit à ses compliments une requête ; celle de pouvoir retarder de quelque temps son départ pour la croisade. Cette demande, formulée avec respect et modestie, montrait qu'il était décidé à exécuter, prochainement, les engagements pris par lui à Aix-la-Chapelle. Le jeune empereur était encore trop mal assuré dans ses nouvelles dignités pour qu'il pût sans danger quitter ses États. On devait redouter un retour offensif d'Otton IV, invisible dans son château du Harz, mais toujours attaché à ses prétentions et soutenu par un puissant parti guelfe. Le délai que réclamait Frédéric était donc parfaitement légitime, et le pape accéda à son désir, tout en maintenant le principe même de la croisade et en invitant les autres princes allemands qui avaient fait le même vœu, à se préparer pour le départ.

Frédéric profita de ce répit pour achever son « tour d'Allemagne » qui devait lui faire connaître ses nouveaux États, et le faire connaître lui-même de ses nouveaux sujets. Il voyagea et, sur son passage, il régla ses conflits de barons à barons que les complications de la loi féodale entretenaient dans cette Allemagne, déjà si encline à l'anarchie. Ce n'était pas une tâche facile, car il se heurtait à ces féodaux tyranniques, brutaux, ivres d'orgueil et de volonté de puissance, que décrit la Chronique d'Ursperg, « violents, rapaces et cruels, besogneux et prodigues, âpres au gain et au pillage, n'obéissant qu'à leurs passions et foulant aux pieds la justice, qui se disputent traîtreusement les bénéfices et les honneurs par la ruse, au besoin par l'assassinat, usurpent les droits régaliens et s'arrachent violemment les comtés et les châteaux[13] ». Frédéric exécuta les plus audacieux et les plus indisciplinés, rasa les burgs, où nichaient des gentilshommes pillards qui se moquaient de l'empereur et de Dieu.

Ce nettoyage heureusement terminé, il s'occupa de faire élire son fils Henri roi des Romains. Les princes y ayant consenti, la cérémonie eut lieu à Aix-la-Chapelle, en 1222 après le consentement de la Diète de Francfort en 1220. Pour diriger le petit roi, il désigna l'archevêque de Cologne, Engelbert, qu'il chargeait en même temps de la tutelle de l'enfant et du gouvernement de l'Empire ; l'archevêque devait exercer cette double tâche avec autant de dévouement que de talent, pendant trois ans, pour le plus grand bien de l'Empire et du petit roi, jusqu'au jour où la main d'un assassin le fit périr. Le duc de Bavière, Louis Ier, qui lui succéda dans ces fonctions, agit beaucoup moins sagement, et ne remplit pas avec autant d'intelligente exactitude la mission dont l'empereur l'avait chargé.

Ayant ainsi accompli son devoir à l'égard de l'Allemagne, Frédéric se disposa à revenir en Italie. Il se sentait toujours exilé lorsqu'il n'était pas dans son royaume. A ce descendant de princes allemands, l'Allemagne, au fond, était étrangère. Dans ce Nord froid, humide et brumeux, il rêvait de la Conque d'or, des jardins de Palerme, des fontaines de ses palais arabes. L'anarchie qu'il rencontrait à chaque pas, heurtait la passion qu'il avait pour l'ordre et la paix. Cette Allemagne énorme et informe, arrogante et belliqueuse, dans quel moule pouvait-on fondre ensemble pour en faire un tout harmonieux ses vices et ses mérites, ses défauts et ses vertus, son puissant dynamisme et son goût du désordre, ses qualités viriles et son invincible attrait pour la rêverie ?

Il avait profité de la Diète de 1220 pour essayer d'organiser cet immense amalgame d'États hétérogènes, toujours en guerre les uns contre les autres. Jusqu'alors, les empereurs avaient encouragé ce désordre, qui assurait leur puissance, ou, du moins, ils l'avaient toléré, lorsqu'ils ne pouvaient pas faire autrement que de le subir. Pour Frédéric qui était essentiellement un « homme d'ordre », il était scandaleux de voir chaque baron, dans son château fort, agir en roi et se considérer comme l'égal de l'empereur lui-même. Mais, puisque telle est la tendance de l'Allemagne, puisqu'on ne fera jamais d'elle un État *harmonieux,* au sens latin du mot, autant valait lui laisser suivre son tempérament, et se contenter d'organiser, tout en respectant cette passion pour l'indépendance qu'avait chaque ville, chaque prince, ce désordre, sans lui imposer une constitution arbitraire, antiorganique, qui aurait répugné à la nature profonde de ce pays, à ses traditions historiques, à sa configuration géographique, à ses mœurs et à ses idéaux.

Faute de pouvoir faire de l'Allemagne un État unifié, Frédéric II, comprenant le génie essentiel de ce peuple et son destin, en fera une confédération, ce qui permettra de respecter toutes les particularités raciales ou nationales, toutes les idiosyncrasies. Cette réforme, si grave, si importante, ne constituait pas moins qu'une « révolution ». Le mot est de Zeller, qui ajoute : « Il avait changé la constitution de l'Empire dont il allait prendre la couronne. Successeur des Otton le Grand, des Henri III, il commençait à constituer l'indépendance des princes laïques et surtout ecclésiastiques, que ses prédécesseurs, comme héritiers de Charlemagne, avaient toujours voulu tenir sous leur pouvoir. Gibelin, petit-fils de Barberousse, après la dissolution des anciens duchés et comtés, et par la désuétude des offices carolingiens qui avaient dans ces ressorts administré l'Empire, il faisait des princes et des États féodaux qui les avaient remplacés, autant de principautés presque indépendantes. Le guelfe Otton IV, récemment encore, avait voulu, comme le roi d'Angleterre Jean dont il avait été l'allié, soumettre en Allemagne les barons et spolier l'Église. Frédéric II semblait prendre à tâche d'affranchir les princes laïques et ecclésiastiques de son autorité même, et de les enrichir, d'en faire des puissances nationales, indépendantes, supérieures aux autres, pour séparer leurs intérêts particuliers des intérêts généraux de la Papauté, sans crainte de ruiner son autorité à lui-même. Les empereurs franconiens, contre les seigneurs laïques ou ecclésiastiques, avaient favorisé les villes, en leur donnant des franchises et en leur assurant des accroissements de population. Le Hohenstaufen Frédéric II, à peu d'exceptions près, se montrait disposé à sacrifier aux grands les franchises, la prospérité des villes, ainsi que la petite noblesse et même la liberté du commun peuple[14]. »

Ces mesures, que Zeller semble ne pas bien comprendre, étaient pourtant dans la ligne générale de la politique frédéricienne, dont le caractère est essentiellement aristocratique. Elles étaient conformes aussi au principe même de l'Empire, qui constituait une confédération d'États. On dirait que Frédéric a pressenti l'avènement de la démocratie, et qu'il l'a combattue, en Allemagne, comme il la combattra en Italie. Que cette lutte antidémocratique implique un renforcement des grands États au détriment des petits, et des avantages concédés aux nobles contre les cités de gouvernement populaire, cela était inévitable. Ramener le pouvoir entre les mains d'une minorité de princes, en Allemagne, constituait le meilleur moyen de diminuer l'anarchie qui régnait dans ce pays, ou, du moins, d'en diminuer les effets nocifs.

Les membres de la Diète avaient compris, eux, beaucoup mieux que les historiens modernes, la portée et la signification de cette révolution aristocratique, qui semblait enlever à la couronne impériale une partie de son autorité, mais qui la rendait en réalité plus puissante du fait qu'elle s'appuyait sur une noblesse que ses traditions et son intérêt même incitaient à la servir. Les ducs de Bavière et de Brabant, les margraves de Namur et de Bade, le landgrave de Thuringe, les archevêques de Mayence, de Trèves, de Cologne, de Magdebourg, acceptèrent cette constitution d'un esprit assez neuf, et dont le nom même, la *confédération,* a quelque chose d'imprévu et de saisissant. La noblesse en recevait plus de prestige et de pouvoir; en échange de ces concessions, elle se montrerait plus favorable au principe de l'hérédité que Frédéric II comptait instaurer dans la transmission de la couronne impériale, l'élection se ramenant alors, à une simple formalité, une simple homologation des désirs de l'empereur. Les villes se plaindront. De même que les cités italiennes, elles iront renforcer le parti guelfe. Peut-être, mais l'empereur avait plus à gagner à s'appuyer sur les nobles que sur les villes, celles-ci aspirant toujours plus ou moins à une forme de gouvernement populaire, et constituant donc un principe de désordre qu'il importait de supprimer.

C'était de la part d'un jeune homme un coup d'audace et un coup de maître qu'une pareille révolution. La Diète de Francfort ébranla profondément l'opinion publique allemande, et les conséquences s'en prolongèrent jusqu'en Italie, où Frédéric allait, plus tard, proclamer des principes analogues. Ces mesures prises, Frédéric institua des lieutenances qui devaient surveiller les intérêts de l'Empire dans les différents États allemands, puis il partit pour l'Italie. Il avait hâte de se retrouver dans son royaume, et de recevoir la dernière consécration de la puissance impériale : le couronnement des mains du pape.

Les villes italiennes du Nord et du Centre lui font un accueil assez froid, quoiqu'il leur prodigue les privilèges, les franchises et les cadeaux ; sans doute ont-elles appris quelles amputations les cités allemandes ont subies à la Diète de Francfort, et redoutent-elles de subir un sort analogue. La ligue lombarde est toujours puissante et animée d'une ardente hostilité contre les Staufen. Le pape même paraît réticent, ou, du moins, prudent. Lorsque l'empereur l'a prévenu de sa proche arrivée, il lui a envoyé des ambassadeurs, avec des requêtes précises et comminatoires : il ne sera couronné que s'il s'engage une fois de plus à respecter, en tant qu'empereur, l'autonomie de la Sicile, et à partir pour la Terre Sainte, aussitôt couronné. Ces questions avaient déjà fait l'objet de plusieurs promesses, mais le soupçonneux pontife ne craint pas d'y revenir une fois de plus comme si la répétition des mêmes engagements devait leur donner plus de force et un plus prompt effet. Le Grand Maître de l'Ordre teutonique, Hermann de Salza, est envoyé en avant du cortège, pour rassurer le pape, et tandis qu'il galope vers Rome, derrière lui, à petites journées, s'avance le cortège triomphal de l'empereur.

Combien différent de cette petite bande d'aventuriers enthousiastes et passionnés qui accompagnait le jeune empereur quand il s'élançait vers l'Allemagne, quelques années auparavant, pour y conquérir sa couronne! Les prélats, les princes laïques et ecclésiastiques font escorte aujourd'hui à cet empereur de 26 ans, qui vient déjà d'imposer à l'Allemagne la forme qu'elle était incapable de se donner elle-même. Il a montré, ce faisant, la profondeur et la largeur de vues d'un vieil homme d'État plein d'expérience, l'intuition du législateur génial qui adapte immédiatement au caractère le plus particulier d'un peuple la forme de gouvernement qui lui permettra d'atteindre sa plus grande efficacité. Il s'avance avec toute la puissance, toute la majesté d'un empereur romain, et c'est en empereur romain que Rome le reçoit, le préfet de la ville dressant haut devant lui sa longue épé de parade, les sénateurs romains tenant la bride de son cheval. C'est César, c'est Auguste. A travers la ville, dont le peuple l'acclame, car d'instinct il reconnaît en lui *l'imperator,* le cortège marche vers Saint-Pierre, où le pape l'attend entouré de son clergé. Toute la noblesse du royaume est là, mêlée à la noblesse allemande qui l'a suivi depuis Augsbourg. Et voilà que le cérémonial du couronnement se déroule, avec la pompe antique, les gestes traditionnels. L'empereur reçoit l'onction d'huile sainte, il est coiffé de la mitre d'abord, puis de la couronne, il tient dans ses mains le sceptre d'or massif, le globe qui symbolise le gouvernement du monde, l'épée enfin, signe de la puissance temporelle, de la mission active qui lui est confiée ; l'épée dont il frappera pour la défense de la foi et des intérêts de l'Église. Il tire du fourreau l'épée antique, il la brandit trois fois, et, à ce moment, le cardinal d'Ostie s'avance vers lui, tenant dans sa main le petit insigne de la croisade, l'humble croix de laine rouge, qu'avaient portée les héroïques chevaliers des premières expéditions en Terre Sainte.

Frédéric II laisse appliquer la Croix contre son manteau de pourpre. Il a promis d'aller en Palestine, il ira. Et, sans doute, dans ce cœur ambitieux, ivre de puissance, la perspective de conquérir sur les musulmans la vieille terre sacrée, n'est qu'un rêve de gloire de plus. Le pape pourtant réclame plus encore qu'une adhésion sentimentale, un élan du cœur. Il veut des précisions, une date fixe, et non plus un « oui » évasif et vague qui laisse tout en suspens. Frédéric se recueille un instant, réfléchit : il y a tant de choses à faire ici, encore... Mais le silence, se prolongeant, devient gros d'incertitudes, peut-être de menaces. Il ne faut pas qu'une fausse note vienne gâter ce beau jour. Frédéric, alors, se décide : il promet de partir pour la Terre Sainte au mois d'août 1221.

Cela lui donne presque une année de répit (nous sommes au mois de novembre 1220). Avant d'aller combattre les musulmans de Palestine, il faut d'abord qu'il ramène à la docilité les musulmans de Sicile qui ont profité de son séjour en Allemagne pour s'émanciper et reprendre, avec quelque arrogance, une partie de l'ancienne autorité qu'ils exerçaient sur l'île. Ils avaient perdu, au cours des siècles, la souveraineté qu'ils possédaient du temps des Aglabites, mais les rois normands, par faiblesse ou par tolérance, ne les avaient pas expulsés de leur antique émirat. Ils avaient conservé leur puissance commerciale et économique, des châteaux forts, et une prédominance intellectuelle où, à dire vrai, ils représentaient un degré de civilisation beaucoup plus avancé que celui des Italiens eux-mêmes.

Tranquilles et soumis, les Sarrasins constituaient donc un élément de prospérité et de progrès dans l'île qui respectait leurs usages et leurs croyances. Mais quand l'esprit de révolte les prenait, leur vieille ambition ressuscitait, leur fanatisme aussi, et ils devenaient turbulents, féroces, intolérants. Certains de leurs princes, comme l'émir Ibn Abbad, n'aspiraient à rien moins qu'à rétablir le Croissant en Sicile et en bannir la Croix. Juchés dans ces châteaux forts en nids d'aigle d'où ils contemplaient cette belle terre d'un regard avide et nostalgique, les princes musulmans caressaient des rêves audacieux. Quand ils virent que l'absence de Frédéric se prolongeait, leur témérité reprit le dessus, et la population chrétienne tremblant pour sa vie, pour ses biens, pour sa foi, appela à l'aide contre ces Africains dont les pillages hardis et impudents n'étaient peut-être que le prélude d'une conquête à laquelle les musulmans n'avaient cessé d'aspirer et que les chrétiens redoutaient toujours.

Frédéric II qui avait passé son enfance dans l'intimité des savants arabes et des poètes sarrasins, n'avait aucune hostilité de principe contre l'Islam. Il admettait que chacun pratiquât la religion qui lui plaisait, pourvu qu'il se conduisît en sujet docile. Toute rébellion, qu'elle vînt d'un musulman ou d'un chrétien était coupable, en tant que rébellion, et méritait un châtiment. Aussitôt arrivé en Sicile, il engagea donc une grande expédition contre les Africains, les traqua dans leurs châteaux, fit pendre Ibn Abbad, et ramena le calme dans la population mauresque. Pour parfaire son œuvre de pacification, considérant que les Sarrasins constitueraient un danger permanent s'ils demeuraient dans l'île aussi nombreux qu'ils s'y trouvaient, il en fit transporter un grand nombre sur la terre ferme, où il serait plus facile de les surveiller.

Ce n'était pas un exil qu'il leur imposait, mais seulement un changement de résidence. Aussi fit-il construire pour eux, afin qu'ils vécussent heureux dans cette nouvelle résidence, une ville orientale près de la vieille petite cité de Lucera. Une ville pareille à celles d'Égypte, d'Espagne, de Syrie, avec ses palais mauresques, ses mosquées, ses minarets, ses medersas, ses bazars. Une ville où les Arabes de Sicile ne se trouveraient pas dépaysés, tant les lieux de prières, les souks et les établissements de bains étaient semblables à ceux de leurs pays d'origine. Ils y vivraient entre eux, presque sans relations avec les chrétiens, pour lesquels ils éprouvaient toujours un certain sentiment de haine et de mépris. Ils y cultiveraient les métiers et les arts qui leur étaient familiers, et ils y entretiendraient cette culture noble, délicate et raffinée, grâce à laquelle ils avaient embelli les dures années d'enfance du jeune roi. Car s'il ne considérait pas, comme Honorius III, la présence des mahométans en terre chrétienne comme « une épine enfoncée dans l'œil de l'Église », il n'entendait pas davantage laisser les émirs acquérir une indépendance qui pouvait nuire aux intérêts du royaume[15].

Il traita d'ailleurs les Siciliens, tout chrétiens qu'ils fussent, de la même manière que les Sarrasins, quand ceux-ci se révoltèrent. Il n'y avait pas que les Arabes en effet, qui eussent profité de son éloignement pour se montrer turbulents. Certains barons siciliens, avides et orgueilleux, s'étaient déclarés indépendants ; fortifiés dans leurs châteaux, ils bravaient les reproches et les menaces que leur adressaient les lieutenants royaux. Ceux-ci hésitaient à entreprendre des expéditions de répression, car, parmi les rebelles, il y avait quelques-uns des princes les plus nobles et les plus influents du royaume, comme le comte de Molise, et des dignitaires ecclésiastiques si haut placés qu'on n'osait pas les toucher, comme l'abbé du Mont-Cassin. Forts de cette impunité, ceux-ci s'affranchissaient de plus en plus de l'autorité royale, si bien que la Sicile se retrouvait, en 1220, dans le même état que vingt ans plus tôt, pendant la minorité du petit roi, alors qu'un désordre indescriptible rendait vaine et inopérante la puissance des légats pontificaux chargés de défendre les intérêts de l'enfant.

Celui-ci était, aujourd'hui, un jeune homme hardi, énergique, résolu à faire respecter par tous, grands et petits, nobles et vilains, laïcs et clercs, les droits et les privilèges de la royauté. J'ai dit qu'il était avant tout un « homme d'ordre » en donnant au mot ordre le même sens que Gœthe lui donnait, quand il disait par exemple, qu'il « aimait mieux une injustice qu'un désordre ». Cette notion de l'ordre, dans l'esprit de Frédéric n'avait rien d'abstrait (quoiqu'elle fût aussi juridique), elle s'appliquait surtout aux cas concrets, aux éléments pratiques du gouvernement. Il fallait que l'ordre fût respecté, parce qu'il y avait en lui quelque chose de sacré, la hiérarchie, étymologiquement même, comportant un principe sacré, et la constitution de l'univers, telle que les savants la connaissaient, de même que la constitution des sociétés humaines, ne pouvant subsister qu'à condition que tout désordre en fût banni.

Frédéric commença donc la conquête de toutes les « rocca » que les seigneurs siciliens croyaient inexpugnables et où ils se vantaient de tenir en respect les armées du roi. En deux ans, Frédéric enleva tous les châteaux, aussi bien ceux des Sarrasins que ceux des Siciliens, aussi bien Jato, qui appartenait à Ibn Abbad, que les « burgs » de Molise, Bojano, Roccamandolfi. Au comte d'Aquila, il enleva Mondragone, Suessa, Teano. A l'abbé du Mont-Cassin, Atina, Rocca d'Evandro. Et dans tous les châteaux qu'il prenait, il installait aussitôt des garnisons royales qui surveillaient le pays et achevaient le nettoyage. Il régla enfin leur compte aux pirates qui abusaient de la liberté des mers pour arrêter les navires de commerce et piller les marchands. L'impunité des pirates n'était pas plus compatible avec une politique économique sage et prospère, que ne l'était l'insolence des barons chrétiens ou mahométans dans un État fort et unifié. Pour châtier les brigands des mers, Frédéric II acheta des navires aux Génois, fit construire une flotte, et, promptement, impitoyablement, il pourchassa les vaisseaux corsaires, assiégea les ports et les châteaux dans lesquels les pirates se retranchaient et rassemblaient leurs butins. C'étaient les mêmes ports et les mêmes châteaux que ceux où treize siècles plus tôt, Pompée avait anéanti l'arrogant despotisme des pirates qui coupaient aux Romains la *route du blé* et, à chaque instant menaçaient d'affamer la République.

L'action du jeune Hohenstaufen fut aussi efficace, aussi

décisive que celle du vieil imperator. Réduits à l'impuissance, décimés, capturés et pendus, les pirates disparurent de la Méditerranée, du moins comme puissance organisée, comme « État ». Ayant ainsi achevé la « reconquête » de son royaume, Frédéric aurait pu s'embarquer pour la Terre Sainte. A plusieurs reprises, le pape l'avait pressé d'accomplir son vœu. En 1221, à la date fixée par lui-même, il se trouvait en pleine guerre contre les Sarrasins de Sicile, et ce fait lui avait servi d'excuse pour ajourner son départ. Ne pouvant partir lui-même, il avait envoyé à Hermann de Salza, qui guerroyait à Damiette avec ses Porte-Glaives, quarante navires et cinq cents cavaliers. En 1222, il avait perdu sa femme Constance. En 1225, il s'était remarié avec la fille du roi de Jérusalem, Jean de Brienne. En 1226, il avait été très absorbé par les travaux de la Diète de Crémone, et les intrigues de la ligue lombarde lui causaient tant de soucis qu'il ne pouvait pas abandonner le royaume et l'Empire dans une situation aussi critique.

Les années passaient. Honorius III suppliait, criait, menaçait. Des escadres mettaient à la voile, mais sur aucun navire ne figurait l'empereur allemand. Le pape était intervenu entre Frédéric et la ligue lombarde, il avait servi d'arbitre, de médiateur, afin que, ce conflit achevé, l'empereur pût se préparer à partir. Mais on n'en avait jamais fini avec la ligue lombarde, les accords qu'on prenait étaient défaits le lendemain. Pouvait-on faire un grief à l'empereur de se préparer à la guerre contre cette coalition, si dangereuse pour lui, plutôt que de s'engager dans une croisade où sa présence était presque superflue ?

Il advint, enfin, au pauvre Honorius III ce qui était arrivé à son prédécesseur. Il mourut avant d'avoir réalisé son rêve de conquête des Lieux Saints. Combien de fois Frédéric avait-il promis de s'embarquer ? Combien de dates avaient été fixées pour cet embarquement, et chaque fois *irrévocables* ? Ce fut d'abord le 22 août 1221, puis le 25 avril 1222, jour de Saint-Georges, puis le jour de Saint-Jean 1225, puis en août 1227, et cette fois, Honorius III était résolu à user des sanctions majeures, si Frédéric tardait encore ; il l'excommunierait... Malheureusement, l'infortuné vieillard qui avait attendu près d'un siècle le couronnement de ses espoirs, mourut avant qu'ils pussent se réaliser, au mois de mai 1227, après avoir dépensé tout son zèle, toute sa force de persuasion à ramener, entre l'Empire et la ligue lombarde un semblant de concorde, une paix précaire, une trêve d'armes qui laissait l'avenir lourd d'incertitudes et de dangers.

IV

La croisade chevaleresque

Les délais, les atermoiements, les demandes de sursis avaient abusé l'infortuné Honorius III qui était, malgré toute son habileté de financier un homme « bon, simple et pieux » ; ainsi le décrivent les chroniqueurs. Le hasard du conclave fit que la tiare revint, après lui, à ce cardinal d'Ostie que le pape avait envoyé en ambassadeur à Frédéric II alors que celui-ci se dirigeait vers Rome, pour obtenir de lui une renonciation formelle à toute autorité sur la Sicile, à toute ingérence de l'Empire dans les affaires du royaume, et aussi, l'engagement de partir pour la croisade le plus tôt possible. Cela se passait en 1220. Sept années se sont écoulées. Nous sommes en 1227, et le pape qui vient d'être élu, et qui prend le nom de Grégoire IX, est ce même cardinal d'Ostie, qui a reçu les promesses de Frédéric II, promesses qui conditionnaient le consentement du pape au couronnement.

Grégoire IX sera de moins bonne composition que ses prédécesseurs. C'est, lui aussi, un vieillard — il a quatre-vingts ans —, mais « un vieillard prodigieux, dit Muratori.

d'aspect noble et majestueux». D'une culture profonde et d'une éloquence brillante, ajoute Momigliano, doué d'une mémoire lucide et rapide, riche d'une longue expérience des hommes et des choses qui l'avait préparé à cette mission qu'il reçoit au déclin de sa vie. Un adversaire de la taille de Frédéric, qui rachète par une énergie extraordinaire le désavantage de l'âge. La vieillesse n'a diminué aucune de ses facultés. Cet octogénaire garde les impulsions et les rebondissements de l'adolescence. L'empereur avait pu se jouer d'Innocent III et d'Honorius III ; avec Grégoire il aura affaire à forte partie.

Trois semaines, à peine, se sont écoulées depuis l'élection, que le nouveau pontife écrit à l'empereur une lettre dont le beau latin, net et courtois, dissimule, pourtant, les grondements de l'orage qui s'approche. Frédéric n'a plus de motifs à invoquer pour retarder une fois de plus son départ. Il a promis de partir en août ; qu'il exécute donc les engagements qu'il a pris à San Germano, sinon... Grégoire est trop adroit et trop fin pour brandir ses foudres, mais on sait bien ce qui arrivera si le pape se fâche. Le cardinal d'Ostie n'a jamais menacé en vain, et voilà que maintenant, toute la puissance spirituelle de l'Église est entre ses mains. Peut-être s'attend-il à une nouvelle demande de sursis et se prépare-t-il à frapper : le ton de sa lettre est celui d'un ultimatum.

Frédéric l'entend ainsi. Lui qui était si adroit, jusqu'alors, à esquiver cette ennuyeuse obligation de la croisade, il ne trouve plus d'obstacle à invoquer aujourd'hui, plus d'excuse à rester en Italie. Sans doute a-t-il reconnu dans ce pape un lutteur de sa *classe,* un adversaire qu'on n'égare pas par des ruses et des prétextes. Peut-être, aussi, son mariage avec Yolande de Brienne a-t-il éveillé en lui des ambitions nouvelles. Son beau-père porte ce titre magnifique, magique et fascinant de roi de Jérusalem. Quelle puissance d'enchantement, dans ces mots ! Le mariage, d'ailleurs, a été orageux, et l'empereur n'a pas tardé à se brouiller avec ce Jean de Brienne, croisé, descendant de croisés, d'un caractère rude, assez simpliste, quoique poète, incapable de comprendre son gendre. Incapable en tout cas d'admettre que le lendemain même des noces, Frédéric lui ait conseillé, comme la chose la plus naturelle, de céder son titre de roi de Jérusalem à sa fille Yolande, c'est-à-dire, à son gendre. Frédéric n'avait pas attendu son consentement, d'ailleurs, pour se parer de ce titre, après celui d'empereur et de roi de Sicile.

Jean de Brienne, avec sa fougue coléreuse de vieux soldat, tempêta, et s'en alla se plaindre au pape de l'usurpation dont il était victime. Il ajoutait aussi, cela d'après des racontars de palais, que l'empereur avait préféré passer sa nuit de noces avec une esclave de sa femme qu'avec elle-même, et que depuis il la tenait séquestrée dans son château de Terracina, où il la faisait garder par des eunuques noirs, dans son harem.

Grégoire IX consola le beau-père et le nomma administrateur du patrimoine de l'Église. Sans doute n'était-il pas mécontent de voir Frédéric II devenir roi de Jérusalem ; s'il avait des ambitions orientales, il ne se contenterait pas du titre, si romanesque fût-il, et il s'en irait conquérir son royaume les armes à la main.

Or la situation des croisés est critique à ce moment-là. Ils ont été obligés d'évacuer Jérusalem. Hermann de Salza envoie des lettres alarmantes. La Chrétienté court les plus grands dangers si l'empereur ne prend pas, lui-même, l'initiative de la croisade ; son exemple stimulerait sans doute les princes européens qui, par veulerie, par lâcheté, par indifférence, se désintéressent des Lieux Saints. Sans doute aussi, le pape s'attend que, en récompense de la mansuétude dont il a fait preuve dans l'affaire de Jean de Brienne, Frédéric donne à la croisade cette nouvelle impulsion dont elle a si grand besoin.

Mais il n'est plus nécessaire de presser l'empereur ; déjà il a donné des ordres pour qu'on termine l'équipement de ses troupes, qu'on arme des navires. Il faut que tout soit en ordre pour qu'on puisse hisser les voiles au mois d'août, ainsi qu'il l'a promis. Frédéric, d'ailleurs, se résignait de bon gré. Cet homme génial, si *moderne* dans toutes ses actions, concevait un genre de croisade tout à fait imprévu qui aurait fort alarmé le pape s'il avait connu ses projets.

Frédéric, je l'ai dit, était exempt de tout préjugé de race ou de religion. Il ne voulait pas la destruction de l'Islam, ni la suppression des Sarrasins ; il l'avait bien montré lorsque, tenant à sa merci ceux de Sicile, il s'était contenté de transporter les rebelles à Lucera où ils vivaient en paix — mais en se préparant à la guerre, car Lucera était, dans l'esprit de l'empereur, une sorte d'école militaire, de séminaire musulman où se recrutaient les *troupes coloniales* de l'empereur, les meilleures, les plus combatives et les plus dévouées. S'il devait devenir roi de Jérusalem, il voulait que ce fût pacifiquement, du consentement même de ses sujets mahométans, et non à la suite d'un conquête brutale. Car qui dit conquête dit rancunes inapaisables, haines ancestrales, d'où surgissent sans cesse de nouvelles guerres.

Un croisé pacifique : on n'avait jamais vu cela, et pourtant on avait vu bien des choses depuis que l'idéal de la croisade avait été si souvent galvaudé et ses moyens détournés de leur but sacré pour servir de louches combinaisons, des intérêts personnels, ou de basses ambitions. Combien chimérique, d'ailleurs, cet idéal pacifique ! Frédéric II, connaissant bien les musulmans, pouvait-il s'imaginer qu'ils abandonneraient de bon gré la Palestine aux chrétiens ? Supposait-il que les deux cultes, établis tous les deux autour des ruines du temple de Salomon pourraient cohabiter paisiblement ? Ignorait-il le fanatisme intransigeant des mahométans, leur horreur du christianisme ?

On a prétendu quelquefois que sa sympathie pour l'Islam,

et sa défiance à l'égard de l'Église, sinon de la religion chrétienne, avaient poussé Frédéric II à *saboter* la croisade, à la faire échouer volontairement. Je ne crois pas qu'il se soit rien passé de tel. Une perfidie semblable n'est pas dans le caractère de cet homme. Je pense qu'il a été abusé par l'intérêt qu'il portait aux choses de l'Orient, que le libéralisme intellectuel qui régnait parmi les penseurs arabes de la cour de Palerme l'a aveuglé sur l'intolérance musulmane, dont ces penseurs libéraux furent fréquemment, d'ailleurs, les victimes. On verra plus loin avec quelles précautions, quelles réticences, les philosophes sarrasins lui répondent lorsqu'il les interroge sur des problèmes qui touchent aux questions religieuses. Ce souverain d'esprit large, « ami des lumières » et plus proche, à ce point de vue, d'un homme de la Renaissance ou du XVIIIe siècle que de ses contemporains du XIIIe, s'imaginait rencontrer dans le sultan son ennemi, un adversaire pareil à lui, nourri d'Aristote et d'Averroes, sceptique et tolérant.

En réalité, les Sarrasins ont exploité les dispositions pacifiques de Frédéric II et l'espoir d'un règlement à l'amiable des différends qui opposaient chrétiens et musulmans. Depuis que ceux-là étaient venus leur disputer la possession des Lieux Saints, la guerre avait été incessante et féroce. S'il y avait eu, quelquefois, au cours de cette guerre, amitié entre des chefs croisés et certains princes musulmans, cela tenait à la rivalité qui existait entre ceux-ci. Quand un sultan de Damas voulait imposer sa puissance à un sultan du Caire, il lui arrivait d'établir une certaine alliance, temporaire et suspecte, avec les chrétiens, qui devenaient pour un temps ses associés et dont il exploitait les services pour son propre avantage, en leur cédant quelques menus privilèges. Mais que la grande querelle de la Chrétienté et de l'Islam pût être réglée sans bataille, simplement par le bon vouloir et le désir de paix de deux monarques ennemis de tout fanatisme, cela était impossible.

« J'aime celui qui désire l'impossible. » Plus d'une fois, au cours de sa vie, il est arrivé à Frédéric II de poursuivre ainsi des espoirs chimériques. Il y avait en lui une puissance de rêve qui était au moins égale à sa puissance d'action, et les deux puissances ne s'exerçaient pas toujours dans la même direction. La solution pacifique à laquelle il aspirait était probablement une de ces chimères auxquelles il était d'autant plus fortement attaché qu'elles s'enracinaient dans ses rêves les plus profonds. Quel bel idéal que celui de mettre fin à ce conflit séculaire entre la Chrétienté et l'Islam ! Que cet idéal n'eût rien de commun avec le véritable idéal de la croisade, qui comportait le sacrifice, la souffrance, la mort, sans lesquels il n'y eût pas eu de mérite, qu'il lui fût même radicalement opposé, les véritables croisés l'ont proclamé, et leur haine contre Frédéric II tient à cette différence d'idéal justement qu'il y avait entre eux. Ils ont considéré Frédéric comme un allié suspect, un « mauvais croisé », puis comme un traître et enfin comme un ennemi. Ce sentiment suppose une méconnaissance absolue du caractère de l'empereur, et l'ignorance de ses véritables projets. Son « pacifisme » était un outrage à tous ces braves chevaliers qui venaient en Palestine pour guerroyer, non pour négocier avec les Infidèles. D'après leur raisonnement, simpliste peut-être, mais probablement exact, la question des Lieux Saints était de celles qu'on ne résout que les armes à la main. Prétendre atteindre le même but par un autre chemin, par la voie large de la diplomatie, des conversations, des cadeaux de souverain à souverain, était absurde et criminel à leurs yeux. La mauvaise volonté qu'avait mise Frédéric à se décider au départ malgré les objurgations de trois papes et sept ans de délais n'était pas de nature à les rassurer sur la qualité de son enthousiasme et de sa ferveur religieuse. S'ils l'avaient pu, ils se seraient bien passés de son aide, mais les défaites qu'ils avaient subies, l'humiliation qu'ils avaient éprouvée à devoir rendre Jérusalem, faisaient que tous les concours leur étaient précieux, de quelque côté qu'ils vinssent.

Il était dit que l'empereur, cette fois encore, ne partirait pas. La chaleur fut si grande, pendant ce mois d'août, et l'affluence des croisés si considérable à Brindisi, qu'une épidémie terrible se déchaîna dans le camp surpeuplé d'hommes de tous les pays. Il en mourut beaucoup ; tant et tant, qu'il parut plus prudent de renvoyer la croisade à une époque ultérieure. Frédéric lui-même était tombé malade. Malgré cela, il pressait encore les préparatifs, quand ses médecins affirmèrent que c'était folie que de s'en aller en Palestine avant d'être guéri. Hermann de Salza, Grand Maître des Porte-Glaives, et le Patriarche de Jérusalem, Gerold, furent du même avis.

Le navire qui portait Frédéric II quitta donc la route de l'Afrique et se dirigea vers Otrante où l'empereur devait se soigner. Mais le pape considéra, ou feignit de considérer, cette excuse valable comme un nouveau subterfuge pour esquiver la croisade. Refusant de tenir compte des lettres que lui écrivait Frédéric II, et même de recevoir ses ambassadeurs, il lança contre lui l'anathème tant redouté, que la diplomatie habile de l'empereur avait su, jusqu'à présent, éviter. Le 29 septembre, le décret d'excommunication partit d'Anagni. Il était accompagné d'une lettre pontificale, d'une violence extraordinaire, où Grégoire IX accumulait les griefs les plus graves, et quelquefois même les plus injustes. « Parmi les orages qui assaillent sur la vaste mer la barque de Pierre, entre la rage des Infidèles, qui sévit en Terre Sainte, et la folie des hérétiques, qui secoue les fondements de l'Église, voici la fureur des basilics, et des reptiles, des tyrans avides de biens terrestres, qui foulent aux pieds la justice, la liberté de l'Église, et enfin la perfidie des mauvais fils qui déchire le cœur de la mère[16]. »

Atteint par ces reproches parfois injustes, et vraisemblablement toujours exagérés, Frédéric répond, de la même encre, en s'adressant aux princes chrétiens qu'il invite à se faire juges dans le procès entre le pape et lui. « Malgré moi je prends la parole. Mais tout est renversé et il semble que la fin du monde approche. Non seulement les peuples, les royaumes se jettent les uns sur les autres, et la peste et la famine visitent la maison des hommes, mais voici que cet Empire, destiné de Dieu à la défense de la foi chrétienne, est attaqué non par les inférieurs, mais par les Pères même qu'il révère[17]. » Frédéric II énumère ensuite tous les reproches qu'il fait au Saint-Siège, notamment celui d'avoir soutenu l'antiempereur Otton IV, et il termine en promettant de partir au mois de mai de l'année suivante, après la Diète de Ravenne où il invitera tous les seigneurs de la Chrétienté à se joindre à lui. Par bravade, par esprit de provocation, et, semble-t-il, pour faire du peuple romain, aussi, le juge en cette affaire, il envoya le juriste Roffredo de Bénévent lire ce message à Rome même, sur le Capitole, presque à portée de voix du palais du pape.

Grégoire IX rendit coup pour coup. Le 18 novembre, il confirmait en présence du Sacré Collège le décret d'excommunication, et, solennellement, il déliait les sujets de l'empereur de l'obéissance qu'ils lui devaient. Cette mesure atteignait aussi les croisés, qui, réunis à Brindisi, avaient prêté le même serment. Afin qu'il n'y eût aucune équivoque, le pape interdisait le départ de la croisade, qu'il avait si chaudement conseillée et ordonnée. La situation aujourd'hui était renversée ; Frédéric voulait partir et le pape le lui défendait. Chose plus grave encore, l'excommunication, annoncée en Allemagne et en Italie par les prédicateurs, allait détacher de l'empereur une grande partie du clergé, et de nombreux seigneurs qui comptaient bien profiter du retour du désordre pour augmenter leur autorité ou leur patrimoine.

Frédéric II, pourtant, ne paraît pas tenir compte de l'interdiction pontificale. Il tient sa diète à Ravenne au mois de mars, comme il l'a dit, et, à la fin du mois, il est à

Barletta prêt à s'embarquer. Une croisade amorcée sous d'aussi mauvais auspices était vouée à l'insuccès. C'était le pape, maintenant, non plus l'empereur qui « sabotait » la croisade. Le clergé s'était divisé en deux camps, la dispute des guelfes et des gibelins avait pris une virulence nouvelle, et ce « désordre » que Frédéric détestait tant, qu'il s'efforçait toujours d'éviter, renaissait, plus dangereux du fait qu'en partant pour la Terre Sainte, il laissait le champ libre à ses adversaires. Oui, mais s'il ne partait pas, quelle confirmation éclatante donnée aux accusations du pape !

Il fallait partir ; quand ce ne serait que pour montrer combien il dépendait peu du pape, et combien il faisait peu de cas de ses ordres ou de ses menaces. Frédéric, maintenant, hâte les préparatifs, et ainsi qu'il l'a annoncé, mais avec un retard de trois semaines sur son horaire, les cinquante navires qu'il a équipés prennent la mer le 18 juin 1228.

« Un soi-disant empereur est parti pour on ne sait où avec une suite de prêtres et de cavaliers, en faisant croire qu'il va à Jérusalem », écrit Grégoire IX[18]. La raillerie n'est pas de saison. Le « soi-disant empereur » va bien à Jérusalem, en effet. En route, il touche Chypre, dont le roi Henri de Lusignan, lui fait hommage. Quelques jours plus tard, le voici à Saint-Jean-d'Acre, et prêt à marcher sur la Ville Sainte. Il a tout organisé pour que cette expédition se fasse, autant que possible, sans effusion de sang. Il a averti le sultan Malek Al Kamil de ses intentions pacifiques afin qu'on ne se méprenne point sur ses projets, et qu'on ne prenne pas ombrage de l'armée qui l'accompagne. « Je ne suis pas venu conquérir des terres, mais simplement pour obtenir la libre disposition des Lieux Saints, si précieux à la foi et au culte des chrétiens. Si le Sultan me les cède de bon gré, sans lutte, je lui abandonnerai la terre et je serai son ami ; les musulmans et les chrétiens pourront avoir accès à Jérusalem, qui est une ville sainte pour les deux religions[19]. »

Qu'en penseront les croisés, qui sont venus en Orient pour se battre et tuer des Infidèles ? Qu'en penseront les ulemas et les mahométans intègres, en voyant flotter tant de croix sur tant d'étendards ? Les deux souverains, « hommes du monde » et « libres penseurs », sont d'accord, mais leurs fanatiques soldats, de quel œil verront-ils cette amitié inattendue entre ennemis irréconciliables ? Malek Al Kamil, tout comme Frédéric II, a promis plus qu'il ne peut tenir ; il ne garantit pas le pacifisme de ses sujets. Quelques-uns de ses familiers s'indignent qu'on n'attaque pas ces *chiens de chrétiens,* et ceux-ci, de leur côté, s'estiment trahis si on les prive des belles batailles dont ils rêvaient. Blâmés et désavoués par le plus grand nombre de leurs sujets, le sultan et l'empereur sont donc à peu près seuls à vouloir la paix. Tous les autres réclament la guerre avec ses hasards magnifiques, son pathétique, sa gloire, son enivrante exaltation. Ils ne sont pas sur le même plan. L'humble croisé qui ne sait rien de la politique, qui n'est pas au courant de la longue correspondance entretenue depuis plusieurs années entre le sultan et l'empereur, des cadeaux qu'ils ont échangés, et de cette sorte d'« indifférence supérieure » qui est leur position intellectuelle et morale, veut mourir pour sa foi après avoir tué le plus d'Infidèles possible. Le musulman de son côté réclame également l'honneur de la mort en guerre sainte, et les délices de l'au-delà promises aux vaillants guerriers. Que leur importe cet idéal de paix et de tolérance, tout moderne, qui est celui de leurs souverains respectifs ?

Malek Al Kamil, tout en redoutant le mécontentement de son peuple, accepte enfin la combinaison proposée. Les deux monarques se rencontrent un jour, et signent le traité secret qui doit être le triomphe de la politique frédéricienne. Traité dont les musulmans ni les chrétiens ne sauront rien, car on craint trop les explosions de colère qu'il déchaînerait dans les deux camps, mais dont on ne doit pas nier les avantages. Une trêve de dix ans est conclue. Jérusalem est cédée aux chrétiens, avec le Saint-Sépulcre, sauf les trois mosquées situées sur les ruines du temple de Salomon Béthléem et Nazareth revenaient aussi aux chrétiens, de même que le château de Thoron, le château de Montfort, la ville et le port de Saint-Jean-d'Acre, Sidon, et un « couloir » qui permettra aux pèlerins d'aller de leur point de débarquement jusqu'aux trois Villes Saintes, sans péril et sans difficulté.

C'était une victoire diplomatique pour Frédéric II, qui obtenait sans sacrifices de vies humaines, le bénéfice des précaires victoires que ses prédécesseurs avaient remportées à grands frais, et qui étaient restées sans lendemain. La conversation entre les deux souverains et la signature du traité s'étaient faites sans autre témoin que le Grand Maître de l'Ordre teutonique, et le fait qu'Hermann de Salza l'approuvait, lui qui avait tant combattu pour la Foi et pour l'Église contre les païens de l'est et contre les musulmans, prouvait que lui-même considérait ce règlement pacifique comme un énorme succès. Lorsque, plus tard, le pape, le clergé, et les croisés de vieille roche s'indigneront de cette *trahison,* c'est lui-même qui leur expliquera dans ses lettres, quels avantages il comportait.

Le patriarche de Jérusalem n'était pas de l'avis du vieux croisé. Il qualifiait de « crime insensé » la convention du 18 décembre, dans laquelle il voyait un « accord entre le Christ et Bélial ». Il refusa tout net de recevoir l'empereur dans la Ville Sainte, en se fondant sur le fait que l'empereur était excommunié et que la croisade avait été interdite par le pape. Il lança l'interdit sur Jérusalem, ce qui fit que les cloches ne sonnèrent point pour l'entrée de Frédéric, et que la ville qui aurait dû l'accueillir avec enthousiasme avait un aspect triste, inquiet et déçu. On trouvait mauvais aussi qu'il eût pris logement chez le cadi Schems Eddin, et qu'il fît sa société des musulmans, avec lesquels, disait-on, il tenait des propos impies[20].

En réalité, puisque la Jérusalem chrétienne le boudait, Frédéric ne trouva un accueil aimable que chez les Sarrasins. Il s'intéressait à tout ce qui regardait l'Islam, il partageait avec eux la passion des chevaux, des chiens et des oiseaux, il connaissait leur religion, leur philosophie, leur poésie. Ceux-ci, certainement, s'émerveillaient de voir un roi chrétien aussi au courant de toutes les choses du monde oriental, et aussi dépourvu de ce sectarisme qui, de part et d'autre, avait envenimé les relations entre les deux peuples. Alors que chrétiens et musulmans ne se rencontraient jusqu'alors que sur le champ de bataille et l'épée au poing, aujourd'hui des hommes lettrés, cultivés, intelligents, libéraux — sinon libertins au sens où l'entendait le XVIIe siècle —, causaient sans effort et sans gêne de tout ce qui paraissait auparavant dresser des obstacles infranchissables entre le monde musulman et le monde chrétien. On racontait aussi que l'empereur avait rendu visite au Vieux de la Montagne dans son château mystérieux, et que le chef des Ismaïlites lui avait montré les prodiges de la secte des Assassins.

Tout cela servait la popularité de Frédéric II auprès des Arabes, mais exaspérait les chrétiens. Malgré la garantie que lui donnaient la présence et l'approbation d'Hermann de Salza, la population franque de Jérusalem s'irritait de la présence de ce « basilic » dans les murs de la Ville de Godefroy de Bouillon. L'interdit l'avait empêché de faire célébrer la messe au Saint-Sépulcre ; il s'était contenté d'une brève cérémonie presque furtive, où, en présence des seuls prélats qui l'avaient accompagné à la croisade, tout le clergé du patriarche s'étant récusé, il se couronna lui-même. Cette atmosphère pénible lui rendait le séjour peu agréable. Il se sentait haï, méconnu, incompris. Il était trop en avance sur son époque, pour que la masse ne lui reprochât pas comme un crime un acte de haute politique. Il ne voulait pas perdre son temps, d'ailleurs, dans ce pays, le succès qu'il avait remporté devant suffire, pensait-il, à garantir la paix future. L'Europe le réclamait où, ainsi qu'il arrivait d'ordinaire dès que l'empereur s'éloignait, l'anarchie reprenait le dessus. Et l'anarchie, cette fois, était d'autant plus pernicieuse qu'elle se déchaînait avec le consentement du pape, avec le concours d'une grande partie du clergé et des ordres, qui, tandis que l'empereur se croisait en Orient, menaient contre lui, dans ses propres États, une sorte de « croisade » occulte et féroce. Tous les moyens paraissaient bons pour abattre l'excommunié. On prêchait contre lui, on invitait ses sujets à se soulever, et déjà l'armée pontificale, ces Soldats des Clefs qu'on appelait les « Clavaires », avaient envahi le royaume de Sicile, en profitant de l'absence de son roi. Jean de Brienne, de son côté, avait pris les armes contre son gendre, d'accord avec Grégoire IX. En Allemagne, les guelfes essayaient de susciter un antiroi contre Henri VII, un antiempereur contre Frédéric II.

Avant de quitter la Palestine, l'empereur voulut régler leur compte aux Templiers qui lui avaient manifesté une indomptable hostilité, et qui avaient essayé, même, de le faire assassiner, disait-on. Il leur interdit l'accès de Jérusalem. Il fit mettre aux arrêts dans son palais le patriarche Gérold, punit les prédicateurs qui vociféraient trop impudemment contre lui, et fortifia la Ville Sainte, non plus contre les Sarrasins, mais contre les ordres militaires qui auraient tenté de s'en emparer. Cela fait, il s'embarqua à Acre, sur une galère rapide, et devançant la flotte plus lente des croisés, qui le suivait, il débarqua le 10 juin en Apulie, au château d'Ascona.

Il faisait confiance à sa fortune, quelque imprudence qu'il y ait à arriver ainsi, presque seul, sans armée, dans un pays qui était peut-être occupé déjà par les Clavaires ou les rebelles. L'audace le servit magnifiquement. Le royaume l'acclama. Les Sarrasins de Lucera, qui tenaient tête aux soldats du pape, s'empressèrent de le rejoindre. Et puis les navires chargés de croisés arrivaient, l'un après l'autre, et les chevaliers, aussitôt débarqués augmentaient son armée. Jean de Brienne, à sa vue, battit en retraite. L'armée de la ligue lombarde, qui avait promis son concours à Grégoire IX, devint invisible. Avec une rapidité foudroyante, Frédéric arrive à Barletta, se lance dans les montagnes, surgit devant Capoue, disperse les Clavaires commandés par le cardinal Pelagius, et réprime avec une sévérité expéditive toutes les rébellions. Villes rasées, châteaux démolis, marquent sur sa route les étapes de la victoire de l'ordre sur le désordre. Grégoire IX, pris de panique, a quitté Rome où, depuis la lecture du manifeste au Capitole, la population est sympathique à l'empereur. Il s'est réfugié à Pérouse, d'où, tremblant que Frédéric, victorieux, après avoir libéré son propre royaume ne poursuive les Clavaires jusque sur les terres pontificales, il appelle au secours les souverains européens qui se gardent bien de bouger. En Allemagne, les partisans de la division se soumettent. Rien n'empêche donc l'empereur de marcher sur les États pontificaux et de se venger de Grégoire qui lui a suscité tant d'ennuis.

Un scrupule, peut-être ; un reste de respect et de soumission envers le caractère sacré du Souverain Pontife. Le sentiment aussi qu'une victoire pareille serait inutile, et pourrait être dangereuse même. Il vaut mieux garder le beau rôle, et demeurer le fils soumis de l'Église, plutôt que de s'engager dans une guerre hasardeuse, sans nécessité. Frédéric n'aime pas l'aventure pour elle-même. Il ne combat pas pour obtenir un avantage alors qu'il peut l'obtenir pacifiquement. Son amour de l'ordre fait qu'il répugne à ce désordre que serait une révolte ouverte contre le Saint-Siège. Il ne lui déplaît pas, non plus, de se donner les apparences de la capitulation ; ce qui lui importe, c'est la réalité de la victoire, non ses illusions. Or Grégoire IX souhaite la paix ; il le sait, il la lui accordera, il déguisera même sa victoire, en prenant le masque du vaincu, ce qui est une suprême ironie, bien faite pour plaire à cet humoriste.

Hermann de Salza comprend le danger d'une rupture entre l'Empire et le Saint-Siège. Il presse les deux adversaires de venir à composition, il négocie les termes de l'accord, à grand labeur, car Grégoire IX est d'une intransigeance farouche, et Frédéric ne se montre pas très accommodant. Après bien des voyages, il obtient d'abord un armistice, puis la paix, et un accord qui est signé à Ceperano le 29 août. Le surlendemain, Frédéric II est reçu par le pape à Anagni. Grégoire IX traite de « très cher fils », celui qu'il avait appelé « le basilic », ils soupent ensemble, ils se promènent aux regards de tous, dans une attitude d'amitié, presque d'affection, si touchante que tous ceux qui les voient passer en sont émus. L'excommunication est levée, bien entendu, et le « fils prodigue » revient dans le giron de l'Église, où de grandes fêtes sont célébrées pour le recevoir.

Telle était la conclusion de cette croisade pacifique qui avait aggravé la discorde entre l'Empire et la Papauté. Non seulement Frédéric a donné à la Terre Sainte un statut qui devrait lui assurer une longue paix, si trop d'esprits brouillons n'avaient intérêt à semer la discorde, entre musulmans et chrétiens, mais il a consolidé sa puissance en Europe et rétabli son amitié avec le pape. Qui est vainqueur ? Qui est vaincu ? Qu'importe ! Chacun a fait des concessions, chacun a reçu des avantages. L'essentiel est que la paix soit obtenue, et que l'empereur puisse se consacrer à ses œuvres préférées, les « œuvres de paix ».

V

Les œuvres de paix

Délivré de la pénible obligation de la croisade — qu'il considérât celle-ci comme un devoir moral et personnel, ou seulement comme une ennuyeuse nécessité réclamée par le pape —, ayant rétabli la discipline en Allemagne et dans le royaume, Frédéric va pouvoir se consacrer aux œuvres de paix, sa tâche principale et préférée. Il va légiférer et donner à ses États la constitution qui leur manque, à l'Allemagne parce qu'elle vit encore dans ce mélange d'anarchie et de sévérité qui est la conséquence de la féodalité, à l'Italie parce que le mouvement révolutionnaire des communes, dirigé en même temps contre les princes, contre l'aristocratie citadine, contre l'Empire et contre la Papauté, favorisait le morcellement des autorités, entretenait les particularismes et empêchait cette unification de la Péninsule en un seul royaume qui avait été le rêve des empereurs.

Ce rêve n'avait jamais pu se réaliser du fait de la diversité des peuples qui constituaient l'Italie. Les envahisseurs et les autochtones avaient paralysé la création d'un État national, analogue à la France des Capétiens. La géographie et l'histoire italiennes n'avaient pas, non plus, favorisé cette unification. Le caractère racique restait fortement enraciné dans le tempérament des peuples divers qui l'habitaient. La tradition étrusque ici, grecque là, italiote ailleurs, demeurait vivante au Moyen Age, et vivra longtemps encore, dans le cours de la Renaissance. Donner à son royaume une constitution, cela signifiait donner une forme. Une constitution est aussi la structure d'un État ; structure morale et intellectuelle, d'où dépend la structure physique. Unifier le royaume au moyen de constitutions nouvelles, c'était le préparer à devenir la base de cette Italie unifiée à laquelle aspirent les plus grands penseurs de ce temps, et qui sera l'espoir de Dante, comme de Pétrarque et de Rienzi. Frédéric II comptait aussi, dans l'avenir, étendre sa puissance jusqu'à l'Italie du Nord, lorsqu'il aurait vaincu la ligue lombarde. Le Patrimoine de Saint-Pierre, pris, à ce moment-là, entre une Italie frédéricienne au sud et une Italie frédéricienne au nord, serait vite absorbé à son tour, et le grand projet de l'empereur serait accompli ; dans cette Italie *une,* la puissance du pape serait devenue purement spirituelle, l'autorité temporelle étant dévolue à l'empereur maître de la terre. L'empereur ne serait plus exposé aux caprices d'un pape désarmé. La paix de l'Europe résulterait de leur collaboration, et le grand idéal de l'Empire qui hantait les souverains allemands, depuis Charlemagne, deviendrait une sublime réalité. L'ordre parfait régnerait, que rien ne pourrait plus troubler désormais.

Légiférer devient donc la préoccupation majeure de ce souverain qui a ramené la discipline parmi les vassaux et les princes allemands, qui a conquis un grand prestige en conquérant sans effusion de sang Jérusalem, et qui, joignant son autorité à celle du pape, a obtenu la neutralité, sinon l'appui, de la ligue lombarde, pendant tout le temps qui sera nécessaire pour construire la structure intérieure de ses

États. Sa réconciliation avec le pape, que certains pouvaient juger absurde ou humiliante, puisqu'il était, en vérité, le vainqueur, n'avait pas d'autre objet que de lui procurer un répit au milieu de ces guerres incessantes, de lui ménager une période de paix assez longue et assez sûre pour qu'il puisse légiférer tranquillement. Pour cela, il faut que la ligue lombarde s'abstienne de tout acte hostile, et que le Saint-Siège, ayant éprouvé la puissance de l'empereur, se garde de contrecarrer ses projets. Toute la diplomatie de Frédéric tendait vers ce but ; sa politique extérieure dépendait du succès de sa politique intérieure. On ne peut, en même temps, faire des lois et faire la guerre.

Frédéric II a reçu une formation de juriste, et la plupart des hommes qui l'entourent sont des juristes ; les plus éminents parmi eux sont Roffredo de Bénévent et Pietro della Vigna. Ce siècle est la grande époque de la science juridique, qui brille dans toutes les universités. Frédéric II pourtant apporte dans l'étude du droit un esprit dégagé de ce dogmatisme un peu rigide qui raidit cette science ; il la considère d'un point de vue pratique et pragmatiste, en dehors de toute abstraction. Il admire le droit romain, bien entendu, qui est peut-être l'œuvre la plus parfaite et la plus achevée de toute la civilisation romaine, mais il ne l'admire pas aveuglément ; il connaît ses vices, ses lacunes, et il se gardera bien de répéter ses erreurs. Il comprend aussi les avantages et les inconvénients des lois traditionnelles allemandes ; il s'en affranchit aussi bien que du Digeste et des Pandectes. Il va faire œuvre nouvelle, avec une mentalité d'homme moderne, loin de tous les systèmes, de toutes les théories. Son système juridique sera très souple ; en cela d'abord qu'il s'adapte au pays qui est destiné à le recevoir. Il ne commettra pas la faute de donner les mêmes lois à l'Italie et à l'Allemagne. Connaissant les idiosyncrasies de chaque race, de chaque nation, il adapte ses principes législatifs au tempérament du peuple, à ses coutumes, à ses traditions, à ses goûts, à ses possibilités. On ne peut donc même pas parler de « système » en ce qui le concerne, car son œuvre est exempte de toute systématisation. S'il établit dans les différents pays, des formes sociales opposées, c'est parce qu'il se soucie de donner à chacun exactement ce qu'il lui faut, ce qui lui est adapté, biologiquement, ce qu'il peut digérer et assimiler. Pour les Allemands, il crée une Allemagne profondément allemande, dans son corps et dans son âme. De l'Italie, il veut faire un État à la fois nouveau et ancien. Nouveau parce que ses idées sont très modernes, trop, peut-être, pour qu'il puisse les appliquer. Ancien, car il se fonde sur le vieil empire, et sur la république, pour en dégager tout ce qui s'adapte le mieux à l'Italie essentielle, éternelle.

C'est ainsi que nous l'avons vu, à la Diète de 1220, consolider la constitution féodale de l'Allemagne, parce que la féodalité est le régime qui convient le mieux à ce pays, son *modus vivendi* naturel, organique. Il se gardera bien de l'instaurer en Italie, en revanche, où il ne s'est jamais enraciné. Il affranchit presque entièrement les princes, et il confirme les droits ecclésiastiques. Il s'appuie sur eux et sur le clergé pour réprimer les tentatives d'affranchissement des villes. Il institue donc deux puissances, assez indépendantes l'une envers l'autre, et chacune envers l'Empire. Les seuls contre qui il se montre sévère, ce sont les bourgeois, les citadins. Cette constitution sera modifiée et amplifiée onze ans plus tard, à la Diète de Worms, dans le même sens, avec plus de rigueur encore contre les tentatives d'instauration d'un pouvoir démocratique dans les cités. Toute union, alliance et confédération, est interdite entre les villes, grandes ou petites, même avec le consentement des princes ; ceux-ci ne peuvent l'autoriser sans l'agrément du roi, ni le roi sans l'agrément des princes. Le décret de Worms emploie pour la première fois en parlant des princes le terme de « maître du sol », ce qui est une nouveauté significative, grosse de conséquences, au point de vue politique et social. « Les princes devront désormais jouir en paix, selon la coutume du pays, des libertés, juridictions, monnayages, comtés, centaines ou cantons, libres ou inféodés, qu'ils gouvernaient eux-mêmes ou qu'ils avaient donnés en fief. Les comtes de cantons ou de centaines ne tiendraient désormais leur juridiction que du prince du pays, duc, margrave, landgrave, évêque, abbé, en un mot du maître de la terre ; sans son consentement ils ne changeraient jamais le lieu de leur juridiction. » C'était substituer l'autorité des princes à celle du roi, acte téméraire et génial. L'empereur se débarrassait de l'obligation de surveiller les villes et les vassaux ; c'était l'affaire des princes. Frédéric II allégeait ainsi la tâche du gouvernement impérial, en augmentant l'autorité des princes, mais aussi leur responsabilité à l'égard du roi et de l'empereur.

Au contraire, les villes, que leur développement industriel et commercial promettait à une plus grande prospérité, se voient brimées et gênées dans leur expansion. « Il leur est interdit, écrit Pertz, de nouveau d'admettre les habitants des faubourgs ou de la banlieue, établis sur la terre d'un seigneur ou dépendant de lui, dans les cités, pour les y faire jouir, en payant l'impôt, de la protection ou de la liberté de cette ville ; de recevoir également des serfs ou bannis de terres d'Église ; d'ouvrir de nouveaux marchés, aux dépens des anciens ; de changer les routes tracées, sans le consentement de ceux qui y passent ; d'étendre leur juridiction au-delà des murs de la ville et de juger dans leurs tribunaux les plaideurs relevant d'un seigneur. Il leur est enjoint de restituer ce qu'elles auraient pu occuper de la propriété ou des fiefs d'un prince, d'un noble ou de leurs ministériaux, officiers, vassaux ou servants, et de ne jamais prendre un fief en gage, sans le consentement du seigneur. Enfin, la même loi qui autorisait les princes à fortifier leurs villes, défend d'élever toute forteresse ou ville nouvelle qui pourrait nuire à ceux-ci, et, en même temps, de faire frapper toute monnaie en concurrence à celle du prince[21]. » Au lieu de s'appuyer sur les villes pour tenir les princes en échec, comme l'avaient fait les empereurs franconiens, il fait confiance à la noblesse dont il redoute moins la turbulence, au fond, que les progrès de la démocratie. Cet homme d'un sens aristocratique si profond, aime mieux lier sa cause à celle de l'aristocratie, même si celle-ci risque, un jour, de le trahir et de le combattre, que d'encourager des tendances populaires dont il pressent le danger. Contre la révolution démocratique, il organise une révolution aristocratique et cléricale dont l'Empire, contre toutes apparences, ne doit pas souffrir, puisque la sécurité des princes à l'égard des peuples, est liée à la fidélité qu'ils garderont à l'empereur, alors qu'une alliance avec les cités, outre qu'elle répugnait à son esprit « royal » serait toujours précaire, incertaine, et exposée aux caprices aveugles du gouvernement des masses, aux changements d'orientation politique de l'opinion publique.

Le seul trait commun qui existe entre les constitutions de 1231 prises à la Diète de Worms par Henri VII, mais sur l'inspiration et sous la dictée de son père, et les Constitutions de Melfi, qui la même année deviennent la *Magna Charta* de l'Italie, c'est l'hostilité de l'empereur envers les villes, les communes, le gouvernement du peuple par lui-même, bref tout ce qu'on n'appelait pas encore la démocratie, qui manifestait ses dangereuses tendances à travers les insurrections des cités en Italie, leur enrichissement et leurs tentatives d'affranchissement en Allemagne.

Ayant réuni les hauts fonctionnaires du royaume, dans la petite ville de Melfi, au mois d'août 1231, et leur ayant associé, pour la forme, presque, quelques seigneurs laïcs et ecclésiastiques qui représentaient l'« opinion publique aristocratique », Frédéric II promulgua ses fameuses Constitutions qui demeurent dans l'histoire du droit au Moyen Age, un monument d'une ampleur remarquable, et d'une immense portée. Au rebours de ce qui se passe en Allemagne, Frédéric II exclut presque complètement du gouvernement du royaume et même de l'administration, les princes qui, là-bas, étaient la base de l'organisation sociale. Zeller a tout à fait raison de voir dans les Constitutions de Melfi « la première tentative faite au Moyen Age d'un véritable État dans le sens où nous l'entendons[22] ». L'empereur établit, en effet, un corps de hauts fonctionnaires auxquels sont dévolus les pouvoirs et les fonctions que les traditions féodales réservaient à l'aristocratie. Celle-ci est réduite à un rôle purement décoratif. Les fonctionnaires sont des hommes issus des classes moyennes, des bourgeois ou des petits-nobles, des hommes d'Université, des « scholars » et le plus souvent des juristes. Seuls conservent une véritable autorité dans le royaume le comte d'Acerra et le comte de Caserta, qui sont de sa parenté, et quatre prélats, les évêques de Melfi et de Ravello, les archevêques de Palerme et de Capoue.

Il est singulier de voir Frédéric II choisir ses représentants dans cette classe même qui, en Allemagne, lui était suspecte, et favoriser par l'élection de quelques particuliers l'ascension des classes moyennes. Ce n'est qu'en apparence une contradiction, et il est facile de l'expliquer. Par le jeu de l'organisation féodale et la constitution même de l'Empire, l'empereur dépendait dans une grande mesure des princes allemands ; pour l'élection de son successeur, principalement. Le moment n'est pas venu de créer l'Empire héréditaire, que Frédéric II souhaite pour assurer la continuité de son œuvre ; la mauvaise volonté des électeurs peut enlever la couronne aux Staufen pour la donner à une autre maison allemande ; du vivant même de l'empereur on a vu souvent une coalition de quelques nobles mécontents susciter un antiroi, un antiempereur. Il importe de se concilier la noblesse, d'autant plus que celle-ci attribue la couronne et sert, en même temps, de bouclier contre la poussée des aspirations démocratiques. Une noblesse forte est un avantage en Allemagne, et favorable à l'empereur.

En Italie, il en va autrement. Le morcellement de la puissance fait qu'il n'existe pas de grands nobles, comparables au duc de Saxe ou au duc de Bavière, par exemple. De plus, une grande partie de l'Italie — le centre surtout — appartient au pape. Le nord relève de la ligue lombarde, contaminée par le virus démocratique. Les seigneurs n'ont pas su se défendre contre les empiètements des villes ; ils ont capitulé ; ils ont avoué leur impuissance. Pourquoi donc l'empereur s'appuierait-il sur une classe qui n'est pas capable de se défendre elle-même, et qui ne l'aiderait pas ? De plus, en Allemagne, il a intérêt à se concilier des vassaux puissants, et à gouverner avec leur concours. En Italie, il ne trouve rien de commun ; il crée donc, de toutes pièces, et c'est là un des éléments novateurs les plus attachants des Constitutions de Melfi, une classe dirigeante. Celle-ci étant recrutée parmi les fonctionnaires n'aura aucun pouvoir personnel. L'autorité dont elle disposera ne sera qu'une émanation, une délégation de l'autorité royale. Ces gouvernants seront révocables du jour au lendemain ; sur le moindre soupçon, ils pourront être mis en jugement, emprisonnés, exécutés, comme cela arrivera pour le plus illustre d'entre eux, et le plus dévoué, Pietro della Vigna.

Il est naturel que les charges du gouvernement soient dévolues, par la Constitution, à ceux-là mêmes qui en ont élaboré les dispositions. Les décrets de Melfi sont l'œuvre d'un corps de fonctionnaires, qui s'attribue toute l'ancienne puissance des seigneuries laïques et ecclésiastiques. Au point de vue juridique, c'est une innovation considérable. Ces anciens seigneurs étaient, dans une certaine manière, des souverains naturels du pays. A Melfi, Frédéric II proclame qu'il n'y a plus dans le royaume qu'un seul seigneur naturel : le roi. Comme le dira plus tard l'adage espagnol : *Del rey abajo, ninguno.*

Parmi les constantes historiques, il est intéressant de relever celle qui fait à toutes les monarchies absolues, à un certain moment de leur évolution, une obligation de diminuer le prestige des nobles au profit des roturiers. C'est probablement une nécessité biologique, une réaction de défense. La noblesse est l'auxiliaire de la monarchie aussi longtemps que celle-ci est résignée à respecter ses privilèges. Le jour où la monarchie a peur de la noblesse qui la sert, ou bien où elle se trouve contrecarrée par elle dans ses progrès, elle lui oppose une administration roturière qui la ramène au rôle de figurant, ou la précipite dans l'opposition active. En Sicile, il y eut quelques tentatives d'insurrection, après la proclamation des Constitutions de Melfi, soit de la part des villes, soit de la part des seigneurs, les uns et les autres se jugeant lésés par la loi nouvelle. Dans tous les cas, Frédéric agit avec cette rapidité qui donnait à ses répressions la férocité d'un bond de lion. Troya est rasée au sol, Messine démantelée. Les chefs de la rébellion décapités, pendus, ou brûlés. Partout où le mécontentement s'est manifesté, s'élèvent des châteaux forts, bondés de soldats sarrasins. Dans les villes suspectes, des citadelles inexpugnables invitent les habitants à la docilité. Les œuvres de paix seront, si c'est nécessaire, protégées les armes à la main. Sûr de ses garnisons musulmanes, ayant fait de l'immense cité fortifiée de Lucera le centre redoutable de son armée musulmane, Frédéric II impose à l'Italie terrorisée son génie de législateur, qu'elle peut admirer et non discuter.

Les Constitutions de Melfi sont une œuvre véritablement géniale, à la fois par la profondeur des points de vue politiques, la nouveauté des institutions, l'audace de certaines innovations, la variété et la précision de toutes ses dispositions, le mélange qu'il fait des emprunts au droit romain et des créations personnelles, d'une audace extrême, où il se montre de plusieurs siècles en avance. Dans l'organisation de la justice, en particulier, qui simplifie et uniformise la procédure. Il établit, sous la présidence du Grand Justiciaire, le collège des quatre juges de la cour de Sicile, qui est à la fois une chancellerie et un tribunal suprême. Huillard-Breholles leur reconnaît la juridiction absolue en tout ce qui concerne la haute administration, la juridiction des conflits de compétence, les crimes de Majesté, les fiefs immatriculés, les appels des juridictions inférieures, l'examen des pétitions, la rédaction des actes royaux. « Les fonctions et obligations administratives, le ressort, la compétence des justiciaires et des cours inférieures des neuf provinces des deux côtés du Phare, à peu près les mêmes qu'aujourd'hui, sont délimités ; leur impartialité, leur indépendance vis-à-vis des justiciables sont, autant que possible, garanties par des obligations spéciales. Si l'administration, par l'organe même des justiciaires, revêt des formes absolues, la jurisprudence romaine, substituée au droit coutumier et féodal, dans bien des cas est un progrès qui ne s'effectuera en France qu'au milieu du règne de Saint Louis et que l'Allemagne rejettera encore bien longtemps. Dans les affaires criminelles, la preuve par témoins remplace le duel et les épreuves judiciaires ; dans les affaires civiles, le partage des successions, l'aptitude des femmes à hériter de la terre patrimoniale, sont généralement appliquées, sauf à un petit nombre de familles qui continuèrent d'être régies par le droit franc ou lombard[23]. »

Il y a aussi cela de nouveau, dans les Constitutions de Melfi, que la noblesse et les seigneuries ecclésiastiques étaient également soumises aux mêmes impôts, aux mêmes obligations. Le roi est le maître des personnes et, comme tel, il possède la même autorité sur tous, petits et grands. Il leur impose ses redevances, ses impôts directs, ses collectes, ses taxes sur les importations, sur les droits de pacage, de pêche, d'herbage, et l'*assisia* sur les choses vénales, qui est un emprunt aux coutumes musulmanes ; ses monopoles enfin, qui atteignent le sel, le cuivre, le fer, le plomb, la soie, et qui témoignent de l'ampleur que Frédéric donne à partir de ce moment à sa politique économique.

Une hiérarchie de fonctionnaires savamment étagée, préside au gouvernement des États, des provinces, des régions, des villes, où tous les magistrats sont nommés par le roi. Finies les juridictions seigneuriales, finis les privilèges citadins et municipaux ! Pour tenir en respect le peuple et la noblesse, et s'affranchir d'eux au point de vue militaire, Frédéric II remplace la levée féodale par une armée permanente, recrutée surtout à l'étranger, chez les Allemands et les Sarrasins, armée qui, n'étant pas à la merci des mouvements d'opinion, dépend uniquement et directement du roi.

Frédéric II se souciait peu de l'opinion publique, surtout de celle de la population italienne. La Diète n'était donc, pour lui, quand elle se tenait dans le royaume, et non en Allemagne, qu'un moyen de dicter ses volontés. Les seigneuries laïques et ecclésiastiques du royaume n'y étaient presque pas représentées, mais il y avait les sept grandes cours de syndicature désignées pour recevoir les plaintes des sujets, nobles et non nobles. C'était par ces cours, composées d'ailleurs de fonctionnaires, que Frédéric entrait en contact avec les souhaits et les répugnances des Italiens.

Le pape protesta contre les Constitutions de Melfi. Il ne pouvait en être autrement, puisque celles-ci diminuaient la puissance des évêques et des abbés. Il reprochait aussi à leur auteur, qu'il accusait d'être un « destructeur des libertés publiques », cette sorte d'impertinence autoritaire et hautaine avec laquelle il avait rayé d'un trait de plume toutes les traditions politiques de l'Italie médiévale. Il se plaignait aussi que les clercs, d'après ces Constitutions, devinssent justiciables des tribunaux ordinaires — et non des tribunaux ecclésiastiques — en ce qui touchait le crime de trahison et de lèse-majesté. Édouard Jordan reflète bien l'opinion de la Papauté et de l'Italie en général, quand il définit ce régime

« un despotisme habile mais dur, destructeur de toute indépendance chez ses sujets, de toute initiative chez ses agents, écrasant sous le poids d'une centralisation uniforme et systématique les libertés ecclésiastiques, féodales, communales ; soucieux en apparence de l'intérêt public, mais dans la mesure seulement où il se confondait avec l'intérêt du prince ; d'ailleurs admirable instrument d'exploitation et forgé par un ouvrier de génie[24] ».

Les rapports entre l'Empire et l'Église avaient été définis et déterminés avec autant de netteté et de précision, onze années auparavant, lorsque Honorius III et Frédéric avaient promulgué ensemble, le jour du couronnement, la fameuse *loi constitutive catholique,* dont les neuf articles constituaient un monument juridique si remarquable que toutes les facultés de droit mettaient cet acte sur le même plan que les Pandectes et le Digeste. Cette loi constitutive, comme tous les actes législatifs de Frédéric, tendait à diminuer la puissance et l'indépendance des communes, mais au profit de l'Église, qui était, en définitive, la grande bénéficiaire de ces dispositions. En annulant tous les statuts et coutumes qui, dans les villes, avaient pour effet de diminuer les libertés et les prérogatives ecclésiastiques, en exemptant d'impôts tous les clercs, en les soustrayant aux tribunaux civils, en condamnant enfin à l'infamie et à la séquestration de leurs biens tous les hommes qui pouvaient être soupçonnés d'hérésie, cette constitution renforçait considérablement les pouvoirs de l'Église. Elle consacrait surtout l'alliance du pouvoir spirituel et du pouvoir temporel, chacun agissant dans son domaine propre, pour la défense matérielle et morale de la Chrétienté. D'après ces décrets dans lesquels Momigliano voit « un nouveau statut de l'humanité[25] », il était décidé que Papauté et Empire lutteraient en commun contre les ennemis de l'orthodoxie. L'empereur, en apparence, devenait modestement le « bras séculier » dont le pape avait besoin pour exécuter ses sentences, mais, en réalité, le Souverain Pontife se faisait aussi, de son côté, l'*exécuteur moral* des ennemis de l'Empire. Honorius III avait cru ne lier que Frédéric, mais il se trouvait lui aussi engagé bel et bien dans cette action commune contre les adversaires de son associé. Et d'autant plus que, pénétré du caractère sacré du pouvoir impérial, Frédéric allait considérer comme des « hérétiques » tous ceux qui se révolteraient contre son autorité. Les Constitutions de Melfi reviendront d'ailleurs sur ce sujet de l'hérésie, et non plus pour la satisfaction du pape, cette fois, puisque Frédéric, considérant les hérétiques comme des criminels d'État, les défère aux tribunaux civils, et non pas aux tribunaux religieux comme le voudrait le Saint-Siège. On constatait alors, à la lumière de ce différend, que le pape et l'empereur ne donnaient pas le même sens au mot *hérésie,* le premier le limitant à sa signification habituelle et normale, le second, au contraire, voyant un hérétique dans tout homme qui s'insurge contre la personne sacrée et la volonté sacrée de l'empereur-dieu.

Tandis qu'il donnait à l'Italie la Charte qui consacrait la perte de ses plus précieuses libertés, et qui, économiquement, l'asservissait aussi tout en développant son industrie et son commerce, Frédéric II convoquait les princes allemands à Ravenne pour la Diète qui devait se tenir dans la vieille capitale de Théodoric, à la fin de cette année 1231. Le choix de Ravenne n'est certainement pas fortuit. La cité adriatique où reposait dans son prodigieux tombeau le corps du grand empereur ostrogoth qui avait aspiré, lui aussi, à la possession de l'Allemagne et de l'Italie, du Nord et du Midi, et dans lequel Frédéric II pouvait voir, avec raison, un précurseur et un ancêtre spirituel, était restée toute imprégnée du rêve théodoricien, et l'empereur y retrouvait cette atmosphère ardente, impétueuse à la fois et mélancolique, qui correspond si bien à son caractère.

On dirait qu'il s'éloigne de plus en plus de l'Allemagne pour s'attacher toujours davantage à l'Italie. Quoique la Diète soit réunie surtout pour rassembler les princes allemands et discuter des problèmes qui intéressaient l'Empire allemand, c'est dans ces villes italiennes, de préférence, qu'il va siéger désormais. Tant pis pour les membres de la Diète, si cette préférence les oblige à entreprendre chaque année, et parfois même plusieurs fois par an, un voyage long, difficile, fatigant et dangereux : l'empereur les reçoit *chez lui,* et « chez lui » c'est l'Italie.

VI

« Abraham a saisi l'épée pour frapper son fils... »

L'Italie pourtant lui gardait rancune de la quasi-servitude où la réduisaient les Constitutions de Melfi. Même dans les provinces les plus soumises à la volonté impériale, il y eut des mécontentements. Certains, nous l'avons dit, provoquèrent de véritables révolutions et entraînèrent des sanctions impitoyables, des représailles féroces. L'Italie lui en voulait surtout de ce qu'il prétendait lui imposer sa conception personnelle de l'ordre alors que la vie politique de ce pays était d'ordinaire ce désordre organisé qui lui plaisait, qui répondait probablement à son tempérament, et dont il s'accommodait fort bien. Frédéric avait assoupli sa passion rigoureuse de la discipline afin de l'acclimater à cette Italie indisciplinée par nature et par goût ; malgré cela, l'anarchie fonctionnelle de la Péninsule restait encore trop éloignée de l'autoritarisme tolérant, et en ce qui la concerne, indulgent, de Frédéric, pour que ces deux systèmes politiques puissent s'harmoniser. Chez les meilleurs esprits de ce temps, la pensée italienne aspire à l'unité, et les gibelins savent bien, comme Dante, comme Pétrarque, que l'Empire seul est capable de la lui procurer ; livrée à elle-même, l'Italie restera impuissante à s'unifier. C'est aussi l'opinion des grandes intelligences italiennes du début du XIIe siècle, ce Pietro della Vigna, ce Roffredo de Bénévent, dont Frédéric a fait ses ministres et ses conseillers. Les lettres de Pietro della Vigna sont très significatives à cet égard.

Le parti du désordre, pourtant, était plus nombreux ou plus agissant que le parti de l'ordre profrédéricien. Il incarnait, en tout cas, la volonté profonde et traditionnelle de la majorité italienne, qui était de mentalité guelfe. (Parmi les gibelins, beaucoup l'étaient par intérêt plutôt que par conviction idéologique.) La ligue lombarde n'eut pas de peine, donc, à augmenter sa propagande antiimpériale, celle-ci trouvant un aliment nouveau dans le malaise que provoqua à l'intérieur même du royaume la proclamation des Constitutions. Le parti de l'Italie libre se présenta en opposition au parti de l'Italie asservie, c'est-à-dire gibeline, et utilisa le mouvement de révolte instinctif qu'eut à cette occasion la conscience italienne, atteinte dans ses traditions les plus chères. Les conséquences ne tardèrent pas à se faire sentir. La ligue lombarde répondit à cet acte qu'elle considérait comme une provocation envers l'âme même de l'Italie, par un autre genre de provocation ; elle ferma ses frontières et déclara qu'elle ne laisserait pas passer les princes allemands convoqués à la Diète.

A moins de faire un très long détour, presque impraticable en hiver, on ne pouvait faire autrement que traverser les territoires lombards. Milan et les autres villes ligueuses qui tenaient les cols des Alpes en prohibèrent l'accès, en principe, à tous les princes qui étaient accompagnés d'une escorte armée, et pratiquement, en ce temps où la prudence commandait de ne circuler que fortement accompagné, à tous les membres de la Diète. Certains d'entre eux s'aventurèrent dans les défilés, presque seuls et déguisés,

« en tapinois » disent les chroniqueurs ; d'autres renoncèrent au voyage par terre, et firent un long trajet maritime pour débarquer à Venise. Et, pendant ce temps, Frédéric II, qui était arrivé à Ravenne à la date fixée s'y trouvait seul avec les princes et les prélats italiens qu'il y avait invités ; les Allemands n'avaient pas pu franchir le barrage lombard, et ceux qui y étaient parvenus, comme le vieux chevalier Porte-Glaive Hermann de Salza, infatigable et intrépide, l'avaient fait au prix des plus dures fatigues et des plus grands dangers. Parmi les absents, il y avait le roi d'Allemagne, le fils de Frédéric II, Henri VII.

La date d'ouverture de la Diète avait été renvoyée à la Noël pour donner aux Allemands le temps d'arriver ; malgré tous ces délais, Henri VII ne se montra pas. Il s'était mis en route pour répondre à l'appel de son père, mais il n'était pas allé plus loin que la Souabe. Découragé, probablement, par les obstacles que la ligue lombarde avait dressés sur sa route, il avait fait demi-tour. Cette défection blessa profondément l'empereur. Elle aurait pu n'être que le résultat des empêchements provoqués par Milan ; la plupart des autres princes pourtant s'étaient arrangés pour passer ; seul, ou presque seul, le propre fils de l'empereur, le roi des Allemands, manquait. Ce fait, venant après beaucoup d'autres, qui avaient graduellement assombri l'atmosphère entre Frédéric II et Henri VII, révélait une discorde profondément enracinée, d'une part dans le caractère du jeune roi, de l'autre dans les intrigues de son entourage. Frédéric, de son côté, avait agi avec une certaine dureté, et les relations affectueuses de père à fils avaient été remplacées par une sorte de méfiance hargneuse, de rébellion larvée, d'opposition constante et sournoise, qui blessaient autant la dignité du souverain que le cœur du père.

L'absence d'Henri VII à la Diète de Ravenne n'était certainement pas sa faute la plus grave, mais elle fut la goutte d'eau qui fait déborder le vase. Frédéric II, jusqu'alors, s'était efforcé de croire que les actes hostiles de son fils n'étaient que des maladresses, des erreurs politiques. Mal conseillé depuis la mort d'Englebert, Henri VII s'entourait de jeunes gens imprudents et privés d'expérience politique, qui le poussaient à de fâcheuses aventures. Il faisait volontiers ses amis des poètes et des jongleurs, ce qui n'était pas mal, en principe, ceux-ci étant très bien accueillis aussi à la cour de Palerme ou de Foggia, mais, chose grave, il se laissait guider par eux en politique, plutôt que par les graves mentors que son père lui avait donnés. Une question sentimentale, enfin, compliquait encore les rapports du père et du fils ; celui-ci reprochait à l'empereur de l'avoir marié, contre son gré, à la fille du duc d'Autriche, alors qu'il aimait la fille du roi de Bohême ; il entendait, maintenant qu'il était — ou croyait être — son maître, divorcer pour épouser celle-ci. Ce divorce aurait été de mauvaise politique, et l'empereur s'y opposait formellement.

Henri VII se trouvait donc dans la situation irritante d'un jeune souverain, en principe indépendant, en fait soumis aux volontés paternelles, et placé sur le trône uniquement pour y exercer ses volontés. Peu doué pour la politique, aimable, actif, et un peu chimérique, comme tous les Hohenstaufen, il ne pensait qu'à s'affranchir de cette tutelle humiliante. Il était poussé à la révolte par sa cour d'esthètes et d'amuseurs, qui se plaisaient, eux aussi, à jouer avec le danger. Il y avait enfin, et Kantorowicz[26] a bien fait de souligner ceci, une profonde différence de tempérament entre ces deux hommes. Roi des Allemands, Henri VII est, de par son caractère et sa formation un Allemand. Il vit en Allemagne entouré de ces minnesaengers qui représentent l'essence même de l'esprit allemand de cette époque. Il n'est pas comme son père, un cosmopolite, un éclectique ; en cela, il ressemble beaucoup plus à son arrière-grand-père Barberousse, et à son grand-père Henri VI qui, même en Sicile, était resté un Allemand « indécrottable ». Il n'a pas le génie de son père, et je le crois même incapable de le comprendre, et, en tout cas, de sympathiser avec son idéal.

Que cette différence soit réellement naturelle et organique, ou qu'Henri VII l'exagère par bravade, pour bien montrer à quel point il est indépendant, presque tous ses actes politiques sont en contradiction même avec les principes de son père, et avec les actes de la politique paternelle. Les éléments guelfes d'Allemagne, toujours actifs, utilisent ces dissensions pour augmenter, dans toutes les circonstances, la discorde entre le roi et l'empereur. Les reproches de Frédéric ne font qu'enfoncer le jeune rebelle dans cette *opposition,* qui lui paraît le fait d'un esprit libre, d'un caractère noble et généreux. Il n'y a rien chez lui de bas ou de mesquin. C'est parce qu'il est, lui aussi, par bien des côtés un Hohenstaufen, et parce qu'il ressemble beaucoup à son père, qu'il se dresse contre lui. Ses talents mal utilisés, sa volonté mal dirigée, il gaspille dans le sens d'une hostilité coupable et désastreuse toutes les bonnes qualités qu'il aurait pu dépenser au service de son père, pour le bien de l'Empire. Ce fut aussi une faute grave, de la part de Frédéric II, que de confier un pouvoir aussi grand à un jeune homme trop léger pour l'exercer utilement ; sans doute pensait-il que son fils ne serait qu'un instrument docile dans sa main, un simple porte-parole, mais quelle erreur de croire qu'un Hohenstaufen se résignerait à ce rôle humiliant !

Pour bien montrer au monde qu'il ne dépend pas de son père, qu'il n'est pas ce *roi de paille,* ce fantoche qu'on voudrait qu'il fût, Henri prend dans toutes les circonstances le contrepied de la politique paternelle. avec excès, par esprit de provocation, et sans que ses convictions personnelles le lui commandent toujours, en toute occasion il fait le contraire de ce que son père aurait fait, et voudrait qu'il fît. Parce qu'il manque d'un véritable génie, parce qu'il ne prend pas tout à fait son rôle au sérieux, il gère pour lui-même les affaires de l'Allemagne, disent les vieilles annales, et « il exerce la puissance royale sans avoir une vie royale ».

Frédéric II s'aperçut trop tard de la faute qu'il avait commise. La politique royale, contrairement aux directives de l'empereur, s'appuie sur les villes, alors que Frédéric II, en toutes les circonstances, diminue celles-ci au profit des princes. Comme s'il voulait se faire des alliés justement chez les mécontents, Henri indispose l'aristocratie, s'entoure de gens de bas lignage, et encourage les tentatives d'indépendance de la bourgeoisie citadine, dont Frédéric II s'applique à tenir en laisse la convoitise, l'orgueil et l'ambition. Alors que son père a formellement interdit aux villes de créer des alliances et des associations, le roi les pousse à former des ligues, sur le modèle de la ligue lombarde. Il excite les villes, qui, en se sentant soutenues par le roi, s'enhardissent à se révolter contre leurs seigneurs, laïcs ou ecclésiastiques. Il fait la guérilla contre les plus fidèles amis de son père, le margrave de Bade, le duc de Bavière, les vassaux souabes. Et quand les princes, indignés, se révoltent contre lui, à leur tour, le faible jeune roi capitule, et se laisse arracher, à la Diète de Worms, des concessions humiliantes, qui exaspèrent l'empereur.

Dans tout ce que fait Henri VII il y a un mélange d'arrogance, de faiblesse, d'autocratisme, de démagogie, qui trahit à quel point il était peu désigné pour gouverner l'Allemagne. Les reproches de son père l'enfoncent plus profondément dans cette opposition. Parce qu'il sait qu'un blâme l'attend à Ravenne, ou bien parce qu'il veut montrer à quel point il est affranchi de la tutelle paternelle, il ne fait pas le moindre effort pour traverser le barrage lombard. Et ses amis le félicitent : c'est ainsi qu'un roi doit agir.

La voix de Frédéric II, pourtant, se fait si sévère qu'Henri VII, tout arrogant qu'il soit, s'inquiète. Il comprend qu'il est allé trop loin. Aussi, l'année suivante, mandé à Aquileia, force-t-il les portes fermées par les Véronais, et se présente-t-il devant l'empereur, résigné aux sanctions qui ne peuvent manquer de le frapper. Frédéric, toutefois, est si heureux de voir ce fils qu'il aime, si touché par ce geste de bonne volonté, qu'après avoir tempêté ainsi qu'il convient, il embrasse le coupable et pardonne. La réconciliation est entière. Henri a juré d'obéir aux ordres de l'empereur ; il associera sa propre politique à celle de l'empereur, c'est-à-dire qu'il cessera d'avantager la démocratie des villes, et qu'il favorisera plutôt les princes, auxquels dans la Diète de Cividale, Frédéric vient d'accorder le « Statut en faveur des princes », qui est un acte si important, au point de vue juridique, politique et social.

La concorde ne devait durer que quelques mois. Revenu en Allemagne, repris par son entourage, regrettant peut-être sa docilité filiale, Henri reconquiert cette dangereuse indépendance, dont il use maintenant, avec une légèreté de plus en plus absurde, de plus en plus coupable. Comme pour se punir d'avoir, un instant, faibli devant son père, il multiplie les défis, les bravades, les sottises. On le trouve opposé à l'empereur dans toutes les affaires, que ce soient les conflits des villles avec leurs évêques, ou le procès d'Henri de Sayn par l'inquisiteur Conrad de Marbourg. Hostile à la noblesse, indulgent au peuple, ami des hérétiques, Henri VII se lance dans une révolte aveugle, forcenée. Il n'ouvre même plus les lettres que son père lui envoie, il refuse de recevoir ses messagers.

Tout cela pourrait se réduire à des enfantillages, périlleux certes, et c'est ce que Frédéric a feint de croire à Aquileia, mais il ne peut pas le croire plus longtemps, ni le faire croire aux autres. Dans une lettre insensée, qu'il envoie aux princes et aux villes, Henri accuse son père de le soupçonner sans motifs, et retournant les justes griefs de l'empereur, il impute à celui-ci l'intention de le dépouiller de la couronne et de vouloir régner à sa place. Comme pour donner à ce message, qui a déjà l'accent d'une déclaration de guerre, la portée d'un ultimatum, il invite la ligue lombarde à s'allier avec lui contre Frédéric II.

L'empereur est obligé de sévir, aujourd'hui, malgré son affection pour son fils, et parce que l'intérêt de l'État l'exige. Henri VII n'est plus un enfant turbulent et brouillon, mais un traître qu'il faut abattre avant que le mal fait par lui se soit aggravé. La ligue lombarde barre la route d'Allemagne ; qu'importe ! Frédéric ne connaît plus d'obstacles. Il traverse l'Autriche, rassemble en cours de route les princes fidèles, car il s'est mis en chemin sans armée, avec une petite escorte seulement. Son prestige est si grand que les rebelles eux-mêmes se joignent à lui. Quand il vivait en Italie, on pouvait croire qu'il se désintéressait des choses allemandes, mais maintenant qu'il est là, avec son beau visage génial, sa dignité vraiment impériale, qui hésiterait entre lui et le faible Henri dont les plus chauds partisans, eux-mêmes, comprennent la faute qu'ils ont commise en soutenant ses prétentions. Lui-même les a autorisés d'avance à l'abandonner, quand, dans l'euphorie de la réconciliation, à Aquileia, il a déclaré que si jamais il entrait en confit avec son père, il autorisait ses vassaux à se détacher de lui, et il leur faisait même un devoir de le combattre. Et voilà que ceux-ci, aujourd'hui, se souvenant de cette injonction, se jettent aux pieds de l'empereur, demandent leur pardon, offrent leur épée contre le fils impie, contre Absalon.

Les villes qu'il a favorisées ne peuvent rien pour lui. Lui prêteraient-elles leurs milices bourgeoises, Henri VII n'ose pas, maintenant, prendre les armes contre son père. Intervenant comme médiateur entre le père et le fils, comme il le fait si souvent entre l'empereur et le pape, le vieux Porte-Glaive exhorte Henri à la soumission. Il ne lui convient pas de susciter une guerre civile, de s'engager dans des combats parricides. Il faut capituler. Alors commence le long, le navrant procès de ce pauvre jeune roi, plus imprudent que coupable, plus léger que méchant. Sans doute a-t-il servi d'instrument aux ennemis de l'empereur, qui l'ont utilisé pour leurs manœuvres, et qui se détournent de lui, à présent que Frédéric est là dans l'appareil majestueux et terrible de la toute-puissance. Le pape, qui ne voyait pas d'un mauvais œil, peut-être, les tracas qu'il causait à Frédéric II, vient d'excommunier le fils impie. Il est au ban de l'Empire, à la porte de l'Église. Le sol se dérobe sous ses pieds, le ciel se ferme au-dessus de lui. Quand il voit son père arriver sans encombre à Nuremberg, Henri comprend que la partie est perdue pour lui. Il rejoint l'empereur au château de Wimpfen, où celui-ci l'a convoqué. Tout peut s'arranger encore. Frédéric II qui va épouser à Worms, dans quelques jours, la fille du roi d'Angleterre, est enclin à l'indulgence. Maintenant que l'ordre est rétabli, que les conséquences de la révolte sont réparées, il peut se montrer magnanime. Le fils rebelle ne sera pas emprisonné, il aura même la permission d'assister à la cérémonie nuptiale et aux fêtes qui seront magnifiques.

Le spectacle du troisième mariage de son père réveille-t-il chez le pauvre Henri le souvenir de son triste roman d'amour ? Oscillant perpétuellement entre son instinct naturel qui est bon, et ce diabolique orgueil d'ange rebelle qui lui interdit de se soumettre complètement, Henri repousse la grâce qui lui est offerte. Il sent qu'il va perdre toute son indépendance, toute son autorité, et il n'admet pas de n'être que le « lieutenant » de son père. Alors que celui-ci était tout disposé à pardonner, pourvu que le fils rebelle se soumît, Henri VII, arrogant, refuse de livrer le château de Trèves que l'empereur réclamait. Puis, se sentant surveillé, et craignant que sa captivité ne devienne plus sévère, espérant peut-être retrouver des partisans, il essaie de s'échapper.

C'est avouer son obstination coupable et son intention de recommencer la lutte. Frédéric II, maintenant, le fait emprisonner à Worms, dans une maison bourgeoise, puis, celle-ci étant peu sûre, il le transporte dans le château d'Heidelberg où il lui donne pour geôlier le duc de Bavière que le roi avait vexé, malmené et offensé de toutes les manières, et qui ne demandait qu'à se venger de lui. Plus tard, craignant que des petits partis souabes qui tenaient encore pour Henri VII essayent de le délivrer, il le confia à l'archevêque de Salzbourg, qui le remit lui-même au patriarche d'Aquileia, et ce fut à Aquileia que les barons siciliens chargés de le garder vinrent le chercher pour l'emmener en Apulie.

Le soin que prit Frédéric d'éloigner son fils d'Allemagne montre que, malgré la promptitude avec laquelle ses principaux alliés l'avaient abandonné aussitôt que l'empereur était arrivé à Nuremberg, Henri conservait encore des intelligences, peut-être dans les villes qu'il avait favorisées. Les intrigues d'Henri avec les Lombards, l'alliance qu'il avait conclue avec la ligue guelfe et le marquis de Montferrat, révèlent chez lui l'intention d'agir énergiquement contre son père, de s'associer à tous ses ennemis. Pour le réduire à l'impuissance, il fallait donc l'empêcher de communiquer avec ses complices. Dans un château isolé de Sicile ou de Pouilles, surveillé par la garnison sarrasine, Henri deviendrait alors inoffensif.

Six annés s'écoulèrent ainsi. Intraitable, Henri gardait son attitude fière, hostile, dédaigneuse. Enclin à la pitié, Frédéric lui aurait volontiers rendu la liberté mais il savait que le premier acte de ce téméraire aurait été pour nouer de nouvelles intrigues avec la ligue lombarde, les guelfes, ou les villes allemandes. Parfois, lorsqu'on le faisait quitter sa prison, Rocca San Felice, ou Nicastro, Henri espérait qu'on allait l'élargir, mais ce n'était que pour le transporter dans un autre cachot. Par prudence, Frédéric préférait que le monde ignorât dans quel lieu son fils était détenu.

Un jour, enfin, ému de compassion, il ordonna de le remettre en liberté, et de le conduire à Palerme, mais quand le pauvre roi se vit de nouveau à cheval, entouré de soldats arabes, il pensa qu'on le changeait une fois de plus de prison, et, profitant de ce que le sentier qui descendait de la « rocca », longeait un abîme, il sauta et se tua.

L'opinion publique guelfe accusa Frédéric II d'avoir assassiné son fils. Le jour de ses funérailles dans l'église de Cosenza, le prédicateur, qui était un franciscain, prit pour thème de son sermon : « Abraham a saisi l'épée pour sacrifier son fils. » La mort d'Henri était nécessaire ; la sécurité de l'État l'exigeait ; sinon la mort, du moins sa captivité perpétuelle. Mais l'arrière-petit-fils de Barberousse n'était pas de ces hommes qui acceptent de finir leurs jours dans un donjon. Qu'il se soit suicidé comme le croient certains historiens, ou qu'il soit mort accidentellement au moment même où son père venait de le gracier, cette fin dramatique est conforme au destin romanesque, absurde, incohérent, de ce prince, riche de dons et de talents, dont toutes les qualités, pourtant, n'aboutissaient qu'au mal, au désordre, à la désorganisation, à l'anarchie, en un mot, à ce que son père jugeait le plus détestable, le plus désastreux pour l'Empire.

Malgré cela, Frédéric éprouva une grande douleur, dont nous trouvons les échos dans sa lettre, publiée par Huillard-Breholles, où il ordonne des funérailles solennelles, dignes de la majesté royale. L'accent de son chagrin est sincère, et son émotion nous atteint encore à travers les amples cadences latines du texte ancien. « Les pères impitoyables s'étonneront peut-être que César, qu'aucun ennemi n'a jamais pu vaincre, puisse être vaincu par la douleur. Les sentiments du monarque, si inflexibles qu'ils soient, restent pourtant soumis aux lois de la nature ; celle-ci les impose à tous, et ne reconnaît ni d'autres lois, ni d'autres princes. Et nous ne sommes ni les premiers, ni les derniers, de ceux qui, offensés par un fils coupable, pleurent cependant sur leur tombe[27]. »

Frédéric II remplaça Henri par son second fils, Conrad, qui n'était âgé que de neuf ans. L'empereur était certain que, de longtemps, le nouveau roi des Romains et héritier présomptif de la couronne impériale ne manifesterait pas d'intempestives volontés d'indépendance. Les princes consentirent de bon gré à cette nomination, reconnaissants qu'ils étaient à l'empereur des avantages que leur avait donnés le « Statut en faveur des princes ». L'aristocratie allemande remerciait ainsi l'empereur des concessions qu'il lui avait faites, et des privilèges dont il l'avait comblée. Puisque le petit Conrad était incapable d'administrer son royaume, on lui adjoignit un prince-procureur d'Empire, qui devait, théoriquement, faire fonction de régent, mais la véritable autorité fut confiée à quelques amis fidèles, dont le plus ardent était le duc de Hohenlohe, qui recevaient en même temps la tutelle de l'enfant et la surveillance de l'empire.

Ceux qui blâmaient l'empereur de la sévérité dont il avait usé envers son fils n'osaient plus le faire trop ouvertement. La Diète de Mayence, en août 1235, représente l'apogée de sa puissance. Le mois précédent, il a épousé à Worms, en grande pompe, Isabelle d'Angleterre, fille de Jean sans Terre, et pour que cette union ne froisse pas le roi de France, avec qui il est en bons termes, et dont il connaît l'hostilité traditionnelle envers l'Angleterre, il écrit une belle lettre à Saint Louis, pour l'assurer de son inaltérable amitié. C'était sa troisième femme, et il n'éprouvait pas pour elle un grand amour puisque, peu après le mariage, il l'envoya dans un de ses châteaux siciliens, où elle vécut servie et surveillée par des eunuques. La rumeur publique racontait que l'empereur avait attendu pour consommer cette union, l'heure, proche de l'aube, que les astrologues lui avaient désignée comme la plus favorable à ce rapprochement, et que, la chose faite, il s'était contenté de lui recommander de prendre bien garde à sa santé dorénavant, parce qu'elle portait dans son sein un enfant mâle. Un enfant mâle, en effet, naquit l'année suivante, mais ne vécut pas.

Les rapports de Frédéric II avec ses trois épouses sont assez singuliers. Il ne semble pas avoir éprouvé pour elles une grande tendresse, et l'on peut croire que toutes ces unions ont été conclues par intérêt politique, ainsi que le quatrième mariage qu'il combinait peu de temps avant sa mort. L'accusation de sodomie, lancée contre lui par le pape au moment où il s'agissait de le charger de tous les crimes imaginables, paraît peu vraisemblable touchant un homme qu'on nous montre, par ailleurs, vivant au milieu d'un harem, entouré de concubines, d'acrobates et de danseuses.

Je crois que les préoccupations amoureuses ont tenu peu de place dans cette existence, remplie par de plus graves soucis. Le « harem » dont on lui fait grief, était peut-être un héritage des rois normands, qui avaient conservé cette tradition orientale, à laquelle ils trouvaient beaucoup de charmes. Benvenuto d'Imola nous montre Frédéric se faisant accompagner de ses femmes dans ses campagnes guerrières ; elles étaient alors installées dans des palanquins, à dos de chameau, selon l'usage des Arabes, et lorsque tout son camp tombera entre les mains de l'ennemi après la défaite de Vittoria, le « harem » ne sera pas la partie la moins appréciée du butin. D'autre part, il aimait présenter à ses visiteurs les talents de son corps de ballet, et Richard de Cornouailles a raconté, au chroniqueur Mathieu Paris, les singularités de cette troupe de danseuses qu'il avait ramenées d'Orient. « Ce qui lui plut surtout, rapporte le chroniqueur anglais, ce fut le spectacle de deux jeunes filles sarrasines, d'une beauté rare, qui, montées chacune sur deux boules au milieu d'un pavé uni, marchaient en tous sens en battant des mains ; sur ces globes roulants, elles figuraient diverses poses avec leurs bras, jouaient et chantaient, repliaient leurs corps suivant les différentes modulations du rythme, frappaient l'une contre l'autre des cymbales sonores ou des tablettes de bois, prenaient de gracieuses attitudes et tournaient sur elles-mêmes avec une prodigieuse vitesse[28]. »

Il n'en fallait pas plus pour faire accuser Frédéric d'un commerce illicite avec des Infidèles, et, cela fait, il n'était pas difficile d'ajouter aux almées des adolescents, selon les calomnies de Nicola de Curbio. Que Frédéric ait été curieux de tout, cela fait partie aussi de ce tempérament « protéiforme » que nous analyserons plus loin, mais la réalité était certainement beaucoup moins scandaleuse. Les avocats de l'empereur affirmeront, d'ailleurs, quand on invoquera contre lui ces griefs, qu'il a éloigné ces danseuses de sa cour, dès qu'il a appris qu'elles étaient un objet de scandale.

Attentif à ne pas mécontenter le roi de France, dont il voulait conserver la sympathie, Frédéric l'invitait dans cette lettre datée de Fano le 25 avril 1235, à ne pas prendre ombrage du mariage anglais, qui, disait-il, lui avait été recommandé par le pape. Il exprimait aussi le désir de rencontrer personnellement Saint Louis et de causer avec lui. « Nous vous verrions très volontiers, et avec l'assistance des mêmes princes nous fortifierions notre alliance de façon à vous ôter toute crainte que l'affection qui nous unit puisse en rien être altérée par notre fait[29]. »

Saint Louis ne paraît pas, cependant, avoir rendu à l'empereur cette affection. Il y avait entre ces deux rois trop de différences pour qu'ils puissent jamais être véritablement amis. Leurs caractères s'opposent en tout, et je suppose même que Louis IX dut surmonter une certaine répugnance lorsqu'il fut appelé, pour des raisons politiques, à prendre la défense de son allié. Il répond avec des réserves et des réticences à ses protestations d'amitié. Pour une âme droite, pure, simple comme celle de Saint Louis, les complications de cette nature protéenne devaient être choquantes et probablement, même, inintelligibles. De fait, écrit Huillard-Breholles dans sa monumentale *Historia diplomatica Frede-*

rici Secundi « le mariage célébré en grande pompe à Mayence laissa subsister entre Frédéric II et Louis IX la froideur et la défiance. On en eut une preuve bien frappante lorsque l'empereur, en 1237, invita le roi de France à une entrevue qui, ainsi que les précédentes, devait avoir lieu à Vaucouleurs. Saint Louis, qui se trouvait à Compiègne pour les fêtes de la Pentecôte, avec un nombreux concours de chevaliers et d'hommes d'armes, accepta le rendez-vous, mais en annonçant l'intention d'y conduire une escorte qui valait une armée, et de se préserver ainsi contre toute surprise. Au moment de se mettre en marche, il reçut la nouvelle que l'empereur, occupé par des soins plus urgents, ajournait l'entrevue, et depuis il ne fut plus question de conférence entre les deux souverains[30] ».

Les fêtes données à l'occasion de la Diète de Mayence éclipsèrent presque la splendeur de celles qui avaient accompagné le mariage de Worms le mois précédent. Tous les annalistes de ce temps reflètent l'éblouissement qui saisit les contemporains, quand ils virent l'empereur, portant ses insignes et ses vêtements d'état, présider un banquet auquel assistaient douze mille chevaliers. On s'émerveillait aussi du faste oriental qui le suivait partout, on s'étonnait de sa ménagerie dont il ne se séparait jamais, et qui comprenait bon nombre d'animaux, inconnus jusqu'alors sur les bords du Rhin, les éléphants, les lions, les panthères, les chameaux, les hyènes, les hiboux barbus et les faucons blancs. Il déployait un appareil de chasse, incomparable à tout ce qui s'était vu en Europe, en matière de chiens, de chevaux, de faucons. Et ses janissaires, ses soldats nègres, aux armes bizarres, aux accoutrements bariolés augmentaient encore le saisissement du peuple.

L'escorte de Frédéric II tenait donc à la fois de la procession religieuse et de la parade de cirque. On y reconnaissait des prélats, comme Siegfrid d'Eppstein, archevêque de Mayence, archichancelier de Germanie, le chancelier Sifrid, évêque de Ratisbonne, l'archevêque de Cologne, archichancelier d'Italie, le Grand Maître des Porte-Glaives, le très fidèle Hermann de Salza, l'archevêque de Besançon, les évêques de Verdun, de Cambrai, de Metz, de Toul. Et à côté de ces dignitaires ecclésiastiques, les représentants de la plus haute noblesse allemande, mêlés à des princes lorrains, bohémiens, et flamands.

Le luxe déployé à cette occasion était un excellent moyen de propagande. Le prestige de l'empereur en fut considérablement augmenté, et son autorité s'en accrut d'autant. Mais il ne se contenta pas de frapper les imaginations et de festoyer cette noblesse innombrable. La Diète de Mayence compte parmi ses résultats les plus utiles la réconciliation des Welfs et des Waiblingen. Pour se concilier l'amitié des descendants d'Henri le Lion, il donna à son petit-fils Otto de Lunebourg, la ville de Brunswick et le titre de duc héréditaire de cette province. Il s'acquit aussi le dévouement de quelques villes, comme Francfort, Worms, Goslar, Nuremberg, Constance, Ulm, en leur confirmant les avantages que l'imprudent Henri VII leur avait concédés. Cette générosité tempérait un peu la sévérité dont il avait fait preuve cinq ans auparavant.

Enfin, il aurait manqué à sa mission, s'il n'avait pas profité de cette occasion pour compléter le grand monument juridique et législatif commencé à Cologne, continué à Worms et à Melfi. Cette fois, et pour la première fois, le texte des lois est publié en allemand, ce qui est une innovation considérable, caractéristique du côté *moderne* de la pensée frédéricienne, car, jusqu'alors, le latin seul était la langue officielle. La principale disposition de ce texte, à côté de certains privilèges accordés à l'Église, contient les mesures prises pour assurer la paix publique qui, dans cette Allemagne anarchique, n'était qu'un mot. Frédéric « homme de paix », veut qu'elle devienne un fait, et pour cela il proclame l'interdiction du recours à la force, sauf en cas de légitime défense ou de déni de justice, il punit de la perte de la main droite, ceux qui violeront la trêve ou la paix jurée, et condamne également les seigneurs pillards qui abusaient de leur puissance pour rançonner les marchands et les voyageurs.

Quand on sait l'attachement que la vieille Allemagne gardait à ses coutumes anciennes, ses usages traditionnels, ses lois non écrites, une pareille tentative de codification, dans ce pays hostile d'instinct à tout code, apparaît comme une sorte de révolution, encore. Révolution dans le sens du « bien public », puisqu'un grand nombre de ces mesures protègent, garantissent et avantagent les « petits ». Elles tendent à faire de la justice le bénéfice exclusif du monarque, en instituant un justiciaire qui le remplacera, en supprimant le duel judiciaire (sauf certains cas limitatifs), en abolissant les juridictions locales, ou en restreignant leur arbitraire.

Il n'est pas question pour Frédéric d'abaisser l'aristocratie ou de la mécontenter ; ce qu'il veut, c'est la *civiliser.* Il entend substituer aux mœurs violentes de ces féodaux, un sentiment plus éclairé de la valeur de la vie humaine, de la dignité individuelle, des droits de tous dans une société harmonieuse et pacifique. C'est pourquoi il s'attaque aux bandits de vieille noblesse, qui du haut de leurs burgs, bravaient la loi. S'il ne vise pas encore à créer une *noblesse de cour,* le mot serait fort, du moins détache-t-il cette noblesse de son isolement batailleur, frondeur, ou pillard, et la rapproche-t-il de lui, en lui confiant les plus hautes fonctions dans l'administration, les emplois les plus distingués au palais. Fonctions souvent honorifiques, emplois généralement théoriques ; mais associée ainsi aux actes et à la personne de l'empereur, cette aristocratie éprise de désordre, d'indépendance, et d'aventures brutales, découvrira un monde plus raffiné, le monde de la culture, avec de nouvelles formes de vie, de nouveaux plaisirs, de nouveaux idéaux.

Résolu comme il l'est à s'appuyer sur cette noblesse, contre la démocratie citadine, il essaye de la transformer, pour la rendre apte à jouer le rôle qu'il lui destine. Ce rôle confié à des *intellectuels* appartenant à la classe moyenne en Italie, il le réserve, en Allemagne, aux gentilshommes, parce que ce pays, ne possédant pas les vieilles traditions juridiques et administratives des héritiers de Rome, ne lui fournirait pas, en dehors d'eux, sauf dans le clergé, le personnel nécessaire.

Ayant ainsi châtié l'insurrection de son fils, assuré par mariage son alliance avec l'Angleterre, sans pour cela perdre l'amitié de la France, ayant légiféré dans un sens qui devait apporter à l'Allemagne les bienfaits intellectuels et moraux de la « civilisation » dont jouissait depuis longtemps l'Italie plus « avancée », c'est vers cette Italie que Frédéric va se retourner, maintenant. Il profitera de cette toute-puissance que consacre la Diète de 1235, pour essayer de régler son vieux compte avec le désordre italien et l'hostilité de la ligue lombarde.

VII

« Arracher cette mauvaise herbe de la liberté... »

J'ai dit que l'indépendance dont jouissaient les villes italiennes était pour Frédéric II une occasion d'indignation et de scandale. Cette indépendance, en effet, avait été acquise au détriment de la puissance seigneuriale et de la puissance ecclésiastique, et aussi, mais à moindre degré car la royauté était une moindre chose en Italie, au détriment de la puissance royale. Donc, en violation du droit divin, qui a dévolu la puissance aux maîtres naturellement aptes à l'exercer, et non aux peuples, qui sont incapables d'en user sainement. En Allemagne, l'affranchissement des villes ne se faisait pas sans grand effort ; encore celles-ci se montraient-elles assez timides dans leurs revendications. En Italie, comme l'a dit Otton de Freising, historien des *Gesta Frederici,* « les villes sont tout ». Son livre reflète l'ébahissement que le bon chroniqueur éprouve devant ces formes sociales si différentes de celles qui lui sont familières.

Cet affranchissement des communes italiennes ne s'était pas fait sans lutte. Il avait réclamé de longues guerres contre la noblesse, mais, à peu près partout, à Florence en dernier lieu qui conserve plus longtemps que les autres son gouvernement aristocratique, le « peuple » se substitue aux « nobles » dans l'administration de l'État. Mais ce « peuple » lui-même n'est pas homogène ; il va du prolétaire au grand bourgeois, et les luttes de classes à l'intérieur même de cette classe dirigeante, entretiennent les guerres civiles qui, endémiquement, désolent l'Italie. Une fois débarrassés des nobles, « peuple gras » et « peuple maigre » se disputeront entre eux ce pouvoir que leur alliance a conquis.

La haine de la noblesse demeure toutefois un trait commun du « peuple » qu'il soit *grasso* ou bien *minuto*. Haine de la ville, aussi, contre le château du seigneur, contre la forteresse qui domine la campagne. Hostilité de citadins contre les ruraux. « Pendant que les grands se combattaient entre eux, écrit Momigliani, ici le peuple se gouvernait lui-même ; tel fut le miracle des communes. Florence un beau jour s'est trouvée libre, parce que sa souveraine, la comtesse Mathilde, est morte, et ceux qui administraient avec elle et pour elle, continuèrent à administrer sans elle et pour le peuple. Les seigneurs des châteaux voulurent commander aux communes, et furent battus ; ils entrèrent alors dans la ville, ils s'y bâtirent des palais, ils apportèrent dans les rues la guerre qui se déchaînait auparavant dans les campagnes, et à Florence on continua à se haïr, à se tuer, à se combattre, mais la commune vivait libre sans maître et préparait sa gloire[31]. »

Il paraissait donc à peu près impossible de *tenir* l'Italie, car l'Italie n'était pas une, mais multiple, constituée par des centaines de villes indépendantes, qu'il fallait conquérir une à une pour assurer en définitive son pouvoir sur la Péninsule. La révolte qui avait éclaté dans le royaume, pourtant unifié et accoutumé à l'obéissance par les rois normands, à la suite des Constitutions de Melfi, montre qu'un sentiment aigu de la liberté, de l'autonomie, inspirait promptement l'insurrection, même dans une contrée soumise à la forte discipline des Hohenstaufen. On tient dans sa main une pierre, mais on ne garde pas une poignée de grains de sable. Pour Frédéric II l'Italie était cette poignée de sable, dont les grains, s'introduisant dans les rouages de la machine politique et administrative, la détraquaient souvent.

L'unification de l'Italie était un de ses grands projets. D'abord pour donner à cet État la stabilité et l'homogénéité qui lui manquaient, mais aussi pour reconstituer la grandeur inébranlable de l'Empire romain d'autrefois, par-delà les transformations politiques et sociales du Moyen Age. Frédéric aspirait à ressusciter Rome, avec sa hiérarchie de fonctionnaires dépendant du pouvoir central, Empire aux cent visages qui ne possédait qu'une seule âme, et dont toutes les volontés, tous les désirs, tous les élans se rassemblaient en la personne unique du chef. Restaurer cette Italie antique, d'avant les invasions barbares, d'avant la division de l'Empire, d'avant la domination allemande, ce rêve animait toute la politique italienne de cet homme qui se considérait comme l'héritier direct des Césars, et qui faisait frapper sur ses *augustales* d'or son portrait couronné du diadème de l'imperator. Cet Allemand aspirait à délivrer l'Italie de l'Allemagne ; il voulait la rendre à elle-même, à son indépendance, à son propre destin qui ne pouvait se confondre avec le destin d'aucun autre État. Et voilà que ce grandiose espoir était contrarié par l'orgueil et l'ambition des communes, comme si un misérable caillou pouvait faire trébucher le « divin » empereur sur la route de son apothéose.

Proclamant la souveraineté du peuple, la commune, en effet, s'insurge contre toute autorité qui n'émane pas du peuple. Elle repousse la noblesse héréditaire, parce que, dans un État démocratique, les seules différences de classes sont celles qui dépendent de la plus ou moins grande richesse. Or, le développement du capitalisme est, comme l'a très bien montré Julien Luchaire, « un fait économique qui influe profondément sur l'histoire politique. Le grand commerce d'exportation et la grande industrie ont créé une richesse mobilière, qui a maintenant sa force propre et qui l'impose d'autant plus facilement que la terre est toujours, malgré les progrès accomplis de ce côté aussi, d'une exploitation difficile et d'un petit rendement ; on a estimé qu'elle rendait alors 5 % et les capitaux employés dans le commerce et dans l'industrie 20 %[32] ». Cette prédominance de l'argent est naturellement antipathique à un homme épris d'idéaux chevaleresques, comme Frédéric II, et dont toute l'activité est basée sur les valeurs héroïques.

Tout concourt donc à créer entre cet empereur d'un esprit hautement aristocratique, et ces villes dotées d'un gouvernement démocratique, un antagonisme irréconciliable. Les communes sont hostiles à la noblesse, alors que l'empereur reconnaît à la noblesse, comme à la monarchie, un certain droit divin. Alors qu'il aspire à donner la paix au monde, elles entretiennent entre elles un état perpétuel de guerres, de guérillas, très préjudiciable à cette civilisation supérieure que Frédéric s'efforce d'instaurer dans ses États. Elles cultivent farouchement leurs particularismes, elles s'obstinent dans leur *esprit de clocher,* alors qu'il veut centraliser, unifier. Elles représentent enfin la suprématie de la masse sur l'individu, le désordre codifié, la révolution légalisée, situation haïssable pour un empereur qui n'est pas éloigné de considérer aussi criminelles que des hérésies religieuses toutes les opinions subversives, qui contredisent sa propre conception de l'autorité. Cette conception d'une monarchie absolue, centralisée, appuyée sur de « bons commis », était d'ailleurs trop en avance sur son temps pour qu'elle puisse se généraliser dans l'opinion publique. Ce mot même de *public* avait certainement aux oreilles de Frédéric quelque chose d'irritant. Il n'y avait guère à cette époque que deux systèmes politiques en présence : celui d'une féodalité tempérée, comme en France, ou dans l'Angleterre de la « Magna Charta », et celui de la commune à forme démocratique qui se développe en Italie. Ce n'est guère qu'à l'époque de Louis XI qu'on verra s'ébaucher en France cette innovation politique, qui atteindra son apogée avec Louis XIV.

Que l'autorité, privilège émanant de Dieu, pût dépendre de la versatilité et de la sottise des foules, que les corporations d'artisans et de marchands puissent s'arroger le droit de gouverner et de légiférer, que le destin d'un État pût être confié à l'inconscience, à l'ignorance, à la faiblesse, à l'inconstance, à l'impulsivité puérile ou au machiavélisme tortueux des assemblées publiques, comment aurait-il accepté cela, lui qui s'estimait être, tout autant que le pape, le vicaire de Dieu sur la terre ? Sans doute prévoyait-il aussi ce qui allait arriver ; que le gouvernement du peuple donnerait naissance, fatalement, à la tyrannie, que le « capitaine du Peuple », chef de la « compagnie du Peuple » — milice, garde civique —, abusera de ce pouvoir militaire qu'on lui attribue pour devenir au-dessus des rivalités de classes et des factions partisanes, le véritable maître de la ville, le *tyran*. Cette tyrannie qui ne peut revendiquer aucun droit, sinon l'aveuglement populaire et la force brutale, est aussi détestable à ce grand aristocrate, qui croit à la noblesse de naissance, à la « noblesse de Dieu », que les palabres enflammés des communes et leurs insurrections armées. Suivant le cours normal, il est à peu près inévitable que la tyrannie découle de la démocratie ; l'histoire des communes italiennes en fournit d'abondants exemples, et le génie politique du Hohenstaufen pressentait quel serait le processus que suivrait en Italie ce mouvement « communiste », ou, pour mieux dire, communal.

Affranchies de la tutuelle seigneuriale, ivres de leur

indépendance, les communes s'imaginent qu'elles tiendront en échec la puissance de l'empereur ainsi qu'elles l'ont fait de l'aristocratie locale. De grandes villes comme Milan, qui a près de 200 000 habitants à cette époque, comme Bologne qui centralise toute la richesse de la Romagne, comme Gênes, où les armateurs sont rois, comme Pise, où l'Ordre de la Mer et l'Ordre des Marchands ont renversé l'autorité de l'Ordre des Chevaliers, se grisent de leur neuve autonomie, bravent toute autre puissance, celle de l'Église comme celle de l'Empire. A Florence le gouvernement ne devient vraiment *populaire* qu'après la mort de Frédéric II, c'est-à-dire avec un retard de presque un demi-siècle sur le reste des villes « libres ». Florence garde certains caractères aristocratiques, et les Toscans sont plus agréables à l'empereur que les Lombards dont Fra Salimbene disait, quoique Lombard lui-même et guelfe, qu'ils « sont gens très tortueux et très variables ; quand ils parlent d'une façon, ils agissent d'une autre. Ils ressemblent aux anguilles ou aux murènes ; plus vous serrez les mains pour les retenir, plus vite ils vous échappent[33] ».

La ligue lombarde enfin, qui représente la coalition des communes contre l'Empire, la conjuration des démocraties rebelles contre la monarchie de droit divin, résume toutes les raisons qu'a Frédéric II de vouloir la destruction de cette calamité. Arracher cette mauvaise herbe de la liberté se présente comme une urgente nécessité. C'est le devoir de l'empereur d'exterminer les hérésies politiques, comme c'est celui du Saint-Siège de traquer les hérétiques selon l'esprit. Les intérêts du pape et ceux de l'empereur sont semblables, en cette affaire, car les communes se débarrassent aussi volontiers de l'autorité du clergé, surtout du haut clergé, que des seigneuries laïques. Les communes enfin, par la licence qui y règne et l'abus qu'y fait le peuple du mot de liberté, sont devenues le refuge de toutes les sectes condamnées. En

Lombardie surtout. C'est à Milan que les patarins et les cathares peuvent exercer librement leur apostolat, au détriment de la vraie foi et du prestige de l'empereur, protecteur de la foi.

Souhaitant une action commune contre les villes rebelles, hospitalières à l'hérésie, Frédéric II invite à plusieurs reprises le pape à sévir contre ce fléau. A son retour de Jérusalem, déjà, il avait demandé à Grégoire IX de les morigéner. Mais c'est de Spire que part, le 16 avril 1236, la fameuse lettre dans laquelle, sur un ton à moitié déférent, à moitié moqueur et menaçant, il prie le pape de maintenir l'ordre en Italie puisque, « me trouvant en Allemagne, je ne peux pas voir partout avec mes yeux de lynx, ni faire entendre partout le son de ma voix[34] ». Il y a quelque arrogance dans la désinvolture avec laquelle il feint de considérer le Souverain Pontife comme son lieutenant, et le sous-entendu qu'il y apporte : « Maintenez l'ordre et la discipline dans les consciences, le reste viendra par surcroît. » Le 24 juillet de la même année, enfin, s'adressant cette fois à l'Italie elle-même, il précise la position de l'Empire par rapport au Saint-Siège, et de ces deux puissances unies par rapport à la population italienne. Ce message, d'une remarquable hauteur de pensée, peut être regardé comme le résumé de toute la politique frédéricienne. L'empereur y parle avec une dignité, une fermeté, une noblesse vraiment impériales. Tout son idéal de chef s'y exprime, sans emphase, sans vaines paroles, avec une conviction lucide et résolue. On sent que ce texte est le résultat de longues méditations, et que ce sont tous les rêves de toute une vie qui s'y manifestent, avec un accent d'espoir et de confiance, dont, après tant de siècles, on ne peut manquer d'être ému.

« Rendez à Dieu ce qui est à Dieu, à César ce qui est à César ; bien loin d'être pesante, l'autorité qui ne met sa gloire que dans le règne de la paix et de la justice, est légère aux peuples. La lumière qui rayonne du sceptre impérial illumine le peuple chrétien dans les choses de la terre, mais sa puissance est le support de la foi catholique, puisqu'il en défend les fondations, c'est-à-dire l'Église notre mère contre l'incrédulité des hérétiques et les blasphèmes des impies. Si la Providence du Sauveur a conduit mon heureuse marche de manière si généreuse et si prodigieuse, que le royaume de Jérusalem, tombé dans l'héritage de mon fils Conrad comme le splendide royaume de Sicile, qui m'est venu de ma mère, de même que le corps puissant de la nation allemande, sont tous rassemblés sous notre loi, dans la paix la plus parfaite, c'est certainement parce que cette partie intermédiaire de l'Italie, aussi, qui est nôtre par héritage comme tout le monde le reconnaît, doit revenir dans notre obédience et dans l'unité de l'Empire. Ainsi pourrai-je ensuite porter secours à la Terre Sainte qu'il est de mon devoir de protéger[35]. »

En même temps, il envoie à tous les souverains d'Europe son manifeste antidémocratique, dénonçant la pestilence que sont les communes, et avertissant les princes que leurs États aussi, après l'Italie, risquent d'en être contaminés. Il leur propose donc une sorte de Sainte-Alliance contre cette révolution commençante, localisée pour le moment dans la Péninsule, qui, si l'on n'y prend grade, envahira le monde entier. On croit entendre le cri d'alarme des monarchies contre la Révolution française, ou celui des nations capitalistes contre le bolchevisme de 1918. Dans ce document, Frédéric II se présente comme le champion de la monarchie de droit divin contre l'hydre révolutionnaire, et il presse ses « cousins » de participer à cette nouvelle sorte de croisade. Certains rois le comprennent si bien que, même s'ils ne lui apportent aucun appui matériel, dont il n'avait d'ailleurs pas besoin, ils lui donnent leur acquiescement de principe. « Je suis de cœur avec vous », écrivent certains, et Henri III d'Angleterre va plus loin, qui affirme : « Je considère votre cause comme la mienne, et je voudrais prendre les armes pour combattre à côté de vous[36]. »

Contrairement à ce qu'on pouvait attendre de cet appel à l'union, le Saint-Siège fait la sourde oreille. Non seulement il n'entre pas dans cette Sainte-Alliance où sa place semble marquée, mais encore il s'y oppose de toutes ses forces, et par les assurances qu'il donne aux guelfes, par la propagande que mène son légat Giacomo di Palestrina, il refuse ce rôle de « brillant second » que Frédéric voulait lui faire jouer. Le mouvement communal, tout hostile qu'il est, en général, au Saint-Siège, lui paraît moins dangereux que la *prepotenza* de l'empereur. La lettre de Spire, en effet, contient des menaces pour l'intégrité du Patrimoine, sur lequel, Grégoire IX le sait bien, Frédéric a des vues. Une association défensive entre le Vatican et les communes serait assez inattendue, et paradoxale, puisqu'il y a d'un côté l'« autorité », et de l'autre, la « révolution », mais le pape redoute l'empereur plus encore que les communes, et ce qu'il craint par-dessus tout, c'est que l'Empire n'acquière une puissance si grande, après avoir défait les communes, que le Saint-Siège se trouve alors absolument impuissant et sans défense contre lui. Grégoire IX affecte donc, en réponse à ce manifeste antidémocratique, de prendre la défense de l'Italie, menacée par cet Allemand, en même temps que de l'indépendance pontificale entamée par les audaces de l'empereur.

Frédéric II avait défini à sa manière les relations de la Papauté et de l'Empire. Grégoire IX va lui répondre, sur le même ton, également hautain et assuré, qu'il n'est pas de son avis, et rétablir, selon sa propre conviction, les rapports qui doivent exister entre le pouvoir spirituel et le pouvoir temporel. Il parle en théologien, en défenseur du Patrimoine, mais aussi en politique, en homme d'État, et il dit, sans ambages, que bien loin de lutter à côté de l'empereur contre les communes il s'opposera de toutes ses forces aux entreprises de l'Allemagne contre l'Italie, aux empiètements de la tyrannie sur les justes libertés des villes.

« Il est connu et manifeste que Constantin, détenteur de la monarchie universelle, a voulu, avec le consentement du peuple romain et de l'Empire romain tout entier, que le successeur du Prince des Apôtres, qui avait l'autorité sur le sacerdoce et sur les âmes de tous les fidèles, eût aussi le gouvernement des corps et des choses dans l'univers tout entier, pensant que celui-là seul qui avait reçu de Dieu le soin des choses célestes sur la terre, devait aussi administrer les choses terrestres. C'est pourquoi le sceptre et les insignes impériaux ont été de tout temps confiés au pontife romain, en même temps qu'à Rome, à toutes ses terres, et à l'Empire tout entier considérant infâme qu'un seigneur terrestre puisse exercer une autorité quelconque en un lieu où le chef de la religion chrétienne a été établi par notre Divin Sauveur[37]. »

On entend, ici, une allusion assez nette à la fameuse Donation de Constantin, dont on ne commençait pas encore à débattre si elle était authentique ou apocryphe, et qui servait de document de base au Saint-Siège pour revendiquer la totalité de la puissance temporelle, en même temps que de la puissance spirituelle. Grégoire IX s'insurge contre l'application que fait Frédéric II de la parole du Christ : « Rendez à César... », qui justifie, en effet, cette séparation des pouvoirs dont il se réclame. Exagérant les dispositions de la soi-disant Donation de Constantin, Grégoire IX en tire argument pour affirmer avec outrance, et avec une certaine violence de langage qui, en elle-même, déjà, était une provocation, la subordination du pouvoir temporel au pouvoir spirituel. « Et tu attentes aux droits du Siège Apostolique, à la dévotion que tu lui dois, et à ton honneur même en méconnaissant la puissance qui t'a fait ce que tu es[38]. »

Qu'un empereur allemand, animé de la vigoureuse

volonté de puissance des Hohenstaufen, puisse admettre qu'il tenait la dignité impériale du seul couronnement par le pape, était une absurdité ; le pape savait que Frédéric II sursauterait en lisant ces phrases outrageantes et celles qui les accompagnaient : « Tu oublies que les prêtres de Dieu sont les pères et les seigneurs de tous les rois et de tous les princes chrétiens. » Il était impossible de poser avec plus de brutale intransigeance des principes contre lesquels l'Empire s'était toujours élevé. On peut croire que le pape, connaissant le caractère de Frédéric, cherchait la bataille, quand il le souffletait de ces injurieux propos : « Où prends-tu l'audace de juger nos décisions, desquelles le Ciel seul est juge, quand tu vois les têtes des rois et des princes s'incliner sur les genoux du prêtre, quand tu sais que l'empereur chrétien doit se soumettre dans ses actes non seulement au Pontife romain, mais même aux simples évêques[39] ? »

Grégoire IX estimait probablement que le conflit latent entre l'Empire et le Saint-Siège ne pouvait être résolu que par les armes, et il pensait que le moment était propice pour cela. Frédéric ne pourrait pas faire face à deux ennemis à la fois, au pape et aux communes ; il lançait donc ses flèches, certain que leur venin perfide et brutal en même temps provoquerait le sursaut de dignité offensée, d'indignation, de colère, d'où la guerre découlerait inévitablement.

Frédéric vit le piège et se garda bien d'y tomber. Il feignit donc d'ignorer la provocation, remettant à plus tard la réponse et la vengeance. Il fallait d'abord en finir avec les communes, contre lesquelles il était en guerre depuis deux mois déjà, et il n'avait pas de troupes de reste pour envahir le Patrimoine. Il se contenta d'accroître sa propagande chez les Romains, parmi lesquels il comptait de nombreux partisans et alliés. Certaines grandes familles, comme les Colonna, les Frangipani, avaient embrassé ouvertement la cause de l'empereur. Leur gibelinisme les rendait suspectes à la Curie, mais l'entourage du pape même était gagné par ces idées nouvelles, et se montrait sympathique, en partie, aux ambitions de Frédéric. La noblesse romaine était traditionnellement partagée en deux camps ; celui auquel appartenait le pape en fonction, avec ses parents, ses alliés, ses cousins proches ou lointains, et le camp du prétendant que le conclave avait repoussé, et qui entrait, de ce fait, dans l'opposition. Frédéric II pouvait donc compter non seulement sur l'assistance de ses propres amis, mais encore sur celle de tous les ennemis de Grégoire IX.

Il pouvait d'autant moins accepter le défi lancé par le pape, qu'il ne disposait alors que d'une armée insuffisante. Il n'avait en effet avec lui que trois mille lances quand, parti d'Augsbourg le 11 juillet, il se présenta devant Vérone un mois plus tard. L'armée guelfe l'attendait de l'autre côté du Mincio. Hardiment, il se lança dans le fleuve, haussant la bannière impériale, et toute sa cavalerie le suivit. Il avait affaire à forte partie. Les Vénitiens, le comte de Mantoue, le marquis d'Este marchaient avec les communes. La ligue lombarde formait un front puissant, constitué par les milices populaires, les « compagnies du Peuple » des villes, et les régiments que leur avaient loués des condottieri soldés ou que des seigneurs amis amenaient à leur secours.

La ligue obtint un premier succès assez important, en enlevant la forteresse de Rivalta, point stratégique précieux, où commandait le général impérial Ezzelin de Romano. C'est une curieuse figure que celle de cet Ezzelin, devenu le gendre de l'empereur par son mariage avec sa fille naturelle Selvaggia. Prodigieux précurseur des Malatesta, ces terribles et fastueux seigneurs de Rimini, Ezzelin est tout à la fois un homme du Moyen Age et un homme de la Renaissance. Plein d'énergie, d'une audace inouïe, fertile en stratagèmes et d'une déconcertante férocité, c'était un très grand homme de guerre, et, certainement, le plus utile de tous les alliés italiens ; aussi l'empereur lui avait-il donné sa fille pour épouse afin de se l'attacher par des liens plus puissants qu'une simple association d'intérêts politiques.

Frédéric II, arrivant subitement avec ses cavaliers, contre-attaque ; les régiments de Padoue, de Trévise, de Vicence, qui croyaient déjà tenir la victoire, se débandent devant cet assaut furieux. Vicence est pris, pillé et incendié. Après cet échec, les alliés vénètes de la ligue lombarde se tinrent tranquilles pendant quelque temps, et l'empereur s'en alla mettre à la raison le duc d'Autriche, Frédéric le Batailleur. Ce prince « orgueilleux et inquiet », dit Hampe, aspirait à une souveraineté que Frédéric II lui disputait, souhaitant lui-même conquérir l'Autriche pour la soustraire au mécanisme féodal et la mettre sous la dépendance directe de l'administration impériale. Cet État, qu'il aurait rattaché à son patrimoine héréditaire de Souabe à l'Alsace, qui était une de ses possessions préférées, à la Franconie, aurait été l'amorce de ce royaume centralisé, de cette monarchie absolue qu'il rêvait de substituer en Allemagne à la mosaïque d'États indépendants qui constituaient le Saint-Empire. Mais le destin ne permit pas aux Hohenstaufen d'accomplir ce dessein qui devait être le grand accomplissement des Habsbourg. Les affaires d'Autriche l'obligèrent à passer en Allemagne l'hiver de 1236-1237, et il ne put reprendre les opérations contre la ligue lombarde qu'au printemps suivant.

Le printemps fut employé à « pacifier » la Vénétie, c'est-à-dire à installer dans les villes vénètes qui avaient eu l'imprudence de s'allier à Milan, des garnisons sarrasines sous les ordres du terrible Ezzelino qui fit peser sur Padoue le joug effrayant dont les chroniques ont conservé le souvenir. Il passa ensuite l'été à rassembler ses régiments allemands et arabes, et, au mois de septembre, il entre en campagne. Il n'a pas plus de quinze mille hommes avec lui, parmi lesquels deux mille lances allemandes et huit mille Sarrasins. Le 1er octobre, il prend Mantoue, puis il marche sur Brescia en dévastant tout ce qui lui fait obstacle. Le

9 novembre, il prend contact avec les Milanais, sur les bords de l'Oglio, près de Pontevico. Le 22, profitant de ce que les troupes de la ligue hésitent et n'osent passer à l'offensive, il se jette dans le fleuve avec ses cavaliers, atteint la route de Brescia à Soncino, et se présente sur les derrières de l'armée lombarde, à laquelle il coupe le chemin qui conduit à Milan. Désorientés, les Milanais tâtonnent, et brusquement, le 26 novembre, alors qu'ils installent leur camp dans la plaine de Cortenuova, Frédéric se jette sur eux à la tête de ses janissaires et de ses chevaliers.

La vue de l'énorme éléphant, cadeau de Malek al Kamil, qui porte sur son houdah les étendards impériaux, les clameurs des Arabes, le tintamarre des trompes orientales et des tambourins, étourdissent les Milanais qui plient sous le choc. La tactique imprévue dont usent les Arabes déconcerte les vieux condottieri au service de la ligue, les compagnies populaires s'émiettent, reculent et s'enfuient devant la furie de l'armée frédéricienne. Ils abandonnent tout, leurs tentes, leurs bagages, leurs armes, et même leur « carroccio », c'est-à-dire le char qui porte les insignes des villes libres, le char qui est le symbole de la puissance de Milan, le palladium. Perdre son carroccio, pour une ville italienne, c'est à la fois un désastre et un déshonneur. Lorsque le carroccio est pris, la bataille est irrémédiablement perdue...

Quand Frédéric II revint triomphalement à Crémone, à la tête de ses troupes victorieuses, au lieu des bœufs traditionnels, c'était l'éléphant qui traînait le carroccio de Milan, dont, image de la défaite, le mât était brisé et traînait sur le sol. Les prisonniers de marque étaient attachés au char symbolique et sacré, le podestat de Milan, et un général vénitien, fils du Doge. La foule des captifs suivait, chargée de chaînes. Il ne manquait rien à ce triomphe, que Frédéric avait composé à l'imitation du triomphe de César, dont Mantegna, deux siècles plus tard, peindra le fastueux cortège, pour égaler la « parade » solennelle des imperators. Ni le butin, porté à dos d'hommes, ni les esclaves prisonniers, ni les timbales, ni les buccins, rien n'y manquait, sauf, peut-être, l'esclave qui avait pour mission de marcher derrière le triomphateur en le couvrant d'injures et de moqueries, pour lui rappeler que tous les jours ne sont pas des jours de victoires.

Puis, quand le magnifique cortège eut fait le tour de la ville, Frédéric envoya le carroccio à Rome, comme signe de sa victoire, comme signe de son amitié pour le peuple romain, et aussi, probablement, pour montrer à tous, et au pape d'abord, que le successeur des Césars considérait Rome comme sa capitale *morale.* Ce geste était lourd de significations. Il était en même temps un défi au Saint-Siège, une faveur faite aux Quirites, et, pour ainsi dire, la pose de la première pierre de cet *Empire romain* que Frédéric entendait instituer ; construction politique née d'un grand rêve, à la fois ancienne par le retour aux formes traditionnelles, et neuve par tout ce qu'elle impliquait d'idées audacieuses, de créations personnelles. Dans l'esprit de Frédéric, Rome n'était plus le siège de la Papauté, mais la capitale des empereurs. Il avait proclamé la coexistence des deux pouvoirs, à la condition que le pouvoir spirituel serait subordonné au pouvoir temporel et servirait docilement sa politique.

Pour affirmer cette nouvelle conception de l'Empire, bien différente de celle qui avait donné naissance au Saint-Empire germanique, il lui fallait Rome. Si le pape ne consentait pas à y demeurer, comme « brillant second » et chapelain soumis, le pape serait chassé de Rome : Frédéric avait dans la ville assez de partisans et d'alliés, chez les nobles, pour l'en expulser sans peine. Quant au peuple, il avait acclamé l'arrivée du carroccio lombard avec des cris de joie parmi lesquels revenait sans cesse le nom de « César ».

Pour recevoir dignement le carroccio, les Romains édifièrent sur le Capitole une sorte d'autel de marbre, supporté par des colonnes antiques décorées d'inscriptions latines à la gloire du nouveau César, et dans ce sanctuaire de la Victoire, on déposa le lourd véhicule doré et peint, qui avait porté les ambitions de la ligue et assisté à son effondrement.

La bataille de Cortenuova avait été une victoire importante, mais la ligue n'était pas brisée pour cela. Les villes secondaires, incapables de résister à l'assaut des Sarrasins et des Allemands, se rendaient plutôt que d'être anéanties, mais les plus importantes résistaient. Frédéric n'avait pris ni Bologne, ni Faenza, ni Milan, entre autres, et Brescia même dont il espérait la chute après la journée de Cortenuova se défendait avec acharnement.

Frédéric laissa passer l'hiver, puis, le printemps venu, il se remit en campagne. Pour que cette nouvelle action fût décisive, il rassembla une armée plus nombreuse. Il voulait aussi que, dans cette armée, fussent représentés les rois et les princes dans l'intérêt desquels il combattait l'*hydre de la liberté.* La guerre contre la ligue lombarde, en effet, a une portée symbolique, tout autant qu'une valeur pratique. J'ai dit que Frédéric préparait une « sainte alliance » contre les communes ; dans cette sainte alliance, il voulait faire figurer les principaux représentants de la monarchie, le roi d'Angleterre, le roi de France, le roi de Hongrie, le roi de Castille, et l'empereur grec. Celui-ci était tout à sa dévotion, ayant épousé une fille de l'empereur. Henri III avait promis son concours au moins moral. Saint Louis se réservait. Il n'aimait pas beaucoup cette allure de « guerre sainte » donnée à une opération politique. Les éléments paganisants du triomphe de Frédéric l'inquiétaient, et il voyait grandir en lui une puissance redoutable, par sa force matérielle comme par ses idéaux, si différents de l'idéal chrétien qui était le sien. Sans doute les monarques européens n'étaient-ils pas assez avancés aussi pour comprendre la géniale hardiesse de cette entreprise.

Ce n'était pas une guerre comme les autres. Jusqu'à présent on s'était battu par intérêt, par orgueil, par ambition. Les croisades avaient donné l'exemple de guerres désintéressées — pas toujours, à vrai dire — dont la finalité était religieuse, spirituelle. La guerre que prépare Frédéric opposera non plus des intérêts, des nations, ni des races, mais des principes. Ce sera une sorte de croisade, si l'on veut, une croisade de l'idée monarchique contre les ferments de désagrégation que portent les ambitions populaires, démocratiques et révolutionnaires des communes. Frédéric, qui voit plus loin que ses contemporains, comprend la nécessité de barrer la route à cette épidémie, de même que, plus tard, quand les Mongols de Batou arriveront au seuil de l'Occident, il provoquera une coalition des États européens pour les arrêter et les rejeter dans leurs steppes originelles.

On dirait que Frédéric, en sa qualité d'empereur, se considère comme chargé de la responsabilité de l'ordre européen, de la défense du principe monarchique. Contre tout ce qui menace cet ordre, que ce soient les communes à l'intérieur, ou les Mongols à l'extérieur, il a le devoir de prendre les armes et d'inviter les autres souverains à en faire autant. Aussi cet homme, par ailleurs si tolérant en matière religieuse, devient-il d'une farouche intransigeance quand on touche au domaine que sa « mission divine » lui a prescrit de protéger. Ce n'est pas par ambition personnelle qu'il agit, ni par hostilité propre, mais avec une sorte de conviction morale, de certitude intellectuelle, comme pourrait l'être par exemple celle d'un médecin chargé de combattre une épidémie mortelle. A cet égard, la démocratie lui paraît encore plus dangereuse que les Mongols, car elle est un mal intérieur, qui menace du dedans l'organisme européen, et qui a son origine dans cet organisme lui-même. Aussi n'aura-t-il pas de repos avant d'avoir « arraché cette mauvaise herbe ».

Une armée beaucoup plus considérable que celle qu'il avait mise en ligne à Cortenuova, se réunit à Vérone sous les ordres de son fils Conrad ; elle dispose de puissantes machines, contre lesquelles les fortifications ne résisteront pas. Cette « artillerie » est organisée et dirigée par un célèbre ingénieur grec qu'Ezzelino a pris à son service, et qu'il a fait enchaîner pour être sûr qu'il ne se sauverait point. Le malheur voulut que les gens de Brescia, dont on assiégeait la ville, firent un jour une sortie juste à l'endroit d'où Calamandrinos dirigeait le tir des balistes et des catapultes, et firent prisonnier le grand poliorcète. C'était une bonne prise : Calamandrinos n'avait aucune raison de servir Frédéric plutôt que la ligue, et gardait, par surcroît, un mauvais souvenir du traitement qu'Ezzelino lui avait infligé. Il passa donc sans scrupule au service de l'ennemi qui lui offrit beaucoup d'argent, une belle maison et une femme, s'il consentait à leur prêter ses talents. A partir de ce jour, le génie de Calamandrinos se retourna donc contre son ancien général, les machines qu'il avait inventées protégèrent les murs de Brescia, et pulvérisèrent le camp impérial.

Pour couvrir leurs assauts, les Impériaux attachèrent aux tours roulantes des prisonniers brescians, mais ceux-ci, avec un héroïsme digne de l'Antiquité, exhortaient leurs compatriotes à ne pas se soucier d'eux et à incendier les tours avec leur feu grégeois. Le siège traînait en longueur. Les alliés s'impatientaient ; beaucoup commençaient à retourner chez eux. Ils ne savaient pas pourquoi ils se battaient, et comme les lois féodales ne permettaient pas de retenir les vassaux au-delà d'un certain laps de temps, Frédéric II se vit, au bout de quelques mois, entouré de ses seules troupes personnelles, qui constituaient son armée permanente, et qui n'étaient plus suffisantes pour l'opération de grande envergure qu'il avait combinée.

Au moment même, d'ailleurs, où il hésite à poursuivre les

opérations avec une armée aussi diminuée, l'orage que brasse contre lui la rancune de Grégoire IX, s'amasse au-dessus de sa tête ; tandis qu'il s'entête à assiéger vainement la citadelle imprenable de Brescia, deux coups de tonnerre éclatent dans ce ciel assombri. Le pape a excommunié l'empereur. Le pape s'est mis à la tête d'une « sainte alliance » lui aussi, pour exterminer le souverain dans lequel le Saint-Siège voit l'Antéchrist.

VIII

« Un monstre est sorti de la mer... »

« ... Un monstre est sorti de la mer qui, avec les pattes de l'ours et la gueule du lion, ressemble au léopard ; sa bouche ne s'ouvre que pour blasphémer Dieu et les saints...[40] » Tel est le portrait que Grégoire IX trace aujourd'hui de l'empereur Frédéric II. La guerre est déclarée. Guerre dans laquelle le pape va se servir de toutes les armes que l'Église met à sa disposition, l'anathème, l'excommunication, l'injonction lancée à tous les peuples et à tous les princes chrétiens de prendre les armes contre le *monstre.* Il délie ses sujets du devoir d'obéissance, il les incite à la révolte, il bénit leur insurrection. Puisque la collaboration pacifique des deux pouvoirs est irréalisable, le temporel et le spirituel vont mesurer leurs forces. Dieu fera triompher le bon droit.

Avant de faire marcher les armées, le pape ouvre les hostilités avec des lettres, des encycliques, des mandements : il veut convaincre l'Europe de la culpabilité de l'ennemi contre lequel il va la lancer. Dans les accusations qu'il entasse, le vrai et le faux se mélangent, les justes griefs se confondent avec les injures, les imputations calomnieuses, les exagérations et les invraisemblances. Frédéric II, il est vrai, a prêté le flanc, par son *épicurisme*, sa sympathie pour les musulmans, sa liberté de pensée, son insouciance du *qu'en-dira-t-on*. Qu'il soit sodomite, qu'il ait un harem... c'est possible. Qu'il nie la divinité du Christ et la Virginité de sa Mère... c'est probablement un racontar absurde. Qu'il se conduise, en guerre, avec une cruauté inhumaine... c'est vrai, mais c'est nécessaire, et les autres en font autant. Grégoire IX ramasse tous les arguments de droit, tous les prétextes spécieux, mais sa colère est si grande que même dans une discussion juridique sérieuse et serrée, il éclate tout à coup en imprécations violentes, en insultes ordurières. Le monde atterré assiste à ce duel par lettres des deux puissances auxquelles Dieu a confié la paix de l'Europe.

Frédéric est moins violent ; plus maître de lui, il use de l'ironie plutôt que de l'invective. Alors que le pape s'adresse aux masses qu'il veut émouvoir, l'empereur se préoccupe davantage de convaincre une certaine élite intellectuelle dont l'opinion compte pour lui. Ses lettres ont un ton modéré, respectueux même, au début de la querelle surtout, mais on y sent la flèche empoisonnée de la moquerie, qui irrite son bouillant adversaire, comme les banderilles le taureau furieux. Frédéric veut se justifier ; si l'on en vient aux armes, du moins aura-t-il convaincu auparavant les « neutres » de la légitimité de sa cause. « Si le Père apostolique a résolu de nous offenser si gravement, malgré notre patience à supporter les affronts, la violence d'une pareille action nous obligerait d'avoir recours à ces châtiments que les Césars savent appliquer. Cependant, en considérant la précipitation de celui qui nous provoque et notre répugnance à devenir l'offenseur, nous aimerions mieux qu'il nous fût possible d'exercer d'égal à égal une vengeance privée, en obtenant satisfaction aux dépens de l'homme qui cause ce scandale et des membres de sa famille, en sorte que l'outrage qui nous est fait retombât sur lui et les siens. Mais comme ni lui ni toute sa race ne valent pas la peine que la dignité impériale soit jalouse de s'en prendre à eux, comme il tire son audace de l'autorité qui s'attache à son siège, comme la réunion de tant de vénérables frères semble l'encourager dans sa funeste obstination, nous sommes troublé jusqu'au fond de l'âme, puisque, étant décidé à nous défendre contre notre persécuteur, il nous faut atteindre en même temps ceux qui nous résistent[41]. »

Le pape ne se contente pas d'écrire : il agit. A cette lettre hautaine, dédaigneuse, menaçante, Grégoire IX répond par un coup de massue. Le dimanche des Rameaux, dix jours plus tard, il prononce l'excommunication et l'anathème, et lance l'interdit sur la ville de Padoue où Frédéric tient sa cour. En même temps, il signe un pacte d'alliance avec Milan, représentant la ligue lombarde, Venise et Gênes. Grégoire IX a prévenu les Milanais qu'il commandera lui-même, sous l'armure et au premier rang, les troupes de la ligue.

Frédéric II ne répond pas au décret d'excommunication, mais il se retourne vers les Romains, comme si la solution dépendait d'eux. Acte extrêmement habile, car il vient menacer le pape chez lui, au milieu des siens, et sa lettre aura pour résultat de déchaîner une guerre civile, à la suite de laquelle, en effet, le pape sera obligé de quitter la ville. Cette lettre signée : « Fredericus romanus » dit entre autres choses : « Je suis surpris que dans la ville de Romulus il ne se soit pas trouvé parmi les Quirites un patricien qui protestât contre l'injure faite à l'empereur romain, au bienfaiteur du peuple...[42] »

Grégoire IX réplique en suscitant au cœur de l'Allemagne un antiempereur. Il a donné des instructions pour cela à Albert de Beham, un aventurier d'une certaine envergure qui a reçu du Saint-Siège la mission de créer, dans le sein de l'Empire, toutes les difficultés possibles à l'empereur.

Beham, qui a le talent de l'intrigue, s'abouche avec les vieux ennemis de Frédéric II, Frédéric le Batailleur, qui se ressent encore de sa défaite de 1237 et voudrait bien en tirer vengeance, le roi de Bohême Wenceslas, le duc de Bavière, Otton l'Illustre, le landgrave de Thuringe, Heinrich Raspon, le margrave de Brandebourg... Grégoire IX a dressé adroitement son plan de bataille. Pendant que la guerre civile se déchaînera en Allemagne, la Sainte-Alliance pontificale envahira le royaume de Sicile. Incapable de combattre sur deux fronts en même temps, en Allemagne et en Italie, Frédéric sera vaincu. Gênes et Venise attaqueront par mer, la ligue lombardo-pontificale par terre. Les opérations ne traîneront pas, et l'on se partagera le butin. Chacun savoure d'avance sa part du festin.

L'empereur n'est pas homme à se laisser battre aussi facilement. Avec une merveilleuse promptitude, il rend coup pour coup, et frappe le Saint-Siège aux points les plus vulnérables. C'est ainsi qu'il s'adresse aujourd'hui aux cardinaux, comme il s'adressait hier au peuple romain, pour les détacher d'un Pontife qui trahit sa mission. « Qu'ils usent de leur influence pour lui inspirer de la modération et arrêter ses projets insensés, afin d'éviter à l'Église un scandale affreux, car il sera, lui, obligé, pour la défense de son propre droit, de répondre à l'offense par l'offense, à la violence par la violence[43]. »

Voici donc le clergé tiraillé de part et d'autre par cette propagande furibonde. En Allemagne, les évêques restent en grande majorité fidèles à l'Empire, malgré les vociférations contre ce « nouvel Hérode ». Ils répondent avec beaucoup de prudence que « s'ils doivent comme fils de l'Église et prélats un respect filial au pape, ils ne peuvent manquer à la fidélité qu'ils doivent à l'empereur, en tant que princes de l'Empire, et davantage encore à l'Empire lui-même...[44] ». C'est porter le débat sur un terrain brûlant ; en suscitant un anti-César, le pape agit en ennemi de l'Empire, tout autant que de l'empereur, et le clergé allemand a donc le droit de ne pas le suivre dans cette entreprise coupable. De toutes façons, les évêques se refusent à prendre parti, et «considèrent de leur devoir de porter un égal respect à l'une et à l'autre puissance, puisqu'ils ne pourraient remplir tout leur office, s'ils trébuchaient de l'un ou de l'autre côté[45] ».

Assuré de ce côté contre le danger d'un schisme politique, Frédéric put se consacrer entièrement à la défense du royaume de Sicile. Malgré l'excommunication, il exigea que les offices religieux fussent célébrés comme si le pape n'avait rien dit. Le clergé sicilien continua sa vie ordinaire, et l'on oublia bientôt dans le royaume qu'il y eût à Rome un pape, tant l'Église sicilienne se sentait unie autour de son roi, au point de consentir au schisme, ou, du moins, à la dissidence, puisqu'il le réclamait. Lorsqu'il eut mis l'Ile et la Terre Ferme en état de résister victorieusement à toute agression, l'empereur, à qui cette position d'expectative, de défensive, ne convenait pas, se décida à agir le premier et à frapper avant son adversaire. Au mois de décembre, il prit le commandement de son armée et, à la tête de ses régiments où les musulmans marchaient coude à coude avec les chrétiens, il envahit le Patrimoine de Saint-Pierre.

Le jour de Noël, il entre dans Pise, assiste à la messe, malgré l'interdit qui le suit partout où il va, et monte en chaire pour prêcher. L'interdit, cette mesure si grave, si efficace, naguère, est demeuré sans effet. En Allemagne on l'ignore, en Italie on le brave. Dans les villes fidèles à l'empereur, le peuple oblige les prêtres à célébrer la messe s'ils essaient de refuser. Les Chevaliers teutoniques se sont ralliés à l'empereur. Malheureusement le vieil Hermann de Salza qui avait si souvent aplani les différends entre Frédéric II et le Vatican est mort le jour même où Grégoire IX prononçait l'excommunication de l'empereur. Sa médiation si subtile, si intelligente, si modérée — c'était un homme d'un grand génie politique — fera cruellement défaut aux deux parties dont il savait si bien apaiser les violences et concilier les intérêts.

Aujourd'hui il n'y a plus d'intermédiaire, plus d'intercesseur entre ces deux souverains également passionnés, audacieux et obstinés. Le pape a revêtu son armure, et marche à la tête de l'armée lombarde. La guerre se déchaîne dans toutes les provinces. Les fils de Frédéric et ses gendres, Enzio, que les Italiens ont surnommé Falconello, le « petit faucon », Conrad, Manfred, Ezzelino de Romano, Vatatzès, l'empereur grec, commandent les armées impériales qui opèrent dans la marche de Trévise, dans la marche d'Ancône, dans le duché de Spoleto, dans le royaume de Naples où les Vénitiens viennent de débarquer leurs troupes, en Toscane. A partir du moment où Frédéric est entré dans les États pontificaux, la résistance faiblit. Il va de victoire en victoire. Il prend Viterbe, il prend Tivoli, d'où l'on aperçoit les clochers de Rome. C'est Auguste triomphant qui revient rétablir dans sa Ville, « les aigles victorieuses, les anciens faisceaux de l'Empire et les lauriers triomphateurs ».

Ce langage qui ressuscite les grandeurs de la Rome antique, enflamme l'enthousiasme de ceux que Frédéric, dans ses lettres, appelle les *Quirites*. Les agents de l'empereur n'ont pas de peine à surexciter cette foule nerveuse, turbulente, impatiente. On crie dans les rues : « César vient, ouvrons-lui les portes. » C'est la même atmosphère folle, irritée et joyeuse que lors de la sédition de l'année précédente, quand les Frangipani gibelins, maîtres de la cité, en ont expulsé le Souverain Pontife ; celui-ci est revenu sous la protection des Colonna, des Orsini, ennemis héréditaires des Frangipani, qui se sont retranchés, pour la guerre civile dans le Colisée et le Théâtre de Marcellus. Ces mêmes Frangipani, Frédéric exhorte le peuple de Rome à les nommer proconsuls et à les lui envoyer comme ambassadeurs, pour qu'ils prennent ensuite possession de la Ville au nom de l'empereur de Rome.

Grégoire IX reconnaît que la partie est perdue. Il a lutté de toutes ses forces. Lorsque le Patrimoine a été menacé, il est rentré à Rome pour la défendre, mais il sent aujourd'hui que la ville fait cause commune avec l'ennemi. Les aigles impériales flottent sur les hauteurs de Tivoli. Quand les escadrons sarrasins et les reîtres allemands descendront vers la Ville, il n'y aura personne qui puisse leur barrer la route. Mais, à cette heure où la situation paraît désespérée, quand tous les secours humains ont fait défaut, le pape s'adresse à Celui qui ne laisse pas sans protection ses serviteurs. Le pape fait appel aux protecteurs mystérieux de la Ville. Dans une procession solennelle on promène les reliques insignes, la Vraie Croix, les Chefs des Apôtres, et soudain, ayant fait poser à terre les châsses, le pape se laisse tomber sur ces précieux dépôts comme pour les couvrir de son corps, en criant : « Saints, protégez cette cité que les Romains trahissent ! »

Devant ce spectacle extraordinaire, la foule est brusquement retournée. Avec son habituelle versatilité, en voyant le vieillard épuisé de fatigue et de désespoir, les yeux noyés de larmes, la voix égarée par les sanglots, elle abandonne soudain le parti de César victorieux. Alors qu'elle s'apprêtait à fêter l'entrée de l'imperator, elle court aux armes maintenant pour défendre contre lui cette Rome qu'elle était prête à lui livrer. Traqués par la fureur de la populace, les Frangipani se réfugient dans les monuments antiques où ils s'étaient fortifiés ; leurs complices déposent prudemment les aigles qu'ils arboraient déjà, et Frédéric qui, averti de leurs machinations, escomptait, grâce à eux, une victoire facile, voit les murs de la ville se couvrir de soldats hostiles.

Assiéger Rome ? Bombarder les monuments du passé sacré ? C'eût été un sacrilège. Puisque la Ville n'était pas décidée à se rendre à lui de bon gré, Frédéric passa outre. La prise de Rome n'était pas nécessaire ; elle avait surtout une valeur spectaculaire, et ne présentait d'utilité que si les Romains *se donnaient* à lui, sans contrainte, sans violence. Ce curieux homme, enfin, tout irrité qu'il était de la conduite du pape, respectait trop la Papauté pour commettre un acte d'arbitraire qui le mettrait au ban de la Chrétienté. Les querelles politiques qu'il avait eues avec Innocent III, avec Honorius III, avec Grégoire IX, n'étaient que des différends de souverain à souverain. Les questions religieuses restaient à l'écart du débat. C'était en tant que possesseur du Patrimoine, et non comme chef de l'Église, que Grégoire était son ennemi. Frédéric évita donc ce geste impie et téméraire, qui n'aurait pas été d'une grande utilité et que ses ennemis auraient exploité pour leur propagande.

Le pape, pourtant, avait pris une attitude si nettement hostile à l'Empire que Frédéric II ne pouvait la tolérer ; son autorité finirait par en souffrir. C'était donner un mauvais exemple à l'Europe que de lui montrer cette dispute entre deux pouvoirs qui auraient dû collaborer. Peut-être l'empereur se disait-il, aussi, que Grégoire IX était très vieux, que les fatigues et les soucis du pontificat l'avaient usé, et que bientôt le conclave élirait un nouveau pape, plus docile aux vues impériales.

Grégoire IX avait près de cent ans, mais il avait autant d'energie et de résistance qu'un jeune homme. Il avait gaillardement porté l'armure à la tête des troupes lombardes. Il ne désarmerait pas, certainement, avant que l'adversaire eût capitulé, ou avant que la mort l'eût abattu lui-même ; et à ce moment là, il mourrait en guerrier.

La guerre diplomatique, pourtant, était celle qui lui était le plus favorable, puisque la puissance dont il disposait était surtout morale. Matériellement, l'empereur était plus fort que lui ; spirituellement, le pape disposait de *machines de guerre* contre lesquelles l'adversaire était sans défense. L'excommunication n'avait pas obtenu le résultat qu'il souhaitait, par suite de l'influence considérable exercée par l'empereur sur le clergé allemand, et aussi par suite de cette inclination qu'avait le même clergé à accueillir avec réticence les ordres de Rome. Des tendances presque autonomistes se manifestaient chez lui, ou, du moins, une résistance assez vive à l'ultramontanisme. Il n'était pas encore question de Réforme, quoique l'idée fût dans l'air, même dans les Ordres, mais seulement d'un désir d'indépendance, que l'empereur encourageait, et que confirmait la politique téméraire dans laquelle le Saint-Siège s'était engagé. Si l'excommunication, toutefois, avait été presque inopérante, le pape pouvait faire donner sa « grosse artillerie », *ultima ratio regum :* la déposition.

C'était la dernière ressource ; la plus grave, la plus hasardeuse. Il ne fallait s'y risquer que si l'on était certain du succès. Susciter un antiempereur, les prédécesseurs de Grégoire IX n'avaient pas hésité à le faire, et Innocent III avait joué de cet argument contre Philippe de Souabe ; mais l'aventure n'avait pas réussi à ce pauvre Otton de Brunswick. Grégoire IX se résolut pourtant à cette attitude, car elle lui paraissait la seule chance de victoire qu'il possédât. Maintenant qu'il était menacé dans les États pontificaux eux-mêmes, que Gênes, Venise et Milan avaient été incapables de le protéger contre l'invasion, que les souverains étrangers, même le roi de France, si pieux, étaient manifestement sympathiques à Frédéric, les sanctions religieuses, seules, pouvaient détacher de lui ses alliés et lui aliéner les neutres. Le jour où il serait privé de son autorité, où un autre empereur allemand régnerait à sa place le pape n'aurait plus rien à craindre du danger frédéricien.

Dans toute cette guerre, Frédéric rejoint le pape sur le terrain de combat qu'il choisit et se sert des mêmes armes que lui. Quand le pape lance ses manifestes, et ses lettres insultantes, l'empereur répond de la même encre. Quand le pape arme ses soldats, Frédéric fait avancer ses janissaires. Maintenant que Grégoire IX se prépare à le déposer, l'empereur pare le coup, et riposte en organisant un concile qui déposera le pape.

Le geste est d'une prodigieuse audace. S'il est téméraire, en effet, de vouloir faire nommer un nouvel empereur, il l'est bien davantage encore d'obtenir un nouveau pape ; il faut pour cela un concile particulièrement complaisant. Frédéric peut compter sur la docilité du clergé allemand ; les Français, toujours un peu gallicans, et les Anglais qui ont pris parti franchement dans la ligue anticommunale, suivront probablement les instructions de l'empereur ; reste le clergé italien qui, en dehors du royaume de Sicile, est tout à la dévotion du pape. Mais on peut toujours s'arranger pour que les électeurs hostiles ne puissent pas arriver jusqu'au concile. Ce n'est qu'une question de force et d'habileté.

Frédéric a donc renoncé à prendre Rome d'assaut. Il s'en est consolé en enlevant, au mois d'août 1240, Ravenne (la capitale antique de Théodoric !), et en détruisant Faenza, qui se rend enfin après un siège de huit mois. Ce sont là des succès importants. Le plus décisif reste encore à obtenir ; le conclave qui mettra sur le trône de Saint-Pierre un homme soumis à l'empereur. Et les portes de Rome, alors, s'ouvriront d'elles-mêmes, le cortège triomphal pourra défiler sur la Voie Sacrée, tandis que Frédéric II sera escorté de son « vicaire spirituel », son « lieutenant divin ». Et la victoire de l'Empire sur toutes les forces de désordre, de désagrégation, sera enfin assurée pour toujours.

« Que le pasteur romain fasse paître ses Italiens, écrit l'évêque de Freisingen. Nous qui sommes constitués par Dieu les gardiens fidèles de nos brebis, nous écarterons de nos troupeaux les loups couverts de peaux d'agneau[46]. » Ces loups, ce peut être Albert de Beham et ses collaboratrices, cette princesse de Bohême qui est entrée chez les Clarisses, et la femme d'Otton l'Illustre, qu'on appelle, en raison de sa piété, la Servante de Dieu. Toutes deux croient servir la cause de l'Église en combattant l'Antéchrist, mais ce sont des exceptions. La majorité du clergé allemand et des Ordres reste fidèle à l'empereur. On peut donc s'attendre que les prélats germaniques *boycottent* le concile. Les archevêques et les évêques des diocèses-frontières s'arrangeront, eux aussi, pour barrer la route de l'Italie. Pour communiquer entre eux, le pape et Albert de Beham sont obligés de faire passer leurs messagers par la Hongrie : d'où des détours, des retards considérables.

Si les prélats étrangers sont obligés de gagner l'Italie par mer, il faut faire pression sur les villes maritimes et les armateurs. L'empereur menace de sa colère les navigateurs qui transporteront des ecclésiastiques. Le pape soudoye des Génois pour qu'ils mettent leurs bâtiments à la disposition du concile. Au même moment, Pise et Gaète arment des flottes qui, le cas échéant, fermeront les chemins de la mer aux vaisseaux vénitiens et génois, qui servent le pape.

Au mois d'avril 1241, il y a à Gênes assez de prélats et d'abbés anglais, français et espagnols, pour qu'on puisse tenter le passage. Les ecclésiastiques prennent place sur des navires marchands ; des galères les escortent pour les défendre contre les hasards de la navigation, et l'on hisse les voiles. Mais les Impériaux font bonne garde ; leur flotte commandée par l'amiral Anselme de Mari et par le fils de Frédéric, Enzio, croise derrière les îles de Monte-Cristo et de Giglio. Flotte de vaisseaux rapides, faciles à gouverner, prompts et cruels comme des oiseaux de proie.

L'amiral Malocetto, qui dirige l'escadre génoise, ne s'aperçoit du danger que trop tard, alors qu'il est déjà pris entre les galères ennemies et les écueils de Meloria. Malocetto n'est pas un héros ; voyant que l'adversaire est supérieur en nombre, et qu'il sera encombré dans ses manœuvres par ses cargaisons d'hommes d'Église, le marin abandonne délibérément ceux-ci à leur malheureux sort. Les navires de guerre qui devaient protéger les passagers prennent le large, virent de bord, s'éloignent, et les ecclésiastiques, désolés, voient disparaître au loin, presque sans combat, la flotte qui devait les défendre.

Enzio n'a plus qu'à ramasser les prisonniers. Les Espagnols ont fui avec les cinq galères de Malocetto, mais le butin est considérable ; trois légats pontificaux, l'archevêque de Bordeaux, l'archevêque de Rouen, l'archevêque de Milan, en somme cent prélats et abbés, plus leurs suites de secrétaires et de conseillers. On va jeter ces pieux personnages dans les prisons de Naples et de Melfi, et le pape attendra vainement l'arrivée de ces invités au concile. De telle sorte que, ou bien le concile sera impossible, ou bien il se réunira dans des conditions telles que le petit nombre des participants jettera le discrédit sur ses décisions.

« Je vois que Dieu est avec moi, écrit Frédéric au roi d'Angleterre. Il ne veut pas que le monde soit gouverné par le Sacerdoce seul, mais par l'Empire et le Sacerdoce[47]. »

Que vaut cette accusation ? Était-il exact que le pape aspirait à usurper la couronne impériale ? A la même époque, pour déconsidérer son adversaire, Grégoire IX de son côté accuse Frédéric de vouloir devenir pape. Tout cela est sans doute exagéré. Ni l'un ni l'autre n'a l'ambition de réunir sur sa tête les deux couronnes qui, normalement, doivent être divisées. Mais, ce qui est certain, c'est que, d'un caractère assez semblable, le pape et l'empereur prétendent tous les deux à la toute-puissance, qu'ils ne consentent à la partager avec personne. Le pape veut un empereur soumis à ses volontés. L'empereur exige que le pape conforme sa politique à celle du souverain temporel. Aussi longtemps qu'il y aura sur le trône de Charlemagne et sur le trône de saint Pierre deux hommes d'une force égale, d'une égale énergie, et intransigeants tous les deux, il y aura guerre entre eux. La paix ne pourra s'établir que par la défaite absolue de l'un des adversaires, soit par le sort des armes, soit par la décision d'un concile qui déposerait le pape, ou d'un synode qui remplacerait l'empereur.

IX

« La petite barque de Pierre... »

La défaite navale de Meloria condamnait d'avance le futur concile à l'impuissance, mais le pape feignit de ne pas s'en inquiéter. « La petite barque de Pierre, disait-il, peut de temps en temps être assaillie par des vents contraires et par les coups de la tempête ; mais, bientôt, au souffle impérieux de Dieu, le calme succède à l'orage, et, échappée aux vagues écumantes, elle glisse en paix saine et sauve sur la plaine liquide apaisée et soumise[48]. »

Cette défaite constituait un avantage pratique considérable pour la cause de l'empereur, en ce sens qu'elle empêchait, ou retardait, du moins, sa déposition. Mais, d'autre part, elle indisposa une certaine partie de l'opinion publique qui vit dans cette agression un acte de brigandage. On plaignit les religieux qui avaient coulé avec l'archevêque de Besançon, et les survivants de la bataille, que, sans aucun ménagement pour leur âge, leur rang ou leur caractère sacré, on avait mis au cachot. Les souverains exigèrent la liberté des prisonniers qui relevaient d'eux. Saint Louis revendiqua les Français, parmi lesquels il y avait les abbés de Cluny, de Cîteaux, de Clairvaux, de Fécamp, de la Mercy-Dieu, les évêques de Nîmes, de Carcassonne, d'Agde, les archevêques d'Auch, de Bordeaux, de Rouen. « Nous considérons, disait-il dans la lettre qu'il fit porter à l'empereur par l'abbé de Corbie et Gervais d'Escrennes, nous considérons la détention de nos prélats comme une injure personnelle, et si vous voulez bien vous rappeler le passé, songez que nous avons repoussé ouvertement l'évêque de Palestrina et les autres légats de l'Église qui sollicitaient notre appui contre vous, et qu'ils n'ont rien pu tirer de notre royaume à votre détriment. Que la prudence impériale réfléchisse à ce que, dans la balance de la justice, nous lui écrivons, et qu'elle n'obéisse pas aux enivrements de la puissance et du bon plaisir, car le royaume de France n'est pas tellement affaibli qu'il se laisse mener à coups d'éperon[49]. »

Ces paroles, pleines de fermeté, de dignité et d'énergie, émurent Frédéric II. Pour ne pas avoir l'air de céder sans combat, il écrivit à Saint Louis une lettre pleine de défi, d'arrogance et d'ironie, mais il remit tout de même les prisonniers français en liberté, et sans rançon, ce qui, si l'on tient compte des mœurs de l'époque, représentait une immense générosité. Ce qui ne l'empêche pas, d'ailleurs, d'affirmer que c'est Dieu qui a livré ces prélats entre ses mains, comme signe de la légitimité et de l'excellence de sa cause. « Dieu est avec moi. » Le croit-il vraiment ? L'incrédule qu'il est, au fond de son cœur, se soucie-t-il que le Ciel soit avec lui ou contre lui ? Pour lui son seul génie, déjà, et son destin, ne sont-ils pas divins ? : « C'est l'admirable providence de Dieu qui, déjouant la conspiration ourdie contre nous, a mis entre nos mains les cardinaux et les prélats non seulement du royaume de France, mais des autres provinces que nous retenons tous comme nos ennemis et nos adversaires. La puissance de l'Empire surpasse toute force humaine, et tous les animaux tremblent en reconnaissant les traces du lion. Que Votre Altesse Royale ne s'étonne pas si Auguste tient dans ses serres ceux qui s'efforçaient d'enserrer César[50]. »

La situation de Saint Louis est assez embarrassée. Les excès auxquels se portent l'empereur et le pape lui paraissent également préjudiciables à la dignité du Saint-Siège. A plusieurs reprises, il a essayé de réconcilier les adversaires, mais toute médiation est impossible entre deux hommes aussi résolus, l'un et l'autre, à ce duel à mort. La majesté de la Chrétienté et la paix de l'Europe souffrent de ces désordres. Si l'un des ennemis était seul à blâmer, le roi de France aurait vite pris parti, mais dans son souci de justice et d'équité, il reconnaît les torts réciproques, et il les blâme de manquer tous les deux à leur mission, qui est avant tout de paix, d'union, de concorde et d'amour.

Il est possible que Saint Louis, tout respectueux qu'il fût de l'Église, ait envisagé, lui aussi, la possibilité de substituer un autre pape à ce turbulent Grégoire IX qui entretient le désordre par ses terribles exigences. Il existe une lettre de lui, dont on conteste parfois l'authenticité, quoique Cherrier la cite dans son *Histoire de la lutte des papes et des empereurs,* dont le texte est très significatif, car il nous montre un Saint Louis plus près de la réalité que de la légende, c'est-à-dire un roi soucieux avant tout des intérêts de son royaume, un monarque intrépide et absolu, plutôt que le *clerc* perdu dans ses dévotions. (Il était l'un et l'autre, mais jamais ses préoccupations religieuses ne lui ont fait oublier les nécessités de son métier de roi, et tout ce qu'il entraîne.) Cette lettre a été écrite aux cardinaux, à l'occasion du conclave de 1241, et elle précise nettement la position de la France, après la mort de Grégoire IX, c'est-à-dire au moment où la paix peut être obtenue par une élection conforme à la volonté de Dieu — qui n'est pas nécessairement conforme à la volonté de l'empereur. Un nouveau danger se présente ; celui de l'élection d'un pape dont le seul mérite soit son dévouement à Frédéric II, au détriment des autres vertus qu'on réclame du Souverain Pontife. La France ne l'admettra pas. Par la bouche de son roi, elle exhorte le Sacré Collège à la clairvoyance et à la fermeté...

« Voyez, dit-il, s'il est digne de vous que la faveur, la haine ou la crainte soient les seuls mobiles de votre conduite. Dès qu'il s'agit de défendre la liberté de l'Église, vous pouvez compter sur l'appui de la France. Notre royaume, nos hommes, nos trésors, nous les mettons à votre disposition, car nous ne craignons ni la haine, s'il faut dire le mot, ni la ruse d'un prince que nous ne savons de quel nom appeler, puisqu'il veut être à la fois roi et prêtre. Comme le droit défend que la royauté et le sacerdoce soient réunis dans une même personne, qu'il montre en vertu de quel droit il s'attribue la dignité du sacerdoce. Espère-t-il s'emparer d'une place vide ? Mais c'est à vous qu'appartient le pouvoir de la remplir. Invoque-t-il la prescription ? Sa possession n'est pas assez longue pour être valable. Prétend-il vous acheter ? Les choses saintes ne peuvent être vendues sous aucun prétexte. Il ne lui reste donc plus qu'à s'emparer par la violence de ce qu'il ne peut légalement obtenir. Songez que le monde a les yeux sur vous. Considérez ce qu'il convient à votre prudence de faire. Soyez fermes, ne suivez que la vérité, craignez Dieu et résistez énergiquement à ce joug honteux sous lequel vous n'avez que trop courbé la tête[51]. »

On ne s'attend pas, quand on considère seulement les images légendaires de Saint Louis, à cette véhémence, à cette violence de ton. Telle est cependant la position de la France de Louix IX en présence du conflit qui met aux prises le pape et l'empereur. La France est presque toujours hostile non à la personne de l'empereur, mais à la notion même d'Empire. Par tradition, par nécessité géographique et historique, la France s'oppose à l'Empire. A toutes les époques de son histoire. Au moment aussi où l'Empire va peut-être réussir ce coup de maître de s'associer le souverain pontificat, Saint Louis, en « fils aîné de l'Église », et en monarque français, prend nettement position contre l'ambition impériale. Il croit que Frédéric aspire à devenir pape ; c'est une calomnie et une sottise. Ce que veut Frédéric, c'est tenir le pape dans sa main, de telle sorte qu'il ne puisse pas contrarier sa politique. Mais cette subordination même du spirituel au politique, du divin au terrestre, est détestable aux yeux de cet homme raisonnable et pieux qu'est Louix IX. Or, Frédéric a repris les armes. De nouveau, il marche contre Rome. Pour intimider le concile, s'il a lieu sans sa permission, ou pour s'emparer de la personne de Grégoire IX : on ne sait. Mais, cette fois, il ne se laissera pas arrêter par le scrupule, ou la crainte mystérieuse, qui lui ont fait épargner Rome l'année précédente. Ses partisans y sont devenus de plus en plus puissants. Ils tiennent la plupart des monuments antiques, transformés par eux en forteresses. Quels beaux bastions les Colonna ont fait du tombeau d'Auguste et des Thermes de Constantin !

Et voilà que le 22 août, au moment où ayant de nouveau pris Terni et Tivoli, il s'apprête à quitter Grotta Ferrata pour entrer dans Rome, Frédéric reçoit la nouvelle d'un événement imprévu ; la mort du pape. Imprévue ? On aurait cru que ce centenaire était immortel. Sans doute est-il excessif de prétendre que Grégoire IX va *manquer* à Frédéric II, mais ces deux hommes étaient faits l'un pour l'autre, faits pour se haïr et se combattre, comme d'autres sont faits pour s'aimer et s'entr'aider. Deux adversaires de la même taille, d'un même génie. Il n'est pas possible que le survivant ne garde pas au disparu une sorte de regret attendri, de souvenir presque affectueux. Jamais il ne retrouvera un pareil colosse d'énergie, de volonté, de force physique et morale, de puissance intellectuelle. Jamais il ne retrouvera un adversaire qui, autant que celui-là, fût digne de lui.

La chancellerie impériale, pourtant, communique la nouvelle aux États européens, avec un accent de triomphe ; mais c'est Pietro della Vigna, qui écrit et non l'empereur lui-même. «Il est mort celui qui voulait renverser Auguste, celui qui niait la paix à la terre et perpétuait la discorde dans le sein de l'Église. Nous aurions voulu qu'il vécût encore jusqu'au moment où notre vraie Mère, l'Église, et l'Empire romain à la tête duquel nous a placé la grâce divine, seront réconciliés. Ce sera une consolation pour la Chrétienté affligée de voir arriver à la Papauté un homme qui, suivant sa mission, réparera les fautes de Grégoire et donnera la paix au monde. S'il ne nourrit pas contre nous les mêmes sentiments pervers, nous sommes prêts à lui donner à lui et à la foi catholique et à la défense de l'Église notre appui dévoué[52]. »

Afin qu'on ne puisse pas lui reprocher d'avoir essayé d'intimider les cardinaux, Frédéric II s'éloigne de Rome et revient en Sicile. C'est alors qu'en son absence, et sous l'arbitraire du sénateur de Rome, Orsini, qui a les pouvoirs d'un dictateur et qui en abuse, le conclave se réunit pour donner un successeur à Grégoire IX. Orsini s'empara des cardinaux et les traîna de force dans les ruines du palais de Sévère, sur le Palatin, où l'on avait disposé la salle de réunion et les cellules des «conclavistes». En plein été, dans ce Septizonium à demi effondré, grouillant d'insectes, enfermés dans cette clôture où aucune aide ne pouvait les atteindre, mourant de faim, insultés par les soldats dont le corps de garde était installé au-dessus de la salle du conclave et dont les latrines dégouttaient à travers le plafond crevé, les pauvres cardinaux subirent un cruel martyre. Si cruel que, des dix prélats qui y furent exposés, trois moururent. L'un deux, le cardinal anglais Robert de Somercote, raconte Henri de Ziegler, «fut traîné encore vivant dans le réduit réservé pour les morts, conspué des soldats qui lui chantaient par dérision l'office des funérailles, privé de confession comme de soins. On dit même qu'on le hissa sur le toit du Septizonium et qu'il ne put rien cacher aux regards des assistants de l'effet d'un suprême purgatif qu'on l'avait forcé de prendre[53] ».

Dans cette atmosphère à la fois grotesque et tragique, se déroula l'effarante comédie du conclave. Orsini espérait, grâce à ces mauvais traitements, obtenir rapidement des cardinaux l'élu de son choix, Romani di Porto, alors que Frédéric et les gibelins favorisaient Geoffroy de Sabina. Mais les cardinaux résistaient, et leur nombre était si réduit qu'on ne pouvait arriver à obtenir cette majorité des deux tiers qui était nécessaire. Deux mois s'écoulèrent ainsi ; impatient, Orsini décida de brusquer les choses et avertit les conclavistes que, s'ils ne se mettaient pas d'accord, il amènerait au milieu d'eux le cadavre de Grégoire IX qui saurait bien les convaincre. Cette menace macabre précipita l'élection, mais elle se fit contre la volonté d'Orsini et des guelfes ; ce fut Geoffroy de Sabina qui fut désigné.

La Chrétienté poussa un soupir de soulagement : l'Église, enfin, avait un pape. Malheureusement, le nouveau pontife mourut dix-sept jours après son élection, avant même d'avoir pu être consacré. Il fallait tout recommencer. Les horreurs du Septizonium épouvantèrent les cardinaux dont la plupart s'enfuirent. Le Sacré Collège était complètement éparpillé. Giovanni Colonna avait été emprisonné sur les ordres d'Orsini, en raison de la lutte traditionnelle qui opposait, génération après génération, les Colonna aux Orsini. Deux cardinaux, pris sur la flotte génoise à Meloria, se trouvaient encore captifs dans les prisons impériales. Les autres, pour la plupart, s'étaient dispersés, et refusaient de revenir dans la geôle infecte où on les avait enfermés pour l'élection de Célestin IV.

Pendant près d'une année, le conclave ne put pas être réuni et l'Église se trouva sans pasteur. Les souverains s'inquiétaient de cette vacance, les incrédules raillaient et chansonnaient, les intrigues politiques allaient grand train. Les cardinaux refusaient de se réunir si on ne leur assurait pas un asile décent et la liberté absolue de leurs délibérations. Cependant, Frédéric II s'assurait la majorité en se gagnant la sympathie d'Otton de Saint-Nicolas, qu'il fit libérer et combla de cadeaux.

Le nouveau conclave fut beaucoup plus court que le précédent. Les cardinaux se mirent d'accord assez vite sur le nom de Sinibaldi Fieschi, comte de Lavagne, qui avait la réputation d'être gibelin, et dont on savait que l'élection serait agréable à l'empereur. De fait, sitôt qu'il apprit la nouvelle, Frédéric II fit chanter un *Te Deum* dans toutes les églises du royaume, autant pour remercier Dieu d'avoir mis fin au désordre dont souffrait le monde chrétien, que pour célébrer l'accession d'un de ses partisans au suprême pontificat.

Il ne devait pas tarder à déchanter, pourtant. Commentant l'élection du nouveau pape, qui avait pris le nom d'Innocent IV, il disait : « L'Église a gagné un pape, mais j'ai perdu un ami. » On s'aperçut vite, en effet, que tout gibelin qu'il fût avant le conclave, Fieschi allait désormais ne considérer que les intérêts de l'Église, et leur sacrifier ses sympathies personnelles. Frédéric II l'avait félicité du choix de ce nom, qui, disait-il, était un gage de simplicité, de douceur, d'« innocence » ; en réalité Innocent IV allait reprendre la politique d'Innocent III et la continuer, c'est-à-dire développer la puissance temporelle de l'Église, abaisser l'Empire, ou, du moins, le soumettre à ses volontés, et poursuivre cette conquête spirituelle et matérielle de l'Europe que les trois papes auxquels s'étaient heurtées déjà les ambitions et les aspirations de Frédéric, avaient commencée.

Hampe définit très justement la personnalité d'Innocent IV lorsqu'il dit de lui « qu'il était presque point par point le contraire de Grégoire IX, bien qu'il partageât avec lui l'érudition juridique et l'inflexibilité quant aux revendications de souveraineté fixées par Innocent III. Grégoire avait été pétri de passions ardentes et de foi mystique, chacun de ses actes avait mis en branle sa puissante personnalité tout entière. Innocent, lui, était doué d'une intelligence froide et calculatrice, d'une mentalité active, uniquement tournée vers les réalités, d'une retenue prudente et d'une grande souplesse, ce qui ne l'empêcha jamais d'exploiter hardiment et sans scrupule chaque avantage acquis. Frédéric croyait pouvoir en arriver plus facilement à un compromis avec ce marchand génois qui ne se laissait guider que par sa raison. Il n'avait pas pensé qu'il était dangereux de voir le pape descendre dans l'arène du siècle, exactement au niveau où combattait l'empereur. Ce n'étaient plus l'Empire et le sacerdoce qui se faisaient face, situés sur des plans différents, luttant avec d'autres armes, et par là-même augmentant réciproquement leurs forces. C'étaient deux puissances politiques de nature presque semblable. Et la Curie possédait le rayon d'action le plus vaste des deux. Elle transforma en moyens de combats politiques, militaires et financiers toutes les valeurs que lui offraient la foi des masses, l'absolutisme pontifical, l'organisation ecclésiastique, les promesses terrestres et célestes, en abandonnant tout scrupule religieux, juridique ou moral. Innocent IV était capable de concentrer toutes ses forces sur une seule et unique lutte d'anéantissement en maniant les armes de la diplomatie avec une absence totale de scrupules et un calcul minutieux souvent adroitement dissimulé. Et ces dispositions mêmes lui assuraient l'avantage sur Frédéric qui, infiniment plus génial et plein de passions ardentes, était d'une nature trop complexe pour pouvoir se concentrer sur un seul et unique but d'un caractère négatif[54] ».

La concorde entre le pape et l'empereur était d'autant plus nécessaire à cette époque qu'un danger nouveau s'était abattu sur l'Europe. Au printemps de « l'année du singe », c'est-à-dire en 1236, les descendants de Gengis-Khan tournèrent leurs convoitises vers l'Europe. Ogodai voulut soumettre les Comans, les Bolghars de la Kama, les Bachkir, et cette course l'entraîna à travers la Russie, où il sema l'épouvante et la ruine. Batou, petit-fils de Gengis-Khan, fils de Djôtchi, prit le commandement de l'armée. Il était accompagné du vieux général Soubotai, conquérant célèbre, renommé pour ses raids rapides et efficaces. Après avoir, suivant leur programme, vaincu les Comans et les Bolghars, les Mongols entreprirent de soumettre toute la Russie : celle-ci, divisée en principautés indépendantes, n'opposa qu'une faible résistance. Batou enleva d'assaut Pronsk, Bielgorod, Riaza où Youri tint aussi longtemps qu'il put, Moscou, Vladimir, Souzdal, Tver, Torjok. Il s'arrêta on ne sait pourquoi à cent verstes de Novgorod, obliqua vers Mourom, puis se jeta sur l'Ukraine. « Le bruit des innombrables chariots des Tartares, le beuglement des bœufs et le cri des chameaux, le hennissement des chevaux et les féroces cris de guerre des barbares faisaient un tel vacarme que dans la ville même on ne pouvait s'entendre[55]. »

La chronique de Woskrossensk reflète la terreur qui s'est emparée de la Russie, à l'apparition des Mongols ; l'Europe tout entière partagea bientôt cette épouvante. Elle se souvenait des Huns et de leurs terribles chevauchées, des villes incendiées, des peuples massacrés. Et voilà qu'un nouvel Attila s'abattait sur le monde, anéantissant la civilisation, et ne laissant que des ruines sur son passage. D'Ukraine, les Mongols étaient entrés en Pologne, malgré la résistance des princes polonais auxquels s'étaient associés les chevaliers de l'Ordre teutonique. Sandomir et Cracovie furent incendiées, puis, près de Liegnitz, la résistance polonaise s'effondra complètement. Le jour même où Baidar infligeait cette défaite aux Polonais, Batou et Soubotai massacraient l'armée hongroise, au confluent du Sayo et de la Tisza. Ils poussèrent jusqu'à Gran, profitèrent des rigueurs de l'hiver pour faire franchir à leurs chevaux le Danube gelé, et atteignirent enfin la côte dalmate. Batou et Soubotai se trouvaient maintenant sur l'Adriatique.

On s'attendait à voir le petit-fils de Gengis-Khan et son fameux général reprendre l'antique route des invasions, suivie près de dix siècles plus tôt par les Huns. Combien toutes les querelles intérieures paraissaient ridicules et coupables, comparées au péril mongol ! L'Allemagne prit les armes, sous les ordres du duc de Basse-Silésie, Henri le Pieux, mais celui-ci fut tué à Liegnitz et son armée décimée. Le roi de Hongrie, Bela IV, suppliait les souverains de venir à son secours. Il offrit à l'empereur d'être son vassal, s'il le défendait contre Batou.

Frédéric II n'avait pas besoin de cette offre pour bâtir le projet d'une nouvelle croisade ; la croisade contre les Mongols. Il s'agissait maintenant d'un danger autrement pressant que celui représenté par les Sarrasins. Les Mongols étaient aux portes de Vienne. L'empereur lança donc un ardent manifeste aux princes européens, les invitant à s'unir pour soutenir la cause commune. Il proposait de prendre la tête d'une grande expédition qui se lancerait contre Batou et lui barrerait le chemin. Malheureusement, les calomnies lancées par les guelfes, faisaient leur chemin. On prétendait que si les Tartares avaient envahi l'Europe, c'était sur l'invitation de l'empereur lui-même, d'accord avec Batou et Soubotai. Au lieu de se rassembler promptement sous les ordres d'un chef hardi, généreux et puissant, les princes recommencèrent leurs querelles, leurs intrigues, leurs soupçons, et le péril mongol ne fut écarté que par les Mongols eux-mêmes ; la mort d'Ogodai, et la crise politique qui la suivit obligèrent Batou à regagner la Mongolie en toute hâte.

L'empereur avait, d'ailleurs, trouvé dans le nouveau pape un adversaire acharné. Aussitôt monté sur le trône de saint Pierre, Innocent IV fit connaître à Frédéric les conditions qui devaient être remplies pour que l'amitié pût revenir entre le Saint-Siège et l'Empire. Frédéric devait, d'abord, remettre en liberté tous les ecclésiastiques faits prisonniers dans la bataille navale de Meloria. Il devait ensuite restituer à l'Église les territoires qu'il lui avait enlevés, ou qu'il retenait indûment. Il fallait enfin qu'on fît la paix avec les Lombards. Ces conditions remplies, on nommerait un tribunal mi-parti laïc et mi-parti ecclésiastique, qui jugerait des questions litigieuses pendantes entre l'Empire et le pontificat.

L'amour-propre de Frédéric lui faisait considérer cette proposition comme assez insultante, mais si elle avait l'avantage de mettre fin à cette tension si désagréable, elle pouvait être acceptée. Frédéric avait hâte de voir la paix régner de nouveau sur l'Europe, afin d'achever son œuvre de législateur, d'administrateur, de « civilisateur » qui était le principal objet de son activité. Il ne pouvait pas céder, sans humiliation ni préjudice. Croyant trouver dans Innocent IV un pape plus accommodant que ses prédécesseurs, il accepta cette offre, et les pourparlers s'engagèrent pour arriver à la grande réconciliation.

Les choses en étaient là, les juristes et les diplomates s'employaient à l'élaboration de l'accord définitif, lorsqu'un incident ridicule ralluma l'incendie éteint. L'évêque de Viterbe, le cardinal Capocci, avait fomenté des troubles dans cette ville, et soulevé le peuple contre le gouverneur impérial. Ce n'était qu'un épisode de l'interminable querelle entre guelfes et gibelins, mais il s'aggrava quand le gouverneur impérial pria Frédéric de venir à son secours, et quand Innocent IV, de son côté, envoya des armes, des vivres, des troupes, aux gens de Viterbe. En un instant toutes les bonnes volontés s'aigrirent. La vieille animosité se ranima. Les villes prirent parti dans la dispute, qui pour le pape, qui pour l'empereur. Les négociateurs ne purent que se séparer avant d'avoir conclu leur traité de paix ; déjà la guerre faisait rage, une fois de plus, et l'Italie tout entière, l'Allemagne même, voyaient se réveiller sur leur sol cette hostilité qu'on croyait morte avec la mort de Grégoire IX.

Le changement de pape n'avait pas mis fin, d'ailleurs, aux menées d'Albert de Beham en Allemagne, du légat Montelongo en Italie. Celui-ci resserrait les liens de la ligue lombarde, alors que le premier était parvenu à détacher de l'empereur Siegfried d'Eppstein, régent de l'Empire pendant la minorité de Conrad, et le nouvel archevêque de Cologne, Conrad d'Hochstaten. Autour de ce noyau, le parti guelfe se reconstituait, profitant de ce que Frédéric était retenu en Italie, et de ce que, disait-on, il se désintéressait des affaires d'Allemagne.

Il faut donc, une fois de plus, boucler son armure, et recommencer la guerre, alors qu'on n'aspirait qu'à se consacrer aux œuvres de paix. Frédéric II part au galop pour Francfort, brise l'insurrection commençante en enlevant la régence de l'Empire à l'archevêque de Mayence, Eppstein, pour la donner au landgrave de Thuringe, qu'il invite aussi à rassembler autour de lui les princes fidèles « pour défendre les droits de l'Empire en Allemagne comme l'empereur les défend en Italie », puis ayant rétabli l'ordre dans une brève et rapide chevauchée, il revient en Italie où il va se venger de Viterbe. « Si j'avais un pied dans le paradis, disait-il, je le retirerais volontiers pour aller châtier Viterbe. »

Les médiateurs s'interposent, pourtant. Depuis trois mois Frédéric assiège vainement cette ville qui a de bonnes murailles. Le cardinal de Saint-Nicolas propose un armistice. Les gibelins de la ville et la garnison impériale pourront quitter Viterbe librement, en emportant leurs biens, en échange de quoi Viterbe sera épargnée. L'empereur consent, mais voilà que, tandis que les soldats du gouverneur traversent la cité, les Viterbinates se jettent sur eux et les massacrent, en même temps qu'ils incendient les maisons des gibelins. Une fois de plus, les flammes bondissent. Toute l'Italie va se transformer en brasier à la suite de cette perfidie, car Frédéric est résolu à ne plus faire de quartier.

Le pape le comprend et prend peur. Sous prétexte d'aller se reposer quelque temps à Civita-Castellana, il confie à un cardinal le gouvernement des États pontificaux, mais il n'y demeure que pour dissimuler sa fuite. De Civita-Castellana, il passe à Sutri, et, là, une nuit, couvert d'une armure, le casque en tête (pour se déguiser en soldat, peut-être, ou redoutant vraiment une agression sur la route), suivi d'une petite escorte de serviteurs fidèles, il gagne Civita-Vecchia où depuis quelque temps, un navire, équipé secrètement, l'attend[56].

La nouvelle de l'arrivée d'Innocent IV à Gênes éclate comme un coup de tonnerre. «J'allais le faire échec et mat, crie Frédéric, et voici que les Génois renversent l'échiquier!» En Ligurie, le pape n'a plus rien à craindre des violences de l'empereur. Gênes, d'ailleurs, n'est pour lui qu'une étape. Il voudrait se réfugier en France, mais Louis IX sollicité, s'est récusé; il ne se soucie point de s'attirer une guerre avec l'Empire, et réserve sa réponse jusqu'à ce qu'il ait consulté son conseil et les grands du royaume.

C'est sur Lyon que le pape a jeté son dévolu. Parce qu'il peut atteindre cette ville sans avoir recours aux bons offices du roi, le concours du comte de Savoie lui suffisant, parce qu'il resterait en contact avec l'Italie, parce que Lyon, enfin, est ville impériale, et que les cardinaux étrangers pourront se rendre sans difficulté au grand concile qu'il se propose d'y tenir.

La France considère avec une certaine indifférence cette arrivée du pape dans une ville qui, si elle n'est pas directement sous sa juridiction, est pourtant complètement française de race, de langue, de mœurs et de traditions. Elle ne se désintéresse pas entièrement de la lutte entre l'Empire et la Papauté, mais elle regarde, sceptique, cette bataille à laquelle elle n'est pas directement mêlée. Invité à annoncer aux fidèles l'excommunication de l'empereur, un prêtre de Paris le fit, selon Mathieu Paris, de cette façon désinvolte : « Écoutez tous ; j'ai reçu ordre de prononcer contre l'empereur Frédéric, à la lueur des cierges et au son des cloches, une sentence solennelle. J'en ignore la cause ; tout ce que je sais, c'est qu'une haine inexorable divise deux adversaires. Je sais aussi que l'un des deux a fait tort à l'autre, mais je ne sais lequel ; celui-là je l'excommunie, et j'absous celui qui subit l'injure, si funeste à la Chrétienté[57]. »

Louis IX était bien loin de se ranger à cette solution voltairienne. Ses sympathies de cœur vont au pape, naturellement, mais il n'ira pas jusqu'à se brouiller avec Frédéric II par attachement pour le pape. Le jour où cinq cents évêques et abbés réunis à Cîteaux se sont agenouillés devant lui, pour le supplier d'accueillir favorablement la requête du pape et de donner asile au fugitif, Louis IX s'est agenouillé à son tour, mais il n'a dit ni oui ni non. Et peu de temps après, il a reçu les ambassadeurs de Frédéric qui venaient le mettre en garde contre ce fauteur de troubles qu'est Innocent IV. Saint Louis garde donc, en toutes circonstances, cette position pacifique, et s'efforce de servir de médiateur entre les deux ennemis, sans se brouiller avec aucun des deux ; ce qui, nous l'avons vu, ne l'empêche pas de riposter avec dignité, fermeté et résolution, quand il se sent provoqué par l'empereur.

Frédéric, de son côté, se montre plein de modération. Il est las de la guerre, las de ces querelles interminables, qui s'aggravent de jour en jour, que des amis trop zélés et des partisans maladroits enveniment, et qui rendront la paix impossible. Or s'il lui plaît d'être appelé le victorieux, Frédéric II aspire surtout à demeurer dans la mémoire des hommes comme le « prince de la paix ». Aussi favorise-t-il les négociations de ces hommes de paix que sont Conrad de Hohenlohe et Henri de Bamberg, qui veulent mettre fin aux hostilités qui divisent l'Allemagne ; de Raymond de Saint-

Gilles, qui se charge d'apaiser la colère du pape ; de Saint Louis, qui, pour éviter à la France de se trouver entraînée dans le conflit — ce qui ne peut manquer d'arriver, si les choses tournent au pire, autant que parce qu'il estime que c'est son devoir de « fils aîné de l'Église » —, s'efforce de ramener l'amitié entre le pape et l'empereur. On reprend donc les pourparlers interrompus par l'affaire de Viterbe, et, au printemps de 1245, les envoyés des deux parties se mettent d'accord sur un texte qui les satisfait tous. Les terres possédées par l'Église romaine, au moment de la sentence d'excommunication, lui seront rendues ; la même restitution sera faite aux adhérents de l'Église. Tous les captifs clercs ou laïques, otages ou prisonniers de Frédéric, faits sur terre et sur mer, Lombards, Toscans et autres seront mis en liberté. L'empereur promettra par serment de se soumettre à la volonté du pape, relativement aux dommages causés par lui aux églises et aux personnes ecclésiastiques, et de déclarer nuls les bans et les confiscations dont les adhérents de l'Église ont été frappés. L'empereur recevra en grâce ceux qui se sont déclarés pour l'Église depuis son excommunication et même les rebelles qui auparavant étaient en guerre contre lui. Les seigneurs qui ont pris parti pour le Saint-Siège ne seront pas tenus de servir personnellement l'empereur ; mais ils fourniront des remplaçants. Les exilés seront réintégrés dans leurs anciennes possessions. Frédéric prendra le pape et les cardinaux pour arbitres de ses démêlés avec les Lombards, l'honneur et les droits impériaux et royaux restant intacts. Dans une lettre adressée aux souverains de l'Europe, il déclarera que s'il ne s'est pas soumis à la sentence d'excommunication portée contre lui, ce n'a pas été par mépris pour l'autorité de l'Église, mais seulement parce que cet acte ne lui avait pas été notifié régulièrement. Néanmoins, pour preuve de repentir, il jeûnera et fera des aumônes jusqu'au jour de son absolution ; il fondera des monastères et des hôpitaux, et mettra des chevaliers à la disposition du pape.

Quand on lit ce texte, on est très surpris de voir que toutes les dispositions prises sont à l'avantage du pape. Un ennemi vaincu ne se soumettrait pas à un traité de paix plus rigoureux. Frédéric II n'avait pas été vaincu ; c'était le pape qui avait fui Rome, en déroute, et son déguisement même montre dans quel état de crainte et d'anxiété. Comment l'empereur, toujours si scrupuleux de la dignité et de l'honneur de l'Empire, consentira-t-il à ratifier les engagements de ses plénipotentiaires ? Comment, enfin, ces hommes aussi pénétrés de la doctrine de l'absolutisme impérial que sont ses envoyés, Taddeo de Sessa, et Pietro della Vigna, ont-ils pu accepter des conditions aussi humiliantes ?

A qui connaît bien le caractère de Frédéric II, diverses hypothèses se présentent. Celle, d'abord, d'un mouvement de lassitude chez cet homme dont l'extrême énergie connaît aussi les périodes de dépression ; lassitude physique et morale, qu'on rencontre chez les Hohenstaufen à certaines heures de leur vie. Avait-il l'arrière-pensée de tourner adroitement ces obligations, et de se lier seulement en paroles ? Était-ce le geste de découragement, de renoncement, d'un homme qui renonce à vouloir le bien de l'Europe malgré elle, et qui pense à abdiquer ? *Le reste est silence.* On a dit qu'il était fatigué du pouvoir, qu'il avait le projet de céder l'Empire à Conrad, et de se retirer en Orient pour y vivre à sa guise, au milieu des délices arabes et des conversations érudites des savants et des philosophes. En somme, il aurait voulu terminer ses jours dans une sorte de couvent païen, où n'auraient manqué ni les danseuses, ni les astrologues, ni les cabalistes.

Cette dernière hypothèse est très vraisemblable. Elle est conforme, en tout cas, au caractère de Frédéric. Chez les sultans, comme chez les empereurs chinois, il n'était pas rare qu'un souverain, lassé des soucis du gouvernement, se retirât dans la solitude pour y consacrer ses dernières années à la méditation. Les vicissitudes de la politique et de la guerre ne lui avaient pas laissé beaucoup de loisir, jusqu'à présent, pour les choses de l'esprit, qu'il désirait plus que tout le reste, plus que la gloire, même, et le prestige de la toute-puissance. Il est possible qu'ayant réglé son différend avec le pape à la satisfaction de celui-ci et sans préjudice pour l'État, il ait caressé l'espoir de quitter enfin la scène politique, pour savourer à Palerme, à Foggia, à Capoue, en Orient même prétendent certains, cette suprême paix de l'esprit et du cœur, qui est à peu près inconciliable avec le rude métier de roi.

X

Protée

Quoique de petite taille et de constitution chétive — « il n'eût pas valu cher, disait un Sarrasin, si on l'avait vendu comme esclave » —, il possédait une étrange majesté. L'éclat du génie rayonnait sur ce beau visage clair encadré de cheveux blonds tirant sur le roux. L'intelligence et l'audace, la réflexion philosophique et le besoin d'action, un respect passionné de l'autorité et une indépendance sans limites dans la pensée, constituaient évidemment un personnage singulier, assez déconcertant pour ceux qui considèrent les hommes comme des êtres simples, sans ombres, sans clair-obscur, tout d'une pièce. Chez Frédéric II, au contraire, tout était nuance, finesse, subtilité. Possédant les dons les plus divers, riche de toute la culture que pouvait acquérir un « scholar » de ce temps-là, et inspiré, en même temps, par les qualités politiques les plus hautes et les plus rares, il réussit cette sorte de miracle qu'est la véritable harmonie d'une existence humaine. Il n'a pas sacrifié l'action à la rêverie, et l'agir, en revanche, ne l'a jamais empêché de méditer, de contempler, de jouir de la vie sous toutes ses formes, les plus simples comme les plus raffinées. Aucun de ces *moi* nombreux, variés et si souvent contradictoires, que nous portons en nous-mêmes, n'a été sacrifié à un arbitraire besoin d'unification. Il a été totalement ce qu'il était, dans tous ses actes, dans toutes ses pensées. Il est allé à l'extrême limite de tous ses désirs, de toutes ses aspirations. C'est en artiste de la vie qu'il a abordé le fait même de vivre, en artiste de la politique qu'il a régné, en artiste de la guerre qu'il a combattu. Le sport, aussi pour lui, était un art, et il a écrit un livre singulier et savant sur la chasse au faucon, *De arte venandi cum avibus*, qui, par ses qualités scientifiques, représente sans doute le meilleur ouvrage sur cette question pendant tout le Moyen Age ; plus profond, plus complet et plus « artiste » même que celui, célèbre, de Gaston de Foix.

Ce n'est pas sans raison que Renan consacre tout un chapitre de son livre sur *Averroës et l'Averroïsme,* à l'influence des Hohenstaufen sur le développement de la pensée philosophique au XIIIe siècle, et à la personnalité de Frédéric II, qui, dans cette lignée illustre, est le plus illustre de tous ces êtres séduisants, géniaux, capricieux, qui ont porté si haut l'idée d'Empire. Renan a particulièrement bien compris la nature énigmatique de celui qu'Innocent IV appelait Protée, quand il dit que « l'idée dominante de ce grand homme fut la civilisation dans le sens le plus moderne de ce mot, je veux dire le développement noble et libéral de la nature humaine, en opposition avec ce goût de l'abjection et de la laideur qui avait séduit le Moyen Age, la réhabilitation, en un mot, de tout ce que le christianisme avait trop absolument flétri du nom de *monde* et de vanités mondaines[58] ». Dans ce jugement, Renan ne laisse pas de se montrer injuste envers le Moyen Age et envers le christianisme, dont il méconnaît l'œuvre admirable de culture et de civilisation, tout au cours de ce Moyen Age, même, qui bien loin d'être une époque d'ignorance et d'obscurantisme, a créé d'admirables formes d'art et d'immortels monuments de la pensée. Que Frédéric II se soit opposé à la conception étroite d'un christianisme trop occupé de préoccupations matérielles, qu'il ait introduit déjà l'air de la Renaissance dans un siècle soumis à la scolastique, c'est une raison pour Renan de lui être sympathique. En réalité, nous dirons plutôt que, tout en préparant, en annonçant la Renaissance, Frédéric II a porté à leur plus haut sommet les vertus médiévales et que bien loin de se désintéresser du problème religieux, il l'a étudié avec une attention passionnée tout au long de sa vie ; non pas seulement parce que l'existence de l'Empire était impliquée, en quelque sorte, dans l'existence de l'Église, mais aussi d'une façon gratuite, désintéressée.

Dans ce temps-là, où l'Esprit de Dieu soufflait avec violence chez les penseurs orthodoxes, aussi bien que chez ceux qui proclamaient les vérités incertaines de l'Évangile éternel, des questions nouvelles se posaient, des idées très anciennes ou très modernes — et souvent les deux confondues dans la même croyance —, agitaient tous les esprits. Placé au centre même de ce prodigieux mouvement de réforme ecclésiastique, qui se manifestait d'une part dans la création d'ordres nouveaux — les Frères Prêcheurs, nés de la croisade albigeoise, les Frères Mendiants issus du mariage de saint François avec Dame Pauvreté —, d'autre part dans le bouillonnement de pensées hétérodoxes contre lesquelles l'Église réagissait avec sévérité, Frédéric II ne pouvait pas se désintéresser de l'ingéniosité de ces systèmes, de la subtilité de ces discussions.

La conscience humaine avait un grand appétit de liberté. Les réformateurs l'invitaient à la chercher dans des fois nouvelles. « Là où est l'esprit du Seigneur, là est la liberté », disait Joachim de Flore[59]. L'annonciateur de l'Évangile éternel, qui a si profondément secoué l'Italie, représentait tout un courant de pensées, assez étrangères au rationalisme un peu court de Frédéric II, mais séduisantes pour lui, cependant, par cet évangile d'un monde meilleur, que proclamait l'abbé de Flore, pas très différent en somme de celui que Frédéric rêvait d'instaurer dans la société. Ce qui manquait le plus à cette Europe déchirée par de perpétuelles guerres, c'était la paix. L'Empire que Frédéric voulait établir aboutirait justement à cette paix universelle.

Quel plus bel idéal peut animer un souverain ? Mettre fin à ces querelles insensées de nation à nation, de province à province, de cité à cité, et, dans le cœur même des villes, de parti à parti, tel était le rêve de Frédéric ; toute son action, même ses guerres, sont de vastes constructions pour la paix. Certes les contemporains pouvaient être ébahis par les métamorphoses de ce « Protée » qui ne parlait que de paix et qui a passé si peu d'années sans faire la guerre ; ils croyaient trouver une contradiction dans ce qui était en réalité un enchaînement de nécessités logiques. Un Empire pacifique ne pouvait devenir tel que s'il avait commencé par imposer la paix à tous les éléments de désordre, de turbulence, d'inquiétude et d'anarchie, qui entretenaient l'état d'instabilité d'où foisonnent les guerres. Il avait espéré que le pape seconderait son œuvre pacifique, et il ne s'est dressé contre le Saint-Siège qu'au moment ou celui-ci lui a imposé la guerre. Ce désir de paix, il l'a montré d'une façon surprenante dans sa croisade, où il s'est efforcé d'obtenir, sans perte de vies humaines, le même résultat que des expéditions répétées n'avaient pu assurer malgré les flots de sang qui avaient été versés.

Que, voulant la paix, il fît la guerre, que, chrétien, il montrât tant d'admiration et de sympathie pour l'Islam, que sceptique, il devînt le bourreau des hérétiques, toutes ces « contradictions » — qui n'en étaient pas, mais ses contemporains les jugeaient telles — pouvaient déconcerter. L'étonnement que suscitaient la richesse et la variété du caractère de Frédéric fut une des raisons du soupçon et de l'hostilité que lui porta une époque à laquelle il était mal adapté. « Comment tenir ce Protée[60] ? » Ce mot résume l'exaspération de tous ceux qui ne le comprenaient pas, et qui auraient voulu réduire à leurs communes mesures l'étonnante multiplicité de ce génie. On ne le croit pas quand il proteste de sa fidélité à l'Église, et pourtant il est sincère. Tant qu'il espérera une collaboration efficace entre la Papauté et l'Empire, il restera, pour le Souverain Pontife, cet enfant docile qu'il était pour son tuteur Innocent III. Il ne la combat qu'au moment où, déçu, il renonce à cette alliance qui s'est avérée impossible.

Il serait intéressant de savoir ce que ces deux hommes qui surmontent de si haut toute leur époque ont pu se dire, quand Frédéric II et saint François se sont rencontrés à Bari en 1222. Tous deux rêvaient d'une conquête pacifique des Lieux Saints, ou, pour mieux dire, d'une réconciliation entre la Chrétienté et l'Islam sur la base des éléments communs aux deux religions, réconciliation qui aurait rendu la conquête inutile. Que serait devenu alors l'*esprit de croisade*, inhérent à la pensée de ce temps, si on lui avait enlevé ce « débouché » ? Il se serait probablement tourné, comme c'est arrivé quand les intérêts matériels l'ont emporté sur la ferveur spirituelle, vers des acquisitions profitables, comme l'expédition contre Byzance, ou des guerres autant politiques que religieuses, la croisade albigeoise ou les conquêtes des Porte-Glaives dans l'Est européen.

C'est probablement une erreur, de la part de Frédéric II, que d'avoir voulu tarir, par trop de bonne volonté, ce merveilleux élan du cœur qu'était la croisade. On ne contredit pas les impulsions profondes d'une époque, et la croisade était une des aspirations les plus profondes, les plus tenaces du Moyen Age. Frédéric II ne le comprenait pas, parce qu'il ne possédait pas lui-même ce mélange de ferveur, d'enthousiasme et de cécité, qui est à la base de cet esprit. Il était trop raisonnable pour ne pas chercher au conflit entre musulmans et chrétiens, une autre solution plus efficace, plus durable, et, logiquement parlant, plus intelligente que toutes ces expéditions, qui, pour la plupart, tournaient court, et, détournées de leur véritable but, s'achevaient dans le désordre, les querelles intestines, les défaites, l'anarchie. L'insuccès même de ces croisades et le fait qu'on était perpétuellement obligé d'en faire de nouvelles, montraient qu'il y avait, dans les soubassements, une erreur de conception ou une erreur d'organisation. Mais cette part même de « folie » qui était à sa source, constituait probablement sa plus grande noblesse, sa plus pure beauté. La croisade, comme telle, demeure avant tout une splendide aventure de l'âme ; c'est cela probablement que Frédéric II n'a pas compris. Il a cru qu'on aurait raison des Sarrasins par une politique intelligente, rationnelle, et libérale. Saint François d'Assise a commis une autre erreur en essayant de toucher l'âme du sultan — alors que Frédéric II tendait à convaincre seulement son esprit —, de le convertir au christianisme, ce qui aurait pu aboutir à la fusion de la Chrétienté et de l'Islam.

Il est singulier de voir ces deux grands hommes poursuivre des actions parallèles avec des idéaux différents. L'idéal de saint François était le plus irréalisable, parce que le plus grandiose probablement ; le saint ne tarda pas à revenir, désappointé, de ce voyage inutile. Le traité conclu entre Frédéric II et Al Kamil, quoique signé par deux sceptiques, par deux épicuriens, également reniés et désavoués de leurs troupes fanatiques, fut, à tout prendre, plus profitable. Mais ni l'évangélisation rêvée par le Poverello, ni la paix rationaliste souhaitée par l'Antéchrist ne répondaient à ce besoin de croisade qui agitait l'Europe chrétienne de ce temps-là. La preuve en est dans l'opposition que rencontrent toutes les tentatives de règlement pacifique de la part de ces croisés, qui ont besoin de la croisade pour leur propre accomplissement, plutôt que pour la délivrance des Saints

Lieux, chevaliers ou gens du commun, enfants ou adultes, rêveurs ou aventuriers, pour lesquels la croisade dépasse de beaucoup le cadre d'une expédition militaire ou d'une opération politique, et même d'un phénomène simplement religieux.

L'attitude de Frédéric II envers la croisade prouve à quel point cet esprit si ouvert sur tant de problèmes complexes et lointains, était fermé aux aspirations de son temps les plus simples et les plus immédiates. Ce chevalier ne croyait pas plus à la chevalerie que ce chrétien ne croyait au Christ. Sans doute a-t-il été déformé par son éducation où trop d'éléments antagonistes ont collaboré. La réflexion le conduit, non pas à l'indifférence, car il reste passionnément intéressé par toutes ces questions, mais à une sorte d'impartialité souriante, de refus de choisir. Il était absurde de lui attribuer, comme l'ont fait ses ennemis, la composition du fameux traité des Trois Imposteurs, dont tout le Moyen Age parle à voix basse, avec horreur, traité blasphématoire car ces « trois imposteurs » sont Moïse, Jésus et Mahomet, traité que personne n'a lu, et qui, d'ailleurs, n'existe pas, ou dont il n'existe que le titre, assez saisissant en lui-même. C'est une erreur de psychologie que d'en accuser Frédéric ; cet homme était plutôt convaincu de l'équivalence des trois religions et de leur égale excellence relative, que de leur fausseté. Frédéric II pensait certainement que Moïse, Jésus et Mohamet, avaient été trois hommes d'un génie exceptionnel, et peut-être égal. C'est la conclusion de la nouvelle des Trois Anneaux, du Novellino, qui se résume en ceci ; le christianisme, le judaïsme et l'islam, sont également « vrais ». Telle était, à mon avis, la pensée de Frédéric ; cette intelligence était trop raffinée pour se plaire aux grossiers blasphèmes, aux injures vulgaires qu'on prête à l'auteur anonyme et apocryphe, des « Trois Imposteurs[61] ».

S'il accueillait avec un égal libéralisme à sa cour de

Foggia, de Palerme ou de Capoue, les juifs, les chrétiens et les musulmans, c'est qu'il jugeait absurde et coupable de se priver de ce que ces hommes pouvaient lui apporter d'intéressant, sous prétexte qu'ils appartenaient à une autre race ou à une autre confession. À cette époque-là, d'ailleurs, l'Orient possédait une civilisation beaucoup plus avancée que l'Europe, et les croisades constitueront un élément de progrès considérable pour l'Occident, qui aura beaucoup appris et beaucoup reçu, à tous points de vue, artistique, pratique, dans ses contacts avec l'Islam.

Une certaine indifférence religieuse lui interdisait de traiter avec sectarisme des peuples dont il reconnaissait la supériorité, et que des esprits plus simples vouaient à la destruction, seulement parce qu'*idolâtres.* Si Frédéric II apparaît comme un homme dépourvu de profondes convictions religieuses, en revanche il était exempt des préjugés qui les accompagnent parfois, et ceci compense cela. Il était libéral parce que libéré — cette « libération » étant selon les uns un bien, selon les autres un mal, mais chacun là-dessus pense ce qu'il lui plaît. Il est évident, toutefois, que cettte indépendance lui a permis d'embrasser un champ de connaissances beaucoup plus vaste que celui dont les individus les plus intelligents de ce temps même, et les plus cultivés, avaient la disposition.

Un concours de circonstances particulièrement heureux l'a mis en contact avec les hommes les plus éminents de cette époque. On raconte que les deux fils d'Averroës, même, habitaient la cour de Palerme, et, avec Averroës, c'était l'aristotélisme qui entrait, un aristotélisme revu et commenté par une des intelligences les plus aiguës et les plus puissantes de tous les temps. L'influence sarrasine en Sicile disposait ce souverain, qui avait passé parmi les musulmans toute sa jeunesse, à se tourner volontiers vers cette source de science et de connaissance philosophique qu'est le monde musulman du Moyen Age.

Frédéric ne s'intéressait pas seulement aux créations étranges de l'Orient, comme ces bizarres automates dont Al Kamil lui avait fait cadeau ou cette horloge astronomique où l'on voyait les astres, la Lune, le Soleil, parcourir leur chemin dans le ciel. C'étaient les idées, les façons de penser, qui s'introduisaient dans le monde chrétien à la faveur de ces relations. Le fameux recueil des Questions siciliennes qui contient la correspondance de Frédéric II avec le philosophe Ibn Sabin, est le document le plus probant de l'ardente sympathie avec laquelle l'empereur s'intéresse à la pensée de l'islam, et de la réserve avec laquelle Ibn Sabin, qui vit, lui, dans un milieu beaucoup plus intolérant que celui des chrétiens, répond à certaines interrogations dangereuses. « L'éternité du monde, la méthode qui convient à la métaphysique et à la théologie, la valeur et le nombre des catégories, la nature de l'âme, voilà, dit Renan, les points sur lesquels l'empereur demandait des lumières aux infidèles. Les réponses d'Ibn Sabin ont quelque chose d'embarrassé. Il les adressait à l'empereur par l'intermédiaire de son gouvernement, et on y sent à chaque ligne les précautions de l'incrédule obligé de dissimuler sa vraie opinon. Sur les points délicats, il demande une entrevue personnelle à l'empereur, ou il le prie de lui envoyer quelqu'un à qui il donnera la réponse en secret. Parfois même il lui demande de poser ses questions d'une manière plus obscure et plus difficile à comprendre, "car, dit-il, dans ce pays-ci, quand il s'agit de telles affaires, les esprits sont plus tranchants que des épées et des ciseaux. Si nos docteurs avaient la certitude que j'eusse répondu à certaines parties de tes questions, ils me regarderaient du même œil que les questions mêmes, et je ne sais si Dieu, dans sa bonté et sa puissance, me ferait ou non échapper de leurs mains"[62]. »

Frédéric II avait un si grand respect pour la culture que, non seulement il l'admirait chez ses « ennemis » de race et de religion, auprès desquels il ne refusait pas de s'instruire, mais encore il en permettait le libre usage à ses adversaires politiques. Lorsqu'il avait fait des prisonniers, soit dans la guerre, soit dans la répression des insurrections, il leur permettait de se livrer dans leur cellule à tous les travaux de l'esprit, et leur fournissait tous les livres dont ils avaient besoin. Cet ami des livres faisait copier à un très grand nombre d'exemplaires ceux dont il jugeait la connaissance nécessaire pour les étudiants. Il constitua ainsi plusieurs bibliothèques d'ouvrages grecs et arabes, inaccessibles, jusqu'à lui, dont il dota les universités italiennes. On sait le développement considérable qu'il donna à l'université de Naples, par amour sincère et fervent de la culture, tout autant que pour empêcher les jeunes gens du royaume d'aller acquérir dans les universités lombardes ou toscanes, ces idées subversives qu'il jugeait dangereuses dans un État bien organisé. Il aimait le travail de l'esprit, et il aimait le faciliter aux autres. Aussi entretenait-il une armée de traducteurs et de copistes, encore qu'il n'eût pas besoin de traductions pour lui-même, car il connaissait parfaitement bien le latin, le français, le grec, l'arabe et sans doute l'hébreu. Ses émissaires couraient le monde à la recherche des livres rares, et quand il avait pu se procurer un de ces textes introuvables, c'était pour cet humaniste, une fête et une joie. En pleine guerre, il n'hésitait pas à oublier la stratégie pour écouter les discussions des philosophes et des théologiens. Échard rapporte que « Frère Roland, de Crémone, se trouvant dans cette ville apprit par quelques frères qui revenaient du camp de l'empereur, alors occupé au siège de Brescia, que son philosophe les avait couverts de confusion en leur posant des questions auxquelles ils n'avaient pas pu répondre. Alors, zélé pour la gloire de l'ordre, il dit "Sellez-moi un âne" car il était goutteux et ne pouvait marcher, et il se transporta ainsi au camp de l'empereur, où, bientôt entouré par ceux qui le connaissaient et l'honoraient, il porta ce défi au philosophe : "Maître

Théodore, lui dit-il, pour que tu saches que l'Ordre des Prêcheurs a aussi des philosophes, je te donne le choix, soit de poser des objections, soit d'y répondre, sur quelque sujet de philosophie que tu voudras"[63] ».

Ce « Maître Théodore » qu'on voit ici jouter avec des religieux, tenait à la cour de Frédéric un emploi mal défini. Il semble avoir été surtout un astrologue ; c'est lui que l'empereur consulte de préférence avant de prendre quelque décision que ce soit, c'est à lui que l'empereur demande à quel moment de la nuit nuptiale il doit connaître sa nouvelle épouse. « Ce César, raconte Saba Malespina, qui était le vrai souverain du monde, et dont la gloire s'était répandue dans tout l'univers, croyant sans doute devenir égal aux dieux par la pratique de la science mathématique, se mit avec une infatigable curiosité à sonder le fond des choses et à scruter les mystères des cieux. Préoccupé des subtiles recherches qui ont la nature pour objet, il écoutait les astrologues, les nécromanciens et les devins avec tant d'abandon, que son esprit, toujours prompt dans ses mouvements, tournait selon leurs présages, avec la rapidité du vent[64]. » A son exemple, ses fils et son beau-fils, s'entouraient aussi de devins, et il est probable que Frédéric II consultait, en même temps que Maître Théodore, les célèbres occultistes d'Ezzelino de Romano, Guido Bonatti, Riprandino de Vérone, Maestro Salione, et le Sarrasin Paul, qu'il avait fait venir de Bagdad.

Théodore, d'ailleurs, n'était pas seulement un astrologue. Éminent dans toutes les sciences, il égalait en mathématiques le célèbre Fibonacci qui avait beaucoup d'admiration pour lui, il servait de secrétaire à l'empereur pour sa correspondance avec les souverains d'Orient, il préparait pour lui des boissons étranges, des bonbons, et surtout, ce *sucre violat,* dont les contemporains parlent avec émerveillement. C'est lui, probablement, qui initia l'empereur à la médecine, science pour laquelle Frédéric II s'enthousiasma tant qu'il voulait soigner lui-même ses parents et ses amis, et leur faisait prendre des remèdes inventés par lui. Tout le Moyen Age parlait de la fameuse *Bénédiction de Frédéric* qui était une formule de conjuration, que l'on récitait en même temps que l'on pansait les blessures avec de l'huile d'olive vierge imbibant une compresse de laine.

Cet homme dont les curiosités étaient universelles, qui voulait tout connaître, et qui représente au plus haut point la figure même de l'humaniste, entretenait des plongeurs, qui lui rapportaient des objets étranges et qui le renseignaient sur ce qui se passait au fond des mers. Le pêcheur Cola Pesce, *Colas le Poisson,* qu'on tenait pour le meilleur plongeur de son temps, était son familier, et comptait pour l'un de ses maîtres : son « professeur ès sciences sous-marines ». Sans doute, retenu au rivage, regrettait-il de ne pouvoir aller contempler lui-même, dans les profondeurs claires des mers siciliennes, les jeux singuliers des poissons évasifs et les balancements légers des plantes vivantes.

Il s'occupait aussi des fouilles archéologiques, faisait faire des recherches, dégageait les monuments anciens ; c'est à lui qu'on doit la découverte à Ravenne du magnifique mausolée de Galla Placidia. Favorisant l'expérimentation dans toutes les sciences, il autorisait la dissection des cadavres, ce qui était un scandale abominable dans l'opinion de cette époque, et même les expériences sur les corps vivants. Il étudiait l'histoire naturelle dans sa ménagerie qui rassemblait les animaux alors les plus rares, les oiseaux dans sa volière, les faucons surtout dont il possédait toutes les variétés. Grand amateur de chevaux, il connaissait l'art vétérinaire, sur lequel il aurait pu écrire un livre tout aussi bien que sur la vénerie, et surveillait lui-même les haras dans lesquels il essayait des croisements entre les plus belles races.

Rien pour lui n'est insignifiant — et c'est là le signe des plus grands esprits, dont un Gœthe a donné l'exemple. Il fait construire des fermes modèles, il encourage l'agriculture, les pêcheries, avec le même zèle qu'il met à discuter d'Aristote avec ses philosophes arabes ou à s'entretenir de poésie avec les Minnesaenger allemands, les troubadours provençaux, les poètes italiens et sarrasins, qu'il entretient à sa cour[65].

Cette grande époque de la pensée philosophique est, en même temps, une grande époque de poésie. C'est à ce moment-là que Wolfram von Eschenbach écrit son *Parcival,* Hartmann von Aue *Erek und Ewein,* Gottfried de Strasbourg son *Tristan et Isolde.* Les chansons ironiques de Niedhart von Reuenthal retentissent à côté des *lieder* de Stricker, des fantaisies de Freidank, et le plus grand de tous, dominant de haut son époque, Walther von der Vogelweide célèbre en des poèmes immortels la gloire des Hohenstaufen. S'il aime la poésie, Frédéric II se plaît à lire aussi les romans de chevalerie, les histoires fantastiques, les prophéties mystérieuses des anciens temps. Ce sceptique fait traduire du latin en français, pour l'utilité du peuple, les prophéties de Merlin, dont il faisait grand cas.

Il écrit de beaux vers italiens dans le style de Guido Guinizelli et de Guido Cavalcanti ; des poèmes d'amour dans le genre des poètes provençaux aussi. Il aime et il pratique, en même temps, le *dolce stil nuovo* des Italiens, si souple, si fluide, et le *trobar clus* des troubadours, précieux, hermétique, d'un raffinement de forme et de pensée presque excessif à force de recherche et de complications verbales et sentimentales. S'il a moins de talent que ses fils, qu'Enzio, surtout, dont les chansons ont quelque chose d'âpre et de puissant, il se distingue cependant de cette abondante production de l'époque, souvent superficielle, artificielle, par une élégance pleine de noblesse, de grâce mesurée. « Amour, puisqu'il te plaît que je chante, je m'efforcerai vers un chant digne de toi... » Ainsi célèbre-t-il en ces cadences que Guinizelli rendra célèbres, cette nouvelle manière de chanter, si différente du latin du haut Moyen Age, qui, si longtemps, parut la seule langue digne de la poésie, différente aussi du « volgare », qui balbutiait encore jusqu'à cette époque, et que la poésie italienne de la première moitié du XIIIe siècle va porter à son plus bel épanouissement.

Il a donné à l'évolution de la littérature un élan comparable à celui qu'il a apporté dans les études philosophiques en Occident. De même qu'il mettait en contact les penseurs européens et les Orientaux, contact d'où naîtra cet averroïsme si fécond pendant tout le Moyen Age, de même favorise-t-il à Palerme, à Foggia, à Capoue, la rencontre des troubadours provençaux, exilés par la guerre albigeoise, des Minnesaenger, qui suivaient la cour, des nouveaux poètes italiens, les premiers maîtres du « volgare », Giacomo de Lentino, qui était un des hauts fonctionnaires de l'Empire, à qui l'on attribue l'invention du sonnet, Rinaldo d'Aquino, Ruggerone da Palermo, dont les *lamentos* ont un accent dramatique si puissant, Cielo d'Alcamo, maître des « contrastes » érudits et adroits, Guido delle Colonne, fameux pour ses chants d'amour, Giacomo Pugliese, ennemi politique de Frédéric II, le Messinois Mazzeo di Ricco, le grand Sordello, enfin, que Dante célèbre, et qui conserva une magnifique indépendance au milieu de la querelle des guelfes et des gibelins, tels sont les plus connus parmi ces innombrables poètes qui transformaient les villes siciliennes en cours d'amour.

La part qu'a prise l'empereur à l'épanouissement de cette poésie, aussi bien allemande qu'italienne, est considérable ; par l'appui qu'il a donné, d'abord, à tous les artistes, par le respect qu'il a montré à l'égard de toutes les formes et de tous les aspects de la culture, par son exemple, enfin, et celui de ses fils. Représentons-nous cette Italie méridionale où les rois, les princes, les hauts fonctionnaires, étaient tous poètes, et créaient des œuvres originales, fraîches, belles, ingénieuses, hardies. La poésie devient le langage naturel de cette société, comme elle l'était dans la Provence d'avant la croisade albigeoise, grâce au rayonnement des Hohenstaufen ici, là des comtes de Toulouse et de Foix. Par son éclectisme, qui ne lui faisait refuser aucune des manifestations de l'intelligence ou du talent, par son zèle à soutenir les philosophes et les chanteurs, Frédéric II a joué dans le XIIIe siècle, le même rôle que les papes de la Renaissance et les princes florentins du Quattrocento. Il ressemble beaucoup, en cela, à un Laurent le Magnifique, à un Jules II, qui, eux aussi, ont fait faire de si grands progrès à l'art de leur temps.

Son libéralisme — une vertu si rare à cette époque — lui permettait d'intégrer les formes de pensée les plus étrangères. Sa correspondance avec Juda Cohen de Tolède, le célèbre mathématicien juif, le montre préoccupé de résoudre des problèmes de mathématique dont personne, jusqu'alors, n'a pu venir à bout. Il est en relations épistolaires avec le grand savant pisan Leonardo Fibonacci, dont les travaux sur les proportions et les nombres inspireront encore toutes les recherches de la Renaissance sur la « section d'or » et la « proportio divina ». C'est à Frédéric II, que l'auteur de la fameuse « série » dédie son *Traité des nombres carrés*. L'empereur assistait aux ébats des savants, il écoutait les controverses entre Fibonacci, Maître Dominique, Maître Théodore et Maître Jean de Palerme, il s'entretenait de philosophie aristotélicienne avec Jacob Ben Abbamari, le traducteur d'Averroës, qui devait à la bienveillance du Hohenstaufen d'avoir pu mener à bien cette œuvre colossale. « Quand j'aurai achevé de revoir ce livre, écrivait Ben Abbamari, j'entreprendrai de terminer la traduction des autres avec l'aide de Celui qui porte secours à l'indigent, qui a mis dans le cœur de notre seigneur l'empereur-roi Frédéric l'amour de la science et de ceux qui la cultivent, qui l'a rendu bienveillant pour moi, au point de fournir à tous mes besoins, et à ceux de ma famille. Que Dieu manifeste en lui sa clémence, qu'il l'élève au-dessus de tous les rois de la terre[66] ! »

J'ai montré, déjà, combien était grande sa sympathie pour l'Islam. De même, il n'a aucun préjugé contre les juifs, dont il respecte l'activité commerciale et intellectuelle[67]. Il héberge leurs savants et leurs philosophes, il les protège contre les pogroms, il engage une grande enquête sur les « crimes rituels » dont les récits bouleversaient le Moyen Age. Kantorowicz a donné une description très vivante de ce long procès au cours duquel on entendit les témoignages les plus variés, et dont dépendait peut-être le destin du peuple d'Israël dans tout l'Occident. « Le César, écrit d'autre part Henri de Ziegler, avait juré d'exterminer leur race dans tout l'Empire si l'on pouvait établir la consistance du grief retenu contre eux. Les princes, les nobles de tous rangs, les abbés et nombre de clercs furent invités à donner leur avis. Mais ils n'apportèrent que contradictions et incertitude. Il fallait des témoins plus renseignés. On alla les chercher jusqu'au-delà des fontières de l'Empire romain parmi les juifs convertis au christianisme, et qui pouvaient s'exprimer en connaissance de cause sur les lois et les usages de leur ancienne religion. Une requête fut adressée à tous les rois de l'Occident ; on les priait de diriger sur Haguenau des nouveaux baptisés, instruits des mystères du judaïsme, pour élucider un cas où il importait que le monde vît clair. L'appel fut entendu. D'Angleterre vinrent deux témoins choisis pour leur science. Cette instruction universelle, peut-être sans précédent, tourna à la confusion des accusateurs. On établit que les livres sacrés des Hébreux condamnaient tous sacrifices sanglants et prévoyaient même des peines graves contre l'immolation des animaux. Ce résultat confirmait Frédéric dans ce qui, dès le début, avait été sa conviction intime. Il fit, en conséquence, rendre un verdict qui mettait les juifs de l'Empire à l'abri d'une semblable inculpation[68]. »

Parmi cette brillante équipe de savants juifs, musulmans et chrétiens dont il s'entourait pour apaiser cette soif de connaître, qui fut toujours si ardente chez lui, dans tous les domaines, et à tous les moments de sa vie, il y avait aussi les professeurs des universités de Naples et de Salerne, qu'il avait dotées de riches privilèges, qu'il comblait de cadeaux, et qui, grâce à des généreuses subventions, distribuaient à toute l'Italie le savoir le plus complet et le plus varié. A l'avènement de Frédéric, dit un chroniqueur, il y avait dans le royaume de Sicile peu ou point d'hommes lettrés. Grâce à lui la culture a fait de tels progrès que les universités fondées ou agrandies par lui demeurent des modèles d'éclectisme[69]. Il pardonnait à ses ennemis politiques pourvu qu'ils eussent du savoir ou du talent. L'amour de la culture l'emportait chez lui sur le ressentiment de l'empereur bravé ou outragé.

Dominant enfin cette foule de professeurs et de savants, se dresse la haute et maigre silhouette de cet Anglais, qu'on appelait Michel Scot. Maître ès diableries, spagyriste, illusionniste, étudiant de Tolède, docteur d'Oxford et de Paris, Michel Scot traduisait des livres grecs, arabes et hébreux, avec la même facilité. Le *Traité de la Sphère* d'Alpetronji n'avait pas plus de secret pour lui que les livres d'Averroës ou d'Aristote. Il se dissimulait sous des pseudonymes lorsqu'il écrivait des ouvrages trop compromettants, il signait du nom de Nicolas le Péripatéticien ceux qui sentaient le fagot, en même temps que, pratiquant la prestidigitation et l'hallucination collective, il présentait à ses hôtes des prodiges inouïs, comme celui de faire pousser sur le sol d'une chambre, sous leurs yeux, une vigne chargée de grappes. Cet homme qui ajoutait peut-être l'art magique des sorciers de l'Inde et de l'Égypte à la culture des grandes universités européennes, partageait avec Maître Théodore l'Universel, la confiance et l'admiration de Frédéric II qu'enthousiasmait la fréquentation de ces génies bizarres et séduisants.

Et c'est ce même homme qui, avec une humble et tendre piété, présidait à la translation des reliques de sainte

Élisabeth de Hongrie[70]. C'est ce mécréant, cet « épicurien », qui avait sollicité, en 1222, l'année même de sa rencontre avec saint François, son admission dans la confrérie des moines de Casamara. C'est ce « dragon », ce « basilic », cet « Antéchrist », qui créait dans la cathédrale de Bari une fondation perpétuelle pour le cierge pascal du Samedi Saint...

Protée ? Oui. Une figure comme celle-ci ne se laisse pas enfermer dans les médiocres limites qui dessinent les personnalités des autres hommes. Tout ce que l'on a pu dire de lui est vrai, sans doute, le mal comme le bien. Mais c'est justement par cette extraordinaire aptitude à réunir dans une seule individualité les caractères les plus variés et souvent les plus opposés, que se distinguent de la foule les véritables *grands hommes,* ceux que l'on n'a pas le droit de juger selon les communes mesures, car leur grandeur même est leur unique loi et leur seule justification.

XI

« Les lieux de nos délassements »

Ce grand homme d'État, ce philosophe, ce savant, cet expérimentateur, ce lettré, fut en même temps un grand constructeur. Il a marqué l'art de son temps d'une empreinte aussi profonde que celle qu'il a donnée à la poésie, à la science, à la pensée. Étudiant la sculpture du XIIIe siècle dans l'Italie méridionale, Émile Bertaux a pu dire : « C'est l'empereur qui fut le véritable sculpteur[71]. » Non parce qu'il a manié de ses mains le marteau et le ciseau sans doute, mais c'est sa propre esthétique qui commande toutes les créations artistiques du royaume pendant plus d'un demi-siècle. C'est sa notion de l'Empire qui se reflète dans cet art « impérial », où se rencontrent des éléments antiquisants — « classiques » — pénétrés déjà de l'idéal de la Renaissance, et des formes nordiques empruntées aux architectes allemands, aux tailleurs de pierre français.

Le même éclectisme qui présidait à sa culture se retrouve dans l'art qui s'élabore sur son instigation, selon ses conseils, conformément à ses désirs. Ses châteaux sont le reflet de sa personnalité. Demeures de plaisance, pavillons de chasse où cet infatigable veneur se reposait de ses longues chevauchées à travers les forêts et les campagnes, forteresses, aussi, capables de soutenir un siège, car il faut tout prévoir, les châteaux frédériciens parsemés sur toute l'Italie méridionale sont faits à l'image de l'homme qui les bâtit et les habita. C'est là qu'il venait, avec ses poètes, ses musiciens et ses fauconniers, oublier les soucis de la politique et les horreurs de la guerre. Sa chapelle l'accompagnait, et charmait de *laudi* et de *canzoni,* les soirées de Castel del Monte, de Cosenza, de Lagopesole, berçant de beaux chants la fatigue de ces cavaliers dont les yeux s'étaient brûlés à suivre tout le jour le vol des faucons.

Dans ses palais citadins, Frédéric avait trouvé le style composite à la fois européen et asiatique, normand et mauresque que les Hauteville avaient acclimaté dans cette île sicilienne, imprégnée des plus belles civilisations antiques. Il s'y plaisait, parce qu'il y jouissait de cette paix physique, de cette heureuse détente, que procuraient les eaux chantantes, le scintillement des mosaïques, la fuite des entrelacs, tout cet art d'inspiration musulmane, enfin, évasif, énigmatique, créé pour la joie des sens et la béatitude de l'esprit. Il y contentait cette sensualité païenne, cet hédonisme raffiné, qui étaient aussi un des côtés significatifs de son caractère. Son père ne s'était pas soucié de créer un style ; de ses prédécesseurs, les rois normands, il avait reçu ces palais, ces jardins, ces harems ; il s'était contenté de les entretenir et d'y vivre des jours indolents.

Mais parce qu'il ajoutait l'âme d'un grand bâtisseur à tous les autres aspects de sa protéique nature, Frédéric II ne se contenta pas des merveilles que ses ancêtres lui avaient léguées. Il voulut marquer, lui aussi, son passage sur cette terre italienne, en y construisant des édifices nouveaux, affranchis de l'esthétique arabo-normande, qui seraient comme les miroirs de sa personnalité, et où les générations futures retrouveraient, en même temps que son éclectisme, cette unité de caractère, cette originalité, qui constituent la base de son individualité.

Il n'essaiera pas d'acclimater le gothique des pays du Nord à une contrée qui ne peut pas l'assimiler. Il ne transplantera pas des formes et des styles dans une terre où elles ne sauraient prendre racine. Il donnera à l'Italie, à l'Empire, un style nouveau, à l'image de son esprit, grandiose, clair, vigoureux, énergique, puissant. Son art fut aussi en avance sur l'art européen de son temps que l'étaient sa pensée, sa personnalité, ses idéaux. D'instinct, il dépassait, d'un bond, ses contemporains. Il pressentait l'évolution des formes, comme il devinait la structure future des sociétés. La sculpture et l'architecture apuliennes de la seconde moitié du XIIIe siècle présentent déjà les particularités qui seront celles de la seconde Renaissance : une sobriété souple et grave, un retour conscient aux formes antiques, un « classicisme » jeune, ardent, impétueux, qui n'a rien d'*académique*, et qui est au contraire, comme doit l'être tout véritable « classicisme », en révolte contre tous les académismes.

Frédéric II a fait construire peu d'édifices sacrés. Ceux qui portent son empreinte ne montrent que des embellissements, des réparations, des agrandissements, mais dans ces détails mêmes, on reconnaît le génie de l'homme qui les a commandés. Le style frédéricien se retrouve dans la cathédrale de Termoli, dont les arcs en fer à cheval et les mosaïques à fond d'or conservent quelques traits de la décoration musulmane sicilienne ; dans la cathédrale de Bénévent, qu'il fit aussi orner de mosaïques ; dans l'église palatine de Foggia, qui était, en quelque sorte, la chapelle de son palais, indépendante du diocèse ; dans l'église de San Leonardo, qui appartenait aux Chevaliers de l'Ordre teutonique, bâtie peut-être par le Grand Maître Hermann de Salza ; dans la cathédrale de Siponto, dont le plan est oriental, et dont la décoration singulière présente un relief saisissant ; dans l'abbatiale de Nardo, qu'il avait fait faire peu de temps avant sa mort ; dans la cathédrale de Matera, commencée sous son règne, mais dont il n'a pas vu l'achèvement ; dans la cathédrale de Trani, inachevée, elle aussi. Tous ces édifices religieux des Pouilles, de Calabre, des Abruzzes, de Molise, qui développent, parallèlement au gothique européen, des formes si étranges, si particulières au pays qui les a vus naître, sont imprégnés de l'esthétique frédéricienne, qu'il s'agisse d'édifices anciens qu'il a restaurés, ou, au contraire, de constructions nouvelles qui ne seront terminées que sous les Angevins, ou qui resteront longtemps à l'état de *torso,* dans la nature âpre, mélancolique et rude de cette « terre de labour », de ces chaînes de montagnes aux étroits défilés, de ces côtes sauvages, presque inhabitées.

De toutes ces églises, qui toutes portent la marque de l'art frédéricien, la seule qui soit complète, parfaite, est la cathédrale d'Altamura en Terre de Bari, indépendante elle aussi de l'évêché de Gravina, dont elle aurait dû dépendre. La fondation date de 1220, c'est-à-dire de cette période où l'empereur s'entretenait avec le Poverello, dans la ville de Bari, voisine de la haute forteresse qui a donné son nom — Altamura — à la petite ville où se dresse cette construction puissante ; de la période, aussi, où il entrait dans la confrérie des moines de Sasamara. Il est donc possible que cette église d'Altamura soit, de la part de ce « mécréant », une véritable œuvre de foi. C'est, en tout cas, une œuvre d'art très remarquable, d'un aspect composite car les Angevins y ont ajouté leur propre style.

Soit que les additions postérieures ou les *enjolivements* les aient défigurées, soit que les bâtisseurs impériaux aient été moins préoccupés de créer une architecture religieuse, c'est dans l'architecture civile surtout que se manifeste l'inspiration artistique de Frédéric II. Il s'agit, je l'ai dit, de châteaux qui sont tout à la fois des résidences royales, des rendez-vous de chasse et des châteaux forts. Les châteaux forts proprement dits, qui n'ont pas d'autre finalité que la guerre, s'alignent le long de la côte adriatique pour protéger les ports ou s'érigent au milieu des villes auxquelles ils imposent la masse sombre de leurs énormes bastions. Ce sont ainsi, soit des citadelles, soit des postes de guet, soit des casernes. Ils font partie d'un grand système défensif qui contrôle le rivage, d'une part, et, de l'autre, commande les points stratégiques les plus exposés, les carrefours, les sommets ; tel le château de Gioia del Colle, par exemple, sur la route de Bari à Tarente, ou Castel del Monte, d'où l'on embrasse une si vaste étendue de pays.

Les rendez-vous de chasse, fortifiés eux aussi, présentent des défenses moins compliquées et moins nombreuses. C'est Apricena, le « lieu du repos du sanglier », entre Foggia et le monte Gargano, c'est Lagopesole, à côté du « lac suspendu », sur la route de Melfi à Potenza. Belles demeures d'une harmonie sévère, sobrement décorées, dont la splendeur réside surtout dans les proportions, dans la gravité vigoureuse des masses ; la simplicité même, ici, devient un ornement. On y reconnaît l'influence de l'architecture monastique des Cisterciens, pour lesquels Frédéric II avait une prédilection, et qu'il avantagea toujours, alors qu'il se montrait plutôt hostile aux Ordres mendiants, qui, d'ailleurs, le lui rendaient bien. Autour de ces châteaux étaient disposées les grandes ménageries, avec leurs fauves, leurs éléphants, leurs girafes, leurs bêtes de toute sorte, les volières, les fauconneries — la grande fauconnerie, d'une richesse inouïe, et sans égale en Europe à cette époque, se trouvait à côté du château de Gravina —, les haras enfin où l'empereur étudiait les croisements de races, celui du château de San Gervasio, surtout, d'où sortaient les plus beaux palefrois et les destriers les plus ardents.

Quels étaient les architectes de ces châteaux-forteresses ?

Certains ont conservé le nom des maîtres d'œuvre dans des inscriptions. C'est ainsi que nous connaissons l'existence de Melis de Stigliano, de Stefano de Trani, de Romoaldo de Bari, de Nicola da Foggia, d'Anseramo de Trani. Tous ces noms sont italiens, mais il est possible que des maîtres étrangers leur aient été adjoints, car certaines de ces constructions témoignent d'une influence nordique, allemande parfois, et surtout française. Les survivances musulmanes n'y sont pas négligeables et attestent l'emploi d'une main-d'œuvre sarrasine, ou de vieilles habitudes de l'œil et de l'esprit, conséquences de la longue domination arabe sur la Sicile. Il eût été surprenant que l'architecture de Frédéric ne présentât pas les caractères composites de sa pensée et de son entourage, mais la dominante est donnée par le style des maîtres apuliens, qui se reconnaît surtout dans le grandiose et large traitement des masses, dans l'emploi d'un appareil rustique à grands bossages.

A Castel del Monte, pourtant, qui est la plus belle et la plus complète de ces créations de l'architecture frédéricienne, c'est le style français qui domine. Telle est la conclusion d'Émile Bertaux qui a consacré à ce château une longue et remarquable étude. « L'imitation de l'architecture française et en particulier de l'architecture champenoise ou bourguignonne est poussée, dit-il, jusqu'aux détails les plus menus[72]. » Tous les archéologues ne sont pas du même avis, cependant. Les Italiens mettent l'accent sur la combinaison des réminiscences gréco-romaines, des conceptions indigènes, de l'influence normande, du goût oriental, et, dans une certaine mesure, des « éléments de l'art nouveau importé du Nord ». C'est avec raison d'ailleurs que dans les volumes simples et énergiques de cette colossale *rocca,* on reconnaît l'idéal qui sera celui de la Renaissance, la *concinnitas* de Léon Battista Alberti. « Castel del Monte possède, dans son ensemble, écrit Carl Frey, comme dans ses détails, dans la noblesse de ses proportions et de ses profils, dans la clarté, l'harmonie et la logique des membres de son architecture, dans l'invention variée et la richesse de sa décoration, dans l'admirable technique de son grand appareil, une beauté et une unité que n'offre peut-être aucun autre édifice jusqu'à la Renaissance[73]. »

A cela, Bertaux qui milite pour l'influence française, peut-être par la voie de l'Orient latin et de Chypre, répond : « Les parties vitales de la construction forment un système qui ne dépend ni de l'architecture apulienne, dont la cathédrale de Bitonto avait donné quelques années auparavant un exemple magnifique, ni de l'architecture gréco-romaine, mais bien de l'architecture française du XIIIe siècle. » Et il discerne dans les chapiteaux des copies des chapiteaux français. Que faut-il en conclure, sinon qu'avec son sentiment artistique si profond et si sûr, avec son libéralisme qui accueillait toutes les beautés, d'où qu'elles viennent, Frédéric II a su magnifiquement utiliser les ressources du gothique français, et les acclimater à ses propres constructions, les intégrer à sa propre esthétique, qui n'est pas uniquement gothique, et qui contient en elle tous les prémices de la Renaissance. C'est ainsi que, comme le note Bertaux, « l'architecture française devient, au moins dans les dix dernières années du règne de Frédéric II, la forme commune et officielle de l'art impérial dans tout le royaume de Sicile. Elle exerce son influence dans la Terre de Bari loin du monticule où s'élève Castel del Monte ; elle est employée dans les châteaux impériaux de Basilicate et de Calabre, comme à Catane, à Syracuse et à Castrogiovanni[74] ».

Castel del Monte, cette « merveille unique » du Moyen Age, représente le terme définitif de l'évolution esthétique de Frédéric II. C'est dans ce château que se résume son amour de la grandeur, de l'ordre, de la clarté. Il est en réaction contre l'architecture sicilo-normande, il se détache des prototypes musulmans, il se dégage même de cet éclectisme qui avait inspiré ses premières constructions. Le goût de l'Antiquité ne le conduit jamais à une imitation stérile. De même qu'il encourage la poésie en langue vulgaire, de même qu'il dicte ses lois en allemand — ce sont des innovations considérables à cette époque —, de même n'hésite-t-il pas à adopter le style le plus « moderne » lorsqu'il reconnaît que ce style s'adapte magnifiquement à sa pensée et à son propre « style » humain.

Alors que, au début de son règne, il laissait les architectes apuliens continuer les traditions locales, et bâtir selon les préceptes de ses prédécesseurs, à mesure que son « idée » impériale se développe, s'affirme et se précise, il tend en même temps vers la création d'un style personnel qui incorpore cette idée impériale, qui l'informe, qui lui donne le vêtement plastique dans lequel sera visible à tous les yeux l'idéal qui l'habite. Mais pas plus qu'il ne s'applique à calquer son Empire « moderne » sur le schéma de l'Empire romain antique, malgré l'admiration qu'il a pour l'Antiquité, pas plus il ne copie les monuments classiques ; à peine leur demande-t-il quelques thèmes, quelques inspirations. S'il se rapproche de ces monuments, c'est davantage par l'âme qu'il leur donne, que par les formes dans lesquelles cette âme s'exprime. Quoi de plus éloigné de la Rome impériale ou républicaine que Castel del Monte, et, pourtant, quoi de plus « romain » ? La porte triomphale de Capoue n'est pas construite à l'imitation des arcs de triomphe antiques, et pourtant on la sent capable de recevoir le cortège glorieux d'un imperator. Si curieux qu'il soit d'archéologie, cet homme qui faisait faire des fouilles à Augusta pour y découvrir les ruines de la ville impériale, et qui dégageait des décombres le tombeau de Galla Placidia, n'a pas la superstition du passé. Pour lui le passé peut être un modèle à condition de ne point s'y asservir, de ne point accepter la solution facile du pastiche et de la copie. Son classicisme est vivant justement parce qu'il ne conserve de l'Antiquité que les éléments immortels, ceux qui demeurent toujours féconds et capables d'engendrer des combinaisons nouvelles.

Tout en conservant à ses constructions un esprit romain, qui sied bien à ce successeur des Césars, il est accessible à toute les nouveautés. Il adapte les procédés modernes, lorsqu'il en a reconnu l'excellence. Partant de l'éclectisme, du syncrétisme, avec les premiers châteaux et les églises du cycle d'Altamura, il dégage de ce mélange d'influences le style véritablement original qui porte la marque de son génie, ce « gothique tempéré » qui apparaît à Castel del Monte, et qui perpétue aujourd'hui dans cette masse à la fois colossale et harmonieuse le génie lucide de l'homme qui lui a donné naissance. Gothique tempéré, ai-je dit ; il s'y ajoute, en effet, quelques rappels de l'Antiquité dans les détails, mais c'est l'âme surtout qui est antique. Pour le reste, « l'édifice entier avec son plan, ses voûtes, ses piliers, ses chapiteaux, est, dit Bertaux, en Italie le premier monument d'architecture française qui ne soit ni monastique ni ecclésiastique. Lorsque autour de Castel del Monte se sont groupés les châteaux de Lagopesole et de Cosenza, ceux de Castrogiovanni, de Syracuse et de Catane, il est impossible de méconnaître le goût personnel de l'empereur pour le style champenois et bourguignon. Peut-être cette intelligence ouverte à tant d'idées nouvelles voyait-elle clairement que l'architecture française du XIIIe siècle avait réalisé le plus grand progrès qui eût été tenté dans le domaine de l'art depuis la fin de l'art antique[75] ».

L'empereur était-il lui-même architecte ? Était-il sculpteur ? C'est possible. Rien ne serait étonnant de la part d'un homme dont les talents étaient aussi nombreux, le génie aussi multiple et varié. Le chroniqueur Ricobaldo de Ferrare rapporte qu'il était habile dans les arts mécaniques. Nous ne serions donc pas surpris si Frédéric II avait tracé lui-même les plans de ses châteaux ou de la porte de Capoue ; qu'il ait apporté une collaboration directe et matérielle à des créations conçues déjà selon son esprit et conformément à sa volonté esthétique. Tout ce qui se fait sous son règne, en effet, depuis les lois jusqu'aux monnaies, est un reflet de son génie. Celui-ci s'exprime aussi bien dans les splendides monnaies d'or qu'on appelle les augustales que dans les Constitutions de Melfi. Tout est à son image, comme ces belles pièces d'or qui offrent de lui un portrait si véridique.

Sa figure dominait aussi, matériellement et moralement, la porte triomphale de Capoue, sous la forme d'une statue, mutilée naguère par les soldats de Napoléon et dont il ne reste aujourd'hui que des débris. L'image de l'empereur surmontait la porte, entre deux effigies qui étaient probablement celles de Roffredo de Bénévent et de Pietro della Vigna. Le musée de Capoue conserve le buste du logothète, dont il immortalise le beau visage inquiet, grave, intelligent. Ces visages associent la grandeur d'un style sévère et presque idéalisé à un réalisme plein de vie et de naturel. Cette combinaison de classicisme et de modernité est, à cette époque, quelque chose de très nouveau. Pas plus qu'architecture, la sculpture frédéricienne n'est une imitation. Elle est aussi indépendante des prototypes antiques, auxquels elle s'apparente plus encore qu'elle ne se rattache, que des modèles gothiques qui s'infiltraient alors de France et d'Allemagne jusqu'en Italie, et qui vont donner un accent imprévu à l'art des Pisano[76].

La sculpture frédéricienne est une création vraiment originale. On ne saurait confondre ses productions ni avec celles de Rome ou de la Grèce hellénistique, ni avec celles de l'Europe nordique. Elle représente un monde à part, qui n'est ni naturaliste ni abstrait, et dont il semble que l'objet soit une certaine idéalisation du réel, ou, pour mieux dire, une certaine *sublimation* du réel, qui répond très exactement à ce qu'est en politique l'idée impériale. L'artiste inconnu qui a décoré de ces statues et de bas-reliefs, malheureusement perdus, où étaient racontées les victoires de Frédéric II, l'arc de triomphe construit par Nicola de Cicala, retrouvait une tradition grandiose ; celle de la ronde-bosse, que l'Italie avait perdue au cours du Moyen Age. La dernière statue taillée avait été celle de l'empereur Phocas, dans le Forum. Depuis cette époque l'art magistral des sculpteurs romains avait été oublié, et il appartenait à Frédéric II de la faire revivre. Ressusciter l'art de Rome en même temps qu'il ressuscitait dans sa totalité la majesté impériale et la grandeur romaine, telle était l'ambition de Frédéric II. Elle s'exprime dans la préférence qu'il donne à la sculpture sur la peinture, celle-ci reflétant plutôt la pensée chrétienne, et étant destinée à devenir le grand véhicule de la ferveur franciscaine. Un sentiment vigoureusement païen imprègne les statues de Capoue, de même que les bas-reliefs de la cathédrale de Sessa, par Peregrino, ou ceux du tabernacle que Gualtiero de Foggia a faits pour la cathédrale de Bitonto, les uns et les autres appartenant aussi au cycle de la sculpture frédéricienne ; ce même paganisme qui dictait à l'empereur l'ambition orgueilleuse d'associer dans sa main le pouvoir spirituel au pouvoir temporel, ainsi que jadis l'avaient fait les Césars.

Après la mort de Frédéric, cet art qui est comme le miroir de son âme, lui survivra. L'impulsion qu'il avait donnée à l'architecture et à la sculpture se prolongera presque jusqu'à la Renaissance qui, tout naturellement, s'accordera avec ce classicisme grandiose, toujours vivant. Ce style qui est une combinaison de l'Antiquité et de l'actualité est si chargé de vie et si souple qu'il s'adapte très bien aux différentes écoles provinciales. Longtemps après que le grand Hohenstaufen aura été déposé dans son sarcophage de porphyre, où il dort enveloppé de sa robe arabe, son esthétique commandera encore l'esprit et la main des artistes italiens, auxquels il aura enseigné la noblesse de cette interprétation des prototypes antiques, la beauté de cette acclimatation à l'Italie du gothique français.

XII

« Jour de colère ! Jour de malheur ! »

Ce fut devant la basilique Saint-Jean de Latran que, le 31 mars 1244, le pape et l'empereur se réconcilièrent solennellement. En présence du peuple qui se pressait en foule autour des souverains, qui étaient venus assister à cette émouvante cérémonie, et parmi lesquels l'empereur Beaudouin de Constantinople dressait sa haute taille, devant les sénateurs romains et les prélats assemblés, Innocent IV salua la « bête sortie de la mer » du titre de *fils dévoué de l'Église et prince catholique.* Le Saint-Siège triomphait. Frédéric II, vainqueur et vaincu, avait capitulé. Les termes de cette capitulation, qui furent immédiatement répandus parmi le peuple à un très grand nombre d'exemplaires, car plusieurs scribes s'employaient depuis longtemps à les copier, attestaient que l'Empire avait cédé devant la Papauté. La vieille querelle entre les deux pouvoirs, qui durait depuis plus d'un siècle, prenait fin ; libéré de l'excommunication, Frédéric II, dompté, assagi, rentrait dans le giron de l'Église.

Sur le papier, oui. Mais ce n'était qu'une victoire de

papier. Il est plus aisé d'établir les conditions d'un traité de paix, que de les mettre à exécution. Y avait-il mauvaise foi chez l'empereur ? Avait-il consenti à tout ce qu'on exigeait de lui avec la secrète pensée de n'en rien faire ? Ou bien, ce qui paraît plus probable, devinait-il que les événements modifieraient à leur façon les belles constructions des diplomates ? Des juristes adroits comme Taddeo de Sessa et Pietro della Vigna avaient certainement glissé dans certains articles des expressions vagues, obscures, qu'il serait difficile d'éclaircir plus tard. Le traité de paix laissait ainsi des questions en suspens, en subordonnait d'autres à l'accomplissement d'actes éventuels, hypothétiques. On sentait que les plénipotentiaires, de part et d'autre, avaient été impatients d'en finir, et avaient bâclé un compromis qui, tout en paraissant satisfaire tout le monde, ne contentait personne.

Les difficultés pratiques, enfin, devaient surgir au moment de l'application de certaines clauses, comme celle qui concernait l'amnistie des prisonniers lombards, et la restitution des terres de l'Église. Par inadvertance, ou intentionnellement, on avait laissé dans le vague des dispositions qui, mal interprétées, devaient susciter de nouveaux conflits. « Par exemple, dit Zeller, les prisonniers et rebelles lombards étaient bien compris dans les amnisties que l'empereur devait prononcer, mais l'empereur voulait astreindre ces personnes au serment de fidélité qu'elles lui devaient, préalablement à leur libération ou à leur amnistie. Dans sa pensée, il ne devait faire aucun sacrifice des droits impériaux qu'il avait sur les Lombards, tandis que le pape prétendait au contraire rester arbitre et juge des rapports de l'empereur avec ceux-ci ; ce que Frédéric ne pouvait admettre sans réserve. Pour les terres de l'Église, le pape en voulait la restitution pure et simple, tandis que Frédéric y prétendait sauvegarder son honneur et ses droits, au moins comme bailli, *advocatus*. Enfin l'époque de l'absolution de

Frédéric par le pape n'ayant pas été fixée, elle était remise après satisfaction des griefs dont le Saint-Siège avait à se plaindre; et Innocent IV différait à dresser la liste de ces griefs qu'il ne connaissait pas tous encore. A chaque pas on se heurtait à des difficultés que les plénipotentiaires paraissaient avoir évitées pour arriver au but[77].»

Un mois à peine après cette glorieuse réconciliation, les adversaires se retrouvaient dans la même position, où ils étaient après la victoire de Cortenuova. D'une part, l'Empire résolu à ne rien céder de ses possessions et de ses prérogatives, de l'autre, la Papauté, décidée à faire mordre la poussière à ce «fils de l'Église» récalcitrant. L'illusoire concorde qui s'était établie au Latran, pour quelques jours, s'effritait déjà. Les conflits surgissaient des paragraphes mêmes de ce texte équivoque et ambigu. Les diplomates qui avaient discuté au nom du pape et de l'empereur s'étaient déclarés prêts à toutes les concessions, mais quand il s'agissait de réaliser ces bonnes intentions, le pape ni l'empereur ne voulaient rien entendre.

Frédéric II aurait voulu rencontrer Innocent IV et discuter avec lui, de vive voix, des questions litigieuses. Il lui offre de le rejoindre dans telle ville qu'il désignera. Innocent IV, malgré l'honnêteté de ces propositions, se méfie. L'empereur paraît plein de dispositions pacifiques, mais avec ce Protée, on ne sait jamais ce qui peut arriver. Quelle métamorphose imprévue fera de ce monarque aimable, intelligent et cultivé, une bête féroce redoutable? Innocent IV accepte, promet, prend rendez-vous. Il se gardera bien cependant d'aller à ce rendez-vous, et voilà que les choses traînent en longueur, de nouveau, que les incertitudes s'aggravent. Ce sont les conflits au sujet de la nomination du préfet romain. Ce sont les intrigues pontificales qui recommencent en Allemagne. C'est enfin la fuite du pape, en armure et sous le casque, jusqu'à Lyon, hors de portée de la terrible poigne de l'empereur.

L'accord du Latran est du 31 mars. Le 7 juin, Innocent IV quitte Rome et va construire entre Rhône et Saône la citadelle d'où il lancera contre l'ennemi les foudres des sanctions ecclésiastiques. Deux mois ont suffi pour ruiner tous les espoirs de paix. La guerre recommence, plus âpre, plus violente, sans espoir de paix, autrement que par l'effondrement de l'un des adversaires. « Si la paix doit être rétablie entre moi et Frédéric, écrit le pape à l'évêque de Strasbourg, c'est que celui-ci ne sera plus ni empereur ni roi[78]. »

C'est ainsi que la question se pose, en effet, après l'échec des accords du Latran. Cet armistice, boiteux et précaire, a montré qu'une entente durable, solide, profonde, est impossible. Il ne s'agit pas de concessions, de sacrifices réciproques, mais d'une antinomie radicale entre deux absolutismes dont chacun prétend posséder, seul, la toute-puissance. Absolutisme impérial, d'une part, qui entend tenir dans sa main les deux glaives dans un seul fourreau, et qui consent à frapper du glaive temporel les hérétiques, pourvu qu'on lui permette d'infliger les punitions spirituelles à ses adversaires politiques. Absolutisme théocratique, d'autre part, qui affirme que « le Souverain Pontife, successeur de saint Pierre, tient les deux clefs *discretionis et potestatis,* car le pouvoir serait cruel s'il n'était pas réglé par le discernement, et le discernement serait inutile, s'il n'était pas appuyé par le pouvoir ». Ainsi s'exprime la lettre pontificale du 2 janvier 1234. Innocent IV est encore plus catégorique que Grégoire IX. « En dehors de l'Église, on ne bâtit que pour l'enfer, et il n'existe point de pouvoir qui ne soit ordonné de Dieu. C'est donc mal envisager les faits, c'est ne pas savoir remonter à l'origine des choses, que de croire que le Siège apostolique n'est en possession du gouvernement de l'Empire séculier que depuis Constantin seulement. Antérieurement déjà ce pouvoir était dans le Saint-Siège en vertu de sa nature et de son essence. Jésus-Christ, fils de Dieu, à la fois le vrai homme et le vrai Dieu, n'est-il pas aussi, selon la parole de Melchissedec, le vrai roi et le vrai prêtre, tantôt se manifestant aux hommes dans l'éclat de la majesté royale, tantôt exerçant pour eux devant son père les fonctions du pontificat ?... C'est dans le sein de l'Église fidèle que sont déposés les deux glaives, emblèmes du double pouvoir, et celui qui ne fait point partie de l'Église ne peut avoir ni l'un ni l'autre glaive, tandis que l'un et l'autre appartiennent à Pierre[79]. »

Innocent IV, on le voit, va beaucoup plus loin que les autres papes qui fondaient leur puissance temporelle sur la donation de Constantin. Il ne considère l'empereur que comme un « lieutenant » du pouvoir ecclésiastique, un « exécuteur » des ordres du pape. Dans ces conditions, l'empereur indocile n'est plus qu'un domestique négligent qu'on renvoie et qu'on remplace lorsque ses maîtres sont mécontents de lui.

Telle est la position qu'Innocent IV va prendre devant le concile qu'il réunit à Lyon, et auquel il demandera la déposition de Frédéric. Car l'empereur ne l'inquiète pas seulement en ce qu'il veut conserver l'intégralité de l'autorité temporelle, mais aussi parce qu'il entend s'approprier une autorité spirituelle, qui n'appartient qu'au pape. Il y a en lui le domestique indiscipliné, dont j'ai parlé, et, virtuellement, l'hérétique et le schismatique, prêt à détruire l'unité de l'Église pour faire triompher ses projets.

Dans quelle mesure les menaces de schisme étaient-elles vraiment redoutables ? Il semble que le Saint-Siège les ait exagérées pour les besoins de sa cause. Que Frédéric II ait souhaité une « réforme » dans l'Église, c'est vraisemblable. L'idée de la « réforme » d'ailleurs, était dans l'air. Joachim de Flore l'avait formulée avec cette noble poésie qui lui est propre[80], et saint François d'Assise la réalisera, dans une certaine mesure, avec la fondation des Ordres mendiants. Avec son génie politique, Frédéric pressentait que l'Église allait à sa perte si elle ne se transformait pas et il avertissait le pape du danger qu'il courait en s'opposant aux modifications indispensables. Qu'il ait souhaité prendre lui-même l'initiative de cette réforme, c'est chose peu probable, car la pensée religieuse de Frédéric demeurait purement théorique ; je crois qu'il s'est servi de cette menace surtout pour intimider le Vatican et l'amener à composition. Malheureusement, ses ennemis ont saisi ce prétexte, en l'exagérant, pour le présenter aux yeux de l'Europe catholique comme l'Antéchrist, le destructeur de la foi et de l'unité chrétiennes. Il ne faut pas prendre à la lettre les accusations d'Albert de Beham, qui relèvent de la *propagande,* et celle-ci est toujours plus ou moins diffamatoire. Quelle part de vérité y a-t-il dans ses accusations, emphatiques, outrées et absurdes ? « Nouveau Lucifer, il a tenté d'escalader le ciel, d'élever son trône au-dessus des astres, de placer son siège sur les flancs de l'Aquilon, pour devenir semblable, que dis-je, supérieur au Vicaire du Très Haut, puisqu'il a travaillé avec ardeur à créer un pape, qu'il a commencé à instituer et à déposer les évêques, les prélats et les clercs selon son bon plaisir ; qu'assis dans le temple du Seigneur, comme s'il était le Seigneur, il se fait baiser les pieds par les prélats et les clercs, qu'il ordonne qu'on l'appelle saint, et fait punir de mort comme des ennemis publics et des blasphémateurs ceux qui osent parler à voix basse de ses iniquités... Le cœur de ce prince profane s'est tellement gonflé, qu'il a voulu s'asseoir dans la chaire de Dieu comme s'il était Dieu, car non seulement il s'est efforcé de créer un Souverain Pontife et de soumettre le Siège apostolique à sa domination, mais encore il a songé à usurper le droit divin, à changer l'alliance éternelle établie par l'Évangile, et comme il possède une puissance éclatante et une bouche remplie de grands mots, il cherche les moyens de changer les lois et les habitudes des hommes[81]. » Propagande, propagande. L'excès même de la haine et de l'outrage nous met en garde contre la sincérité d'un pareil témoignage. Albert de Beham parle en partisan, en homme à qui la violence et la calomnie tiennent lieu d'arguments sérieux. Et cette propagande est la propagande officielle du Saint-Siège qui prépare ainsi l'opinion européenne à apprendre la déposition de Frédéric II.

Il était facile, d'autre part, d'utiliser le vocabulaire de la cour, avec ses emphases héritées des Byzantins, ses comparaisons trop flatteuses, sa courtisanerie abusive, pour faire croire que Frédéric II se disposait à remplacer le pape et à se proclamer Dieu. La phraséologie des documents officiels emploie souvent le mot de *divin,* mais c'est là une vieille tradition, une imitation de l'Antiquité, qu'il ne faut pas prendre à la lettre. La flagornerie amplifiait ces marques de respect, et les transformait en un véritable culte. On l'appelle Frédéric le Saint, et un prélat, que l'empereur a mandé annonce son arrivée, malgré le mauvais état des chemins, en disant : « Si le calice de ce voyage ne peut s'éloigner de moi, je suis prêt à me jeter non seulement dans la boue, mais dans la mer pour aller vers le Seigneur en marchant sur les eaux. » Qui prendrait cela au sérieux ? C'est de la littérature, et de la littérature de cour ; la pire, de même que les invectives de Beham sont de la littérature de parti, aussi injuste, aussi abusive, aussi haïssable.

Plus exact et plus nuancé est le parallèle ingénieux que fait Huillard-Breholles entre Frédéric II et Henri VIII d'Angleterre, qui, tous deux, « levèrent d'une main le drapeau du schisme et allumèrent de l'autre les bûchers des hérétiques[82] ». Mais la lutte contre la Papauté a pris son origine, chez l'Anglais dans les difficultés de sa vie conjugale, alors que l'empereur se voyait menacé par le pape dans son existence même. Pour Frédéric II c'est une question de vie ou de mort ; céder au pape, et renoncer à la toute-puissance, ou bien briser le pape pour la conserver. On peut dire aussi que Frédéric s'est trouvé en état de légitime défense, et qu'il n'a engagé une action offensive définitive contre le Saint-Siège qu'au moment où tous les moyens de règlement pacifique ont été inopérants.

Le pape ayant convoqué le concile de Lyon pour le déposer, l'empereur n'avait pas d'autre ressource que d'user de la même arme, et d'essayer de réunir, de son côté, un autre concile pour déposer le pape. Ce sont les vicissitudes de la lutte séculaire entre Rome et l'Empire, qui recommencent, avec leur cortège d'antipapes et d'antiempereurs, pour le plus grand dommage de l'Europe et de la Chrétienté. Aussi, Frédéric, partisan des solutions amiables, tente un nouvel effort pour éviter cette guerre. Les conditions dans lesquelles se tiendra le concile sont tendancieuses. Les évêques allemands, et ceux d'Italie méridionale, n'ont pas été invités parce qu'on les sait favorables à l'empereur. Le pape se propose donc de décider en petit comité une question aussi grave que celle de la déchéance de l'empereur. Ce procédé devrait indigner et inquiéter tous les souverains, et Frédéric invite le roi de France, le roi d'Angleterre, à intervenir dans le débat, pour remontrer au pape l'injustice qu'il commet et pour servir d'arbitres, même si l'adversaire y consent.

Il est trop tard. La machine est en marche déjà. Frédéric II a reçu une assignation le sommant de comparaître en personne devant le concile. Il n'ira pas, bien entendu, mais il dépêche à sa place les trois plus grands juristes du royaume, Taddeo de Sessa, Gualtiero d'Ocra, Pietro della Vigna, qui plaideront pour lui. Henri de Hohenlohe, qui a remplacé Hermann de Salza à la tête des Chevaliers Porte-Glaives, et l'évêque de Freisingen complètent la délégation.

Selon l'usage, les débats portèrent d'abord sur des artifices de procédure. On aurait dit que les avocats de l'empereur essayaient de gagner du temps. Ces atermoiements irritent le pape. Le concile d'ailleurs se tient dans une atmosphère d'inquiétude ; on craint que Frédéric II ne marche sur Lyon à la tête de ses armées. Innocent IV est pressé d'en finir. Un tour de passe-passe enfin, un truquage de dates, pour permettre de déclarer l'empereur forclos, et les discussions commencent. Concile réduit puisqu'il n'y a guère que cent quinze personnes, alors qu'il y en avait dix fois plus au concile de Latran sous le pontificat d'Innocent III. A cette remarque de Taddeo de Sessa, le pape réplique que le concile est universel, « autant que les embûches de l'empereur l'ont permis ». Les Anglais essayent de faire une diversion ; l'un d'eux réclame la canonisation de Thomas Becket. Un autre se plaint des abus du pape dans son pays. Innocent IV repousse avec colère les interruptions, renvoie les décisions demandées, accélère les débats. Les prélats favorables au pape, les Espagnols surtout, et les évêques français réclament la sentence. Mathieu Paris, qui relate dans sa chronique les événements du concile, reflète cette atmosphère houleuse, cette panique presque, qui saisit les prélats à l'idée que Frédéric peut surgir tout à coup avec ses Sarrasins. Les plaidoiries de Taddeo de Sessa, de Gualtiero d'Ocra, de Pietro della Vigna sont à peine entendues dans le tumulte. « La sentence, crie-t-on, la sentence ! » Le pape, alors, fait apporter à tous les assistants des cierges allumés, puis il se lève et d'une voix forte, il lit la « sentence ». « Moi, Innocent, serviteur de Dieu, préposé à la garde de la paix et de l'unité chrétienne, à la protection des bons et à la punition des méchants ; attendu que Frédéric, ayant été excommunié comme coupable de parjures répétés, de sacrilège et d'hérésie, n'avait rien fait pour se disculper ; coupable de parjure pour avoir violé les immunités du clergé de Sicile et usurpé les possessions de la Marche, de Bénévent et de Toscane ; de sacrilège pour avoir enlevé les prélats convoqués à Rome ; d'hérésie pour avoir méprisé le pouvoir du pape, avoir entretenu des relations avec les Infidèles, et traité avec le soudan d'Égypte pendant la croisade, moi, Innocent, successeur indigne de Jésus-Christ, avec nos frères, en vertu du pouvoir de lier et de délier, libérons les sujets de Frédéric du serment de fidélité à lui prêté et faisons défense à tous de le reconnaître comme empereur et roi sous peine d'excommunication ; les prélats et les princes allemands sont invités à choisir librement un autre empereur et nous nous réservons de décider nous-même du destin du royaume de Sicile[83]. »

Tous les assistants renversèrent alors leurs cierges et les écrasèrent sur le sol, en symbole de la destruction du pouvoir impérial. Taddeo de Sessa se prosterna sur le sol en se frappant la poitrine. Il criait : « Jour de colère... Jour de malheur ! », tandis que les prélats défilaient devant lui et quittaient l'église Saint-Jean. « J'ai fait mon devoir, dit le pape, avant de sortir ; qu'il en soit ainsi ! »

On raconte que, lorsqu'il apprit la décision du concile, sur laquelle il ne pouvait pas conserver beaucoup d'illusions, Frédéric II montra une grande colère, et que, s'étant fait apporter les insignes impériaux, il les montra aux assistants en disant : « Les voici, mes couronnes. Ni pape ni concile ne me les arracheront, et il en coûtera beaucoup de sang pour les avoir. »

Sans tarder, Frédéric répondit à la sentence qui le déposait, par un message dans lequel ses adversaires ont essayé de montrer le principe du schisme et de la réforme, et qui est, en tout cas, une prise de position très nette contre Innocent IV sur le terrain religieux. Innocent IV l'a condamné en tant que mauvais empereur ; fort bien, il fera condamner le pape comme mauvais pape. L'Église a trahi sa mission en s'appropriant des richesses, des royaumes, en usurpant une puissance temporelle qui ne lui appartient pas et qui l'empêche d'être ce qu'elle devrait être. On croirait entendre la voix de saint François ou de Joachim de Flore, dans les termes de ce mandement impérial, tant la pensée de Frédéric II reflète exactement celle des « réformateurs » de cette époque. «Ce fut toujours l'intention de notre volonté d'amener les clercs de tous rangs, et les plus haut placés, surtout, à redevenir à la fin ce qu'ils ont été dans l'Église primitive, vivant comme des apôtres, imitant leur humilité. Ces prêtres de jadis avaient coutume de regarder vers les anges, pour être éclatants de miracles, guérir les malades, ressusciter les morts, et servir les rois et les princes par la sainteté, non par la force des armes. Ceux d'aujourd'hui, au contraire, voués au monde et abreuvés de jouissances, n'ont plus Dieu pour premier objet. Sous l'accumulation des trésors, leur piété étouffe. C'est une œuvre d'amour par conséquent, de les soulager de ces richesses qui les écrasent et les damnent[84].»

On entend ici cet accent d'ironie qui marque tous les documents de Frédéric II; ironie supérieure, souriante, qui égratigne en passant, d'une griffe légère. Mais le ton même de tout le mandement est tel que le saint d'Assise aurait pu l'écrire. Frédéric II ne préconise donc pas une «réforme» absolue, comme le sera celle de Luther; il se place simplement aux côtés des grands réformateurs du XIIIe siècle, il reprend leurs arguments, il les utilise dans sa guerre contre le pape, pour essayer de déconsidérer le Saint-Siège qui a perdu la pureté apostolique et diminue le prestige et l'autorité des hommes qui l'ont condamné. Quoique montrant en général peu de sympathie pour les Ordres mendiants, qui, d'ailleurs, l'ont toujours combattu, et dans la règle desquels il dénonce des tendances antisociales, moins dangereuses, bien sûr, que celles des patarins ou des cathares, mais dangereuses tout de même pour un État comme celui que rêve Frédéric, il n'hésite pas aujourd'hui à reprendre les idées de leur fondateur, et à les développer pour les opposer à la corruption romaine.

C'est ainsi qu'il parle au clergé. Aux rois, il tient un autre langage : «Prenez garde. Si vous admettez aujourd'hui que le pape dépose l'empereur allemand, c'est vous peut-être qui en souffrirez demain. Défendez votre cause en défendant la mienne.» A tous, enfin, s'adresse cette phrase lourde de menaces : «J'ai été jusqu'à présent l'enclume. Je serai maintenant le marteau[85].» Saint Louis, devinant qu'une guerre cruelle va déchirer la Chrétienté, essaye une fois de plus de l'empêcher. Au mois de septembre qui suit le concile, il rencontre Innocent IV à Cluny, il le supplie d'apaiser sa colère. Le pape élude les questions, donne des réponses évasives, refuse de s'engager. On sent qu'il est décidé à pousser la guerre jusqu'au bout, jusqu'à l'extermination de l'adversaire.

C'est un acte plein de gravité que la déposition de l'empereur. Un acte capable de déchaîner l'anarchie dans cette Europe, si instable, si querelleuse, toujours prête à tirer l'épée pour des disputes d'intérêt ou d'amour-propre. Les guelfes s'autorisent de la décision du concile pour recommencer leurs intrigues et leurs brigandages en Allemagne. Les partisans des Welfs jugent l'occasion favorable pour substituer un des leurs à ces Hohenstaufen détestés. L'annonce de la déposition de Frédéric, l'arrivée en Allemagne du légat Philippe de Ferrare que Fra Salimbene, hostile aux gibelins, pourtant, appelle un «vrai fils de Bélial», qui apporte beaucoup d'argent, précipitent l'élection de ce Heinrich Raspe, landgrave de Thuringe, que l'opposition dressait contre Frédéric. Candidat du pape, candidat des guelfes, soutenu par l'intrépide Albert de Beham, qui parvient à détacher de l'empereur jusqu'au chancelier de l'Empire, Raspe, si médiocre, si insignifiant qu'il soit, est élu empereur à Wurzbourg, le 22 mai 1246 par un collège restreint où faisaient défaut les grands électeurs et les têtes de la noblesse allemande, le duc de Saxe, le duc de Bavière, le duc de Brandebourg, le roi de Bohême. Ce collège réduit nomme Raspe, comme le concile réduit avait déposé Frédéric. On ne peut pas dire que l'opinion publique soit du côté du pape.

La réaction, d'ailleurs, de la part des Frédériciens, des gibelins, est violente, immédiate. Pendant que Conrad, à la tête des armées impériales, marche contre Raspe, Frédéric, lui-même, entreprend de purger l'Italie de tous les fauteurs de désordre qui se sont déchaînés. Il n'y a pas une ville dans laquelle guelfes et gibelins ne se livrent bataille. Il faut prendre parti : ou l'on est pour le pape, ou l'on est pour l'empereur. Toutes les vieilles rancunes, toutes les vendettas séculaires, tous les antiques griefs, ressortent à cette occasion. L'inquiète Italie court aux armes et se déchire elle-même dans cette lutte absurde. Elle a entendu les cris du pape qui lui commande de combattre le second Néron, le maître en tromperies, corrupteur du monde, contempteur de la foi, persécuteur de l'Église ; selon ses préférences individuelles, chacun s'enrôle pour ou contre Innocent IV. Et ce sont alors les cités en feu, les exécutions, les massacres, avec des raffinements de cruauté de part et d'autre, car Frédéric, impatient d'écraser la révolte, ne fait pas de quartier. On raconte avec horreur ses atrocités, et il aime qu'on les raconte, car, peut-être la terreur incitera-t-elle les rebelles à se soumettre. Frapper vite, frapper fort. Secondé par son fils Enzio, par son gendre Ezzelino, Frédéric sème l'épouvante dans la péninsule ; pour récolter la paix. Vit-on jamais pareille moisson surgir d'une pareille semence ? Les proscriptions, les spoliations, les supplices, ravagent les cités fraternelles.

En Allemagne aussi, la guerre fait rage. Conrad a attaqué Raspe sur les bords de la Nidda, mais en pleine bataille, les comtes de Wurtemberg, gagnés par l'argent italien, tournent casaque et se rallient à l'anti-César. Héroïquement, Conrad lutte quelque temps, puis, accablé sous le nombre, bat en retraite avec la poignée de survivants qui l'entourent encore, Raspe triomphe : « J'abattrai bientôt le père comme j'ai abattu le fils. » Mais c'était trop tôt chanter victoire. Par son mariage avec la fille du roi de Bohême, Conrad se rallie une partie de la noblesse welf. Raspe, pendant ce temps, formait des projets ambitieux qu'il était incapable de réaliser. Il voulait s'emparer de la Bavière, par elle faire sa jonction avec les Lombards, en passant par le Tyrol, et attaquer Frédéric en Italie. Il fut arrêté par les habitants d'Ulm, qui défendirent courageusement leur ville. Après un mois de siège, il fut obligé de se retirer à la Wartbourg où il mourut de froid et de fatigue, le 5 février 1247.

Les ennemis de Frédéric ne désarmèrent pas pour autant. L'infatigable Beham, aidé par le légat pontifical Capocci, jeta son dévolu sur un garçon de vingt ans, Guillaume de Hollande, que rien ne désignait pour la dignité impériale, si ce n'est son caractère falot qui convenait fort bien au rôle que comptaient lui faire jouer les princes intrigants, et le pape auquel il suffisait d'avoir un anti-César, docile, tout à sa dévotion. Une partie du clergé allemand et de l'aristocratie se réunit à Neuss, près de Cologne, et attribua la couronne au Hollandais. Ce n'était pas un compétiteur sérieux ; seulement un nom autour duquel se ralliait l'opposition antifrédéricienne. Mais la guerre civile commençait à lasser la noblesse allemande ; les princes, se souciant peu de soutenir l'empereur ou l'antiempereur, se préoccupaient surtout de défendre leur indépendance. Guillaume avait pour lui les villes, hostiles à Frédéric qui les avait dépouillées de leurs privilèges, et le clergé ultramontain. Ce n'était pas assez pour triompher. Les Hohenstaufen demeuraient puissants. Appuyés sur des vassaux fidèles, ils représentaient le parti de l'ordre aux yeux de ceux qui regardaient d'un mauvais œil l'ingérence du Saint-Siège dans les affaires intérieures de l'Allemagne. On vit des villes, irritées des intrigues ecclésiastiques, chasser les clercs, et remplacer l'évêque par un laïque. D'autres proclamaient la croisade, la guerre sainte contre l'Antéchrist. Dans cette Allemagne tumultueuse, divisée, la querelle des empereurs apportait un désordre inexprimable, d'où l'idée religieuse, aussi bien que l'idée impériale, sortait diminuée. Guillaume de Hollande se croyait le successeur de Charlemagne, parce qu'il s'était fait couronner à Aix-la-Chapelle, après avoir inondé la ville avec l'aide de ses Frisons ; en réalité, il n'avait qu'une illusion de puissance, une autorité presque fictive soutenue à grand effort de propagande et d'argent par les légats du pape.

En Italie, la situation est plus grave parce que les passions sont plus violentes, les factions plus actives, les intérêts plus divisés, et que la guerre se prolonge à l'intérieur même des villes, de quartier à quartier, de maison à maison. Pour l'Italie, le conflit du pape et de l'empereur est un problème personnel, aggravé par le fait que les deux adversaires sont là, stimulant leurs troupes, excitant leurs partisans. Pour assurer l'ordre, Frédéric confie les gouvernements importants à ses parents, ou à des fonctionnaires impériaux dont le dévouement lui paraît au-desssus de tout soupçon. Une coalition énergique et nombreuse, en effet, prenait les armes contre Frédéric. Dans ce pays nerveux, inquiet, susceptible, l'agitation entretenue par les agents du pape causait un trouble extrême. Résolu à vaincre, coûte que coûte, Innocent IV travaillait les masses, gagnait les cités, s'emparait du pouvoir dans les villes indécises, mettait des hommes à lui au gouvernement des communes. A la tête du parti pontifical, il y a Bernardo Orlando, le beau-frère d'Innocent IV et Ottaviani degli Ubaldini, une curieuse figure de prélat de la Renaissance, homme sans conviction, sans scrupule, qui sert tout le monde et trahit tout le monde avec la même amabilité ambiguë, le même cynisme souriant. Ce cardinal, voluptueux, épicurien, poète, bon vivant, aventurier et magnifique, ne servait en réalité qu'une cause ; la sienne, et ne travaillait qu'à son propre succès. Chacun le soupçonnait, et chacun réclamait son appui. L'impulsion qu'il donne adroitement à la guerre civile allume dans chaque ville un incendie : la passion guelfe. Et le mal est si puissant qu'il gagne même les régions soumises à l'Empire, qu'il entre jusque dans le royaume, si fidèle jusqu'alors, troublé aujourd'hui par les prédications enflammées des franciscains.

Il y a des complots aussi, jusque parmi les familiers de l'empereur, qui entraînent des représailles terribles, qui font couler des flots de sang. Le monarque qui rêvait d'être le maître de la paix se voit contrait par les événements à guerroyer de tous côtés, à massacrer des populations auxquelles il aurait voulu apporter le progrès, la culture, le bien-être, le bonheur. Le souverain délicat, ami des artistes, des philosophes et des poètes, s'aigrit à lutter ainsi contre des ennemis avoués et contre des ombres aussi, car la trahison rôde derrière lui, tandis que, devant lui, toute l'Italie, ville après ville, s'enflamme.

Il est vraiment devenu le « marteau » comme il le disait, et ce marteau retombe lourdement sur les imprudents. Il croit avoir rétabli l'ordre, il se dispose à partir pour l'Allemagne, où il veut régler le compte de l'anti-César, mais au moment où il va franchir les Alpes, la nouvelle d'un désastre l'arrête, l'oblige à revenir sur ses pas, en toute hâte : Parme est tombée entre les mains des guelfes.

Parme, c'est la clef de l'Italie du Nord. Posséder Parme c'est assurer la victoire de la ligue lombarde. Aussi les guelfes s'y sont-ils fortifiés considérablement ; le marquis d'Este, ce vieil adversaire de la première heure, le légat Montelongo, les troupes de la ligue et des villes voisines se sont massés dans Parme. Fort bien, pense Frédéric, plus les assiégés seront nombreux, plus vite ils manqueront de vivres. Et il construit devant les murs de Parme investie, un camp extraordinaire, où il rassemble des troupes de tous les pays. On y voit nombre de Sarrasins, naturellement, descendus des forteresses de Lucera, de Castel del Monte, des chevaliers bourguignons — car la Bourgogne est impériale, comme la Provence —, des Grecs et des

Allemands. Il y installe aussi son harem, sa ménagerie, sa volière de faucons, ses équipages de chiens, ses danseuses et son éléphant. Bientôt une véritable ville s'élève, avec des bazars et des mosquées pour les pieux Arabes ; une ville à laquelle il donne le nom de Vittoria, nom significatif et prophétique, une ville qui remplacera Parme lorsque Parme, vaincue, aura été rasée au sol.

Les Parmesans résistent bien qu'ils meurent de faim, et l'on festoie dans la ville mauresque, à portée de flèche. Frédéric ne se soucie point de lancer ses hommes à l'assaut. Il sait bien que la famine aura raison de la ville. Nonchalant, laissant le temps travailler pour lui, il s'en va chasser tous les jours, passionné qu'il est pour cet art, pour ce sport qui a toujours tenu une si grande place dans sa vie. Et voilà qu'un jour ce peuple affamé, étonné de la tranquillité qui règne chez les assaillants, surpris de voir les soldats vaquer à des besognes pacifiques, comme si l'on n'était pas en guerre, s'enhardit soudain. Pourquoi ne pas tenter une sortie ? Furtivement, des hommes armés s'approchent des palissades qui encerclent Parme, les franchissent sans que personne les arrête, et soudain la cohue des faméliques et des désespérés, se disant qu'il vaut mieux mourir dans une bataille que tomber d'épuisement dans une rue empestée par les cadavres, se jette sur le camp de l'armée impériale.

De loin, Frédéric entend sonner les cloches dans cette journée de froid crispée ; il distingue aussi des clameurs. Les chasseurs tournent bride en hâte, reviennent à triple galop, mais à leur arrivée, ils ne trouvent plus que les ruines fumantes de cette cité éphémère de bois et de toile, qui n'avait pas mérité son nom. Dans la confusion de l'assaut, les Sarrasins pris au dépourvu se sont laissés massacrer. Le cadavre de Taddeo de Sessa est confondu avec ceux des janissaires anonymes. Les Parmesans ont emmené dans leur ville, en signe de victoire, les almées, les odalisques, les pages maures, les bêtes étranges de la ménagerie, en même temps qu'un énorme butin d'armes, de vivres, d'équipements, de matériel de guerre, d'objets précieux.

C'était une défaite considérable. Une gloire nouvelle rejaillit sur la ligue lombarde, et tous les ennemis de Frédéric célébrèrent la destruction de Vittoria, la délivrance de Parme, comme une date mémorable. L'effet moral fut encore plus grave que les dommages matériels. C'était la première fois que Frédéric était battu, et battu dans des conditions ridicules pendant qu'il chassait... Le royaume de Sicile fut accablé de tristesse et de crainte quand il apprit cette nouvelle. L'invincible avait été vaincu, et contre l'homme du destin, le destin las de le porter, peut-être, se retournait.

Frédéric était trop instruit des sciences mystérieuses, pour ne pas considérer comme un *signe* cette défaite, qui dans une autre carrière aurait été banale, qui, dans la sienne, et du fait qu'il avait donné à la ville perdue le nom de *Victoire,* sonnait comme un lugubre avertissement. Parme reprenait toute sa puissance, toute son activité. La coalition guelfe recevait de nouveaux appuis, réunissait des foules de partisans, fanatisés par le succès. L'Italie superstitieuse n'aime pas les hommes qui n'ont pas de chance, et voilà que la chance venait, au moment le plus critique, de se prononcer contre Frédéric. Cela signifiait-il que la chute de l'Antéchrist, annoncée par les prédicateurs, était proche, que la bête sortie de la mer allait être dépouillée de cette puissance précaire que l'Enfer lui avait donnée pour opprimer l'humanité?

Autour de l'empereur, l'atmosphère se transformait. Un vent de désastre soufflait. Les affaires d'Allemagne traînaient, incertaines, sans victoire décisive, sans insuccès meurtrier. Et ici, cette Italie inquiète, sensible, versatile, que le moindre présage exaltait ou faisait trembler, cette Italie commençait à douter de son héros. Pour la reprendre en main, il fallait frapper un coup de maître; remporter une victoire tellement éclatante que le monde entier, stupéfait, reconnaîtrait l'excellence de sa cause et proclamerait son bon droit. A quoi bon combattre les sous-ordres. C'est à la tête qu'il faut frapper. Frédéric, alors, met sur pied un projet grandiose. Au lieu de piétiner en Italie, dans ces mesquines discussions de guelfes et de gibelins, il va marcher sur Lyon, il va enlever le pape au milieu de la nouvelle Rome qu'il s'est donnée entre le Rhône et la Saône.

Ce n'est pas une entreprise insensée. Louis IX verra avec inquiétude les Impériaux se rapprocher ainsi de son royaume, mais il gardera certainement cette stricte neutralité qu'il a voulu conserver, avant et après le concile, malgré les supplications d'Innocent IV. D'autre part, en mariant son fils Manfred à la fille du comte de Savoie, Frédéric II s'est assuré libre passage jusqu'à Lyon. Le jour où il aura châtié le présomptueux pontife, toute la coalition s'effondrera. Le moment sera venu, alors, de mettre sur le trône de saint Pierre, un de ces hommes comme en souhaite la « réforme », une âme simple, pure, sainte, et non pas un pape de guerre et d'intrigues politiques comme les derniers qui se sont succédé. Alors dans cette Italie, régénérée, rassérénée dans l'ordre social, la paix et la liberté des esprits, l'âge d'or régnera.

XIII

« Celui qui est venu du néant est retourné au néant »

Frédéric II, cependant, n'est plus assez fort pour tenter un coup d'audace comme celui-là. Pour qu'il pût aller menacer le pape jusqu'à Lyon, il faudrait qu'il fût sûr de l'Italie, et la situation est plus incertaine, plus instable que jamais. Sa puissance, qui était si solide, semble s'effriter de jour en jour, sous les coups que lui porte la coalition du clergé et de la démocratie. La décision du concile a produit un trouble profond dans les consciences ; ses sujets n'ont pas seulement la faculté de l'abandonner, s'ils le désirent : la sentence de déposition leur en fait un devoir. La ferveur religieuse est si grande encore, à cette époque, malgré les hérésies — et les hérésies elles-mêmes sont le signe d'un bouillonnement encore plus violent, d'une exaspération, en même temps qu'une déviation de la croyance, non d'un manque de croyance —, que la condamnation par le pape porte ses effets. Le caractère sacré qui s'attache à la puissance royale est lié, pour beaucoup, au fait même du sacre, de l'onction divine. C'est trop demander à ce siècle que d'imaginer le caractère sacré du pouvoir en lui-même, abstraction faite de ses relations avec le Divin. Que l'Empire soit un sacerdoce, que l'homme qui l'exerce soit une sorte de prêtre, revêtu d'une certaine qualité de « sainteté » par le fait même qu'il porte la couronne, c'est ce que pensent les esprits les plus *avancés,* les plus indépendants, mais l'opinion publique n'est pas assez évoluée pour comprendre une doctrine que Dante fera sienne et développera avec une étrange ardeur dans son *De Monarchia,* et appliquera aux actes de son existence même. *L'homme de la rue,* lui, plus sensible aux arguments spécieux des prédicateurs et aux invectives des propagandistes guelfes, donne raison au pape, dont le caractère, pour lui, est « sacré » alors que celui de l'empereur ne l'est pas.

En Allemagne, la déposition avait eu des répercussions moins graves, parce que le peuple et le clergé manifestaient une certaine répugnance pour l'ultramontanisme, et que le désir de « réforme » y prenait un caractère politique plus accusé qu'en Italie. Les vociférations d'Albert de Beham fatiguaient tout le monde. Conrad était populaire — on le connaissait mieux que Frédéric qui, depuis longtemps, n'avait plus passé les Alpes — et les seigneurs, enfin, aussi bien que les villes, sans se désintéresser absolument du problème religieux, ne lui apportaient point cette violence et cette passion qui étaient dans la nature des Italiens. Les excès auxquels s'était livré Conrad de Marbourg jetaient la suspicion sur la légitimité et la clairvoyance de l'Inquisition. Les hérésies y avaient moins de virulence que dans la Péninsule, et surtout n'y trouvaient pas un terrain aussi préparé à les recevoir.

Frédéric II était donc plus rassuré du côté de l'Allemagne, où son fils faisait bonne garde, que du côté de cette Italie, infiniment morcelée, infiniment mouvante, inconstante, prête à tous les coups de tête, à toutes les ferveurs de l'attachement, à toute la férocité de la haine. Une grande déception s'était emparée de l'Italie frédéricienne, à l'annonce de la déposition. Frédéric n'était pas invincible. La défaite de Parme et la destruction de Vittoria avaient accru le malaise ; on avait vu traîner dans la boue les vêtements de l'empereur, les insignes de sa puissance, et tout cela qui paraissait hors d'atteinte, surnaturellement inaccessible, était devenu tout à coup le jouet de la populace : ses bijoux, ses femmes, ses animaux étranges.

L'échec du siège de Parme et la décision du concile de Lyon eurent donc pour résultat de renforcer la position des ennemis de l'empereur, et de décourager aussi pas mal de ses amis. Les machinations d'Innocent IV, l'argent qu'il répandait à pleines mains, les flatteries, les menaces, les promesses, dont il usait alternativement, finirent par détacher de la cause gibeline des personnages importants dont on aurait cru la fidélité plus assurée. Dans l'entourage même de l'empereur, et parmi des hommes à qui il avait donné sa confiance, des conspirations s'organisèrent, on prépara des attentats. La sévérité avec laquelle il gouvernait grands et petits courbait toutes les têtes. La lâcheté avait fait prendre pour de l'attachement ce qui n'était qu'une docilité assez servile, opprimée par la peur. Quelques-unes de ces têtes qui s'inclinaient à regret hier, alors qu'il était tout-puissant, se relevaient aujourd'hui. Les ambitions et les convoitises qu'il avait domestiquées se remettaient en chasse de prébendes et d'honneurs. Le pape offrant de riches compensations aux seigneurs qui abandonnaient le service de l'empereur pour embrasser sa cause, plusieurs d'entre eux prirent prétexte de l'obligation de la désobéissance que leur faisait le concile de Lyon, pour justifier leur désertion.

Les complots gagnèrent même les fonctionnaires les plus proches du pouvoir et de la personne du monarque. Orlando de Rossi, le beau-frère du pape, avait acquis à ses projets quelques familiers de la cour ; à jour dit, on devait assassiner Frédéric, et nommer immédiatement un autre roi. Par bonheur, on découvrit dans le monastère de Fonterivo une partie de la correspondance des conjurés, qui établissait la complicité des agents du pape avec des dignitaires de l'Empire. Orlando de Rossi, lui-même, avait été auparavant un des partisans les plus enthousiastes de Frédéric II, malgré sa parenté avec Innocent IV. Son changement de camp, étant donnée la nature noble et loyale du personnage, ne peut pas être attribué à l'intérêt. Il faut donc que cet honnête homme ait été profondément troublé dans sa conscience, pour passer au service de l'ennemi. Sans doute, nombreux étaient les fonctionnaires qui pensaient et agissaient comme lui. Le côté *avancé* des idées de Frédéric séduisait en effet les intelligences, mais cette séduction, toute intellectuelle et abstraite, ne résistait pas à l'insuccès. Il faut aux idées audacieuses de perpétuelles victoires ; c'est à ce prix-là qu'elles deviennent des vérités. Sinon elles demeurent des paradoxes et des chimères. Parmi ces déserteurs de la cause impériale, il y avait certainement beaucoup d'hommes remarquables qui estimaient que Frédéric « allait trop loin », jugeaient ses innovations prématurées et périlleuses du fait qu'elles ne venaient pas à leur temps, et qui, faute de pouvoir lui faire entendre raison, l'abandonnaient à lui-même, comme le pilote abandonne un navire qui ne se laisse plus diriger et s'en va à la dérive.

La monarchie éclairée à laquelle Frédéric II rêvait d'aboutir, n'était pas le fait du XIIIe siècle. La grande erreur de cette géniale pensée est de ne pas avoir tenu compte suffisamment des idées et des idéaux de l'époque, de leur avoir imposé un système qu'elle était incapable de comprendre et encore plus d'adopter. Le Moyen Age ne pouvait pas admettre qu'il fût libéral en pensée et tyrannique dans ses actes, qu'il jetât au bûcher les hérétiques alors qu'il se conduisait lui-même envers l'Église comme un franc hérétique. Pas plus qu'il n'avait compris pendant la croisade chevaleresque qu'on pût se lier d'amitié avec un adversaire auquel on venait faire la guerre. Cette sorte de *dandysme* supérieur de l'intelligence et du comportement, qu'il y avait chez Frédéric, devait être hostile à des hommes de jugement droit et simple comme l'étaient, dans l'ensemble, ses contemporains. Aussi n'a-t-il séduit que des juristes, car ceux-ci vivent dans l'abstrait et inventent toujours une théorie pour justifier n'importe quel système. Les hommes d'action l'avaient suivi aussi longtemps qu'il représentait le dynamisme actif, la «volonté de puissance», mais les insuccès avaient ébranlé leur conviction qui ne se nourrissait que de victoires.

Il n'y eut peut-être pas seulement des ambitieux, des intrigants ou des aigris dans les rangs des conjurés. La défection d'Orlando de Rossi est très significative à cet égard, celle d'Ubaldini symptomatique aussi, mais avec un cynisme plus appuyé, et moins de bonne foi. Il n'y avait pas que des aventuriers aussi dans la conspiration de Fasanella ; la plupart des coupables possédaient l'amitié, la confiance de l'empereur. Si le complot n'avait pas été découvert, la veille même du jour fixé pour son exécution, Frédéric, son fils, et son gendre auraient été assassinés dans leur lit, tandis qu'un parti composé de capitaines du pape et de nobles siciliens aurait pris le pouvoir. Les conjurés étaient si assurés du succès, qu'à la date fixée leurs partisans crurent de bonne foi à la mort des victimes, et la proclamèrent dans tous le pays. Tandis que les principaux instigateurs de l'attentat, Ruggeri de Amicis, Andrea de Cicala, les Sanseverini, prenaient le large et se réfugiaient à Rome sous la protection de la Curie, le légat pontifical Raniero lançait les Clavaires sur le royaume, conformément au plan d'action des conspirateurs. Il y eut un moment de flottement, mais les troupes impériales se reprirent et repoussèrent les papalins au-delà des frontières.

Dans le royaume même, hier si fidèle à Frédéric, si dévoué, la nouvelle de la mort de l'empereur encouragea certains seigneurs à proclamer leur indépendance. Ils se barricadèrent dans leurs châteaux, quand ils apprirent que la nouvelle était fausse, mais les Sarrasins de Lucera eurent vite nettoyé ces nids de résistance. Les forteresses furent rasées, les rebelles suppliciés avec une grande solennité, et au long d'une série de tortures destinées à décourager d'avance tous ceux qui auraient la témérité de vouloir les imiter. Il y en eut qu'on soumit aux tourments des « quatre éléments », écartelés, brûlés, jetés à l'eau dans des sacs pleins de serpents. Les moins coupables furent aveuglés, ou mutilés. Le chef de la conjuration, Ubaldo Francesco, podestat de Parme, fut réservé pour un châtiment plus long et plus raffiné. Frédéric fut d'autant plus sévère envers lui que le podestat était un de ces « déserteurs » qui, après avoir embrassé la cause de l'empereur, étaient passés au service du pape. On lui attacha au front une lettre d'Innocent IV qui, disait-on, avait encouragé ces criminels projets, puis on lui creva les yeux, on lui coupa la main droite, et on le conduisit ainsi de ville en ville, de village en village, à travers tout le royaume, afin que ce spectacle servît aux autres de leçon et d'avertissement.

Il n'était pas dans la nature de Frédéric de se montrer cruel, pas plus qu'il ne lui plaisait de faire la guerre. Mais la guerre et la cruauté étaient nécessaires, malheureusement, pour maintenir la discipline dans l'État. Les atrocités qu'il a ordonnées sont abominables, certes, mais elles sont conformes à l'esprit et à la coutume de l'époque. N'importe qui en faisait autant. Et, dans le cas présent, le crime était d'autant plus grave qu'il s'accompagnait d'un coupable abus de confiance, le pape ayant choisi ses assassins parmi les hommes que l'empereur laissait sans méfiance s'approcher de lui à chaque instant. Il s'agissait enfin de frapper l'imagination du peuple. Pour cela quelques supplices ingénieux et spectaculaires font plus d'effet qu'une bataille aboutissant à des milliers de morts anonymes. On comprend aussi la douleur que devait éprouver Frédéric en se voyant trahi par des amis qui lui prodiguaient leurs flatteries et leurs embrassades au moment même où ils complotaient sa perte. Contre de pareils Judas, tous les supplices étaient encore trop doux.

Il était difficile, cependant, de mesurer le degré de culpabilité de chacun, et même d'être assuré de cette culpabilité. Ceux qui étaient pris, les armes à la main, ou expressément désignés dans des documents, pouvaient difficilement se prétendre innocents. Mais il y eut des affaires confuses, obscures, où les intentions criminelles étaient mal établies, mal définies. Frédéric II, si confiant, auparavant, était devenu brusquement très méfiant. Instruit par les événements, il savait qu'il est toujours imprudent d'accorder se confiance, même aux hommes qui en semblent les plus dignes. Il commença donc à soupçonner tout le monde — peut-être ses soupçons étaient-ils justifiés — et l'Europe apprit un jour, avec stupéfaction, que l'empereur venait de faire arrêter l'homme qui, depuis tant d'années, le servait avec tout son génie de ministre, l'homme qui était son *second moi,* le dépositaire de tous les secrets, celui devant lequel on parle à cœur ouvert, sans réserves, sans réticences : le grand justiciaire du royaume, Pietro della Vigna.

C'est une curieuse destinée que celle de cet homme, qui, parti de très bas — son origine était des plus humbles —, était parvenu aux plus éminentes fonctions du royaume, et devenu l'*alter ego* de l'empereur. « O vigne heureuse, lui écrivait Nicola de Rocca, en jouant sur son nom, qui récrées l'heureuse Capoue par l'abondance de tes fruits délicieux, tu rayonnes sur toute la Terre de Labour, et tu ne cesses, par ta continuelle fertilité, de rayonner aussi jusqu'aux extrémites du monde[86]. » Élève de la faculté de droit de Bologne, Pietro della Vigna appartenait à ce cercle de juristes qui avait donné aussi Terrisio de Atino, Taddeo de Sessa, Roffredo de Bénévent, et parmi lesquels l'empereur recrutait ses hauts fonctionnaires. Notaire impérial en 1212, il est nommé en 1225 juge de la grande cour et en 1247 protonotaire et logothète. Ce dernier titre, emprunté au protocole byzantin, désignait le fonctionnaire suprême qui prenait la parole au nom de l'empereur. Il avait été envoyé en Angleterre, en 1234, pour négocier le mariage de l'empereur, et on lui confiait toutes les missions délicates qui réclamaient de l'intelligence, du savoir-faire, de la diplomatie, et surtout cet absolu dévouement que Frédéric savait trouver chez lui. « C'est bien un second Joseph, dit encore Nicola de Rocca, à qui, comme au fidèle interprète de sa volonté, le grand César, dont le soleil et la lune admirent la puissance, a confié les rênes de ce globe terrestre à gouverner. Il est comme le porte-clefs de l'Empire ; ce qu'il ferme, personne ne l'ouvre, ce qu'il ouvre personne ne le ferme[87]. »

Dante semble avoir connu cette lettre du familier, quand il met dans la bouche de Pietro della Vigna, en un passage immortel de son *Inferno*, ces paroles : « Je suis celui qui tint les deux clefs du cœur de Frédéric et qui les tourna si doucement pour fermer et pour ouvrir, que j'écartai presque tout autre de sa confiance ; et j'apportai tant de foi à ce glorieux office que j'en perdis le sommeil et la vie. »

Même si l'on fait la part de l'exagération et de la flagornerie dans les enthousiasmes de Nicola de Rocca (« ainsi qu'un instrument mélodieux, sa voix aussi douce que le miel fait pénétrer dans tous les cœurs le charme entraînant de l'éloquence. Par l'effet d'une inspiration divine, il possède la révélation de tout ce qui était caché sous le manteau du soleil, et le livre fermé de sept sceaux n'a pas de mystères pour lui ! »), il faut reconnaître que le ministre a possédé peut-être un génie égal à celui de son maître. Il a procuré, en tout cas, à Frédéric II, la joie si rare d'être admirablement compris et intelligemment servi. Dans sa pensée religieuse, comme dans ses intentions politiques, l'empereur trouvait dans son logothète, un reflet, un acquiescement, une confirmation. Il n'a pas eu de ministre plus fidèle, ni d'interprète plus exact de ses idées, jusqu'au jour où, par une singulière fatalité, Pietro della Vigna semble avoir été gagné à la cause du pape, qu'il avait si violemment combattue jusqu'alors. La plupart des documents qui constituent la guerre de manifestes ont été probablement écrits, et peut-être pensés, ou inspirés par lui. Ces phrases d'une violence si ironique, si hautaine, si dédaigneuse, c'est lui qui les a dictées, et voilà qu'à la suite d'on ne sait quel revirement brusque, ou d'on ne sait quelle évolution, cet incomparable serviteur se prépare à trahir son maître.

Sa trahison n'a jamais été nettement établie, et il ne l'a lui-même jamais avouée. Au contraire, dans toutes les lettres qu'il écrit à l'empereur, après son incarcération et notamment dans la fameuse «lamentation», il proteste toujours de son innocence, il affirme qu'il est une victime de l'intrigue, de la calomnie. Il accuse Gualtiero d'Ocra de l'avoir diffamé pour prendre, à sa place, l'empire qu'il avait sur l'esprit du roi. Pour nous, il nous est difficile de juger. Beaucoup d'éléments demeurent obscurs en cette affaire, et l'on ne sait si le protonotaire était vraiment compromis dans la tentative d'empoisonnement qui coûta la vie au médecin personnel de l'empereur.

Le récit que fait Mathieu Paris de ce dramatique événement a la vivacité d'un témoignagne, quoique le chroniqueur anglais ne l'ait connu que par ouï-dire. Il prétend que Pietro della Vigna profita de ce que Frédéric était tombé malade pour lui faire prescrire par son médecin une purgation et un bain qui devaient le guérir. «Cependant, raconte Mathieu Paris, Frédéric averti secrètement et pleinement instruit de ce crime par un de ses amis, à l'heure même où il devait prendre la potion susdite, dit à Pierre et au physicien qui lui présentait le breuvage : "Mes amis, mon âme se fie à vous ; gardez-vous, je vous en supplie, de me présenter du poison au lieu de médecine, à moi qui ai confiance en vous." Alors Pierre dit : "O mon seigneur, ce physicien, qui est le mien vous a donné souvent des potions salutaires ; que redoutez-vous aujourd'hui ?" Frédéric prenant aussitôt un air furieux et ordonnant à ses gardes de se placer derrière les traîtres pour qu'ils ne pussent s'échapper, dit au physicien qui lui montrait la coupe : "Bois-moi la moitié de ce breuvage." Le physicien stupéfait, et ayant conscience de son crime, fit semblant d'avoir rencontré un obstacle sous ses pieds, et tomba la face contre terre en répandant la plus grande partie du poison. Mais Frédéric ordonna qu'on tirât de prison des condamnés à mort, et qu'on leur donnât ce qui restait du breuvage ; ceux-ci rendirent aussitôt leurs âmes misérables. Certain, dès lors, que ces traîtres avaient préparé sa mort, il fit pendre le physicien et voulut justement que Pierre, après avoir eu les yeux crevés, fût conduit dans plusieurs villes d'Italie et d'Apulie, pour qu'il avoue publiquement le forfait qu'il avait médité[88]. »

La complicité de Pietro dans cet attentat n'est pas établie. Les griefs de l'empereur étaient d'une autre nature. Il accusait son logothète d'avoir été de connivence avec le pape, dans les intrigues de celui-ci, et d'avoir abusé de son autorité pour trafiquer des fonctions dont il avait la disposition. La légende prétend que le logothète aurait été l'amant de l'impératrice, ou, au contraire, que c'est Frédéric qui aurait forcé un jour la femme de son ministre, mais ces hypothèses romanesques ne semblent mériter aucune créance. Le désaccord qui oppose l'empereur et le logothète est d'ordre politique, uniquement. Rien ne prouve, non plus, ces intrigues avec Innocent IV, que ses ennemis lui reprochent.

Faut-il croire, alors, que ce ministre génial et dévoué, a été victime de la calomnie ? Qu'il n'a rien à se reprocher, sinon son ambition, comme il l'avoue lui-même dans sa « Lamentation » ? Comment le pape aurait-il pardonné son insultante satire au poète qui avait décrit le concile de Lyon comme une assemblée d'oiseaux autour du paon ? Chaque oiseau est une allégorie. L'aigle représente l'empereur, naturellement, le coq le roi de France, la pie le parti guelfe, le corbeau les gibelins, les oiseaux de proie les Allemands, les Siciliens et les Espagnols ; les oies, les canards, les hirondelles, les colombes, volatiles de tous plumages sont les prêtres, les moines, les abbés, les évêques, les cardinaux au milieu desquels se pavane, en grande pompe, le *pavo figuralis,* Innocent IV... Le morceau est spirituel et bien tourné. Pietro della Vigna excellait d'ailleurs à écrire des poèmes d'amour dans le *dolce stil nuovo* à côté de ses *Discours politiques,* de son traité *De potestate imperiali,* des lettres érudites et moqueuses, des discussions humanistes. Il y a dans la Lamentation qu'il adresse à l'empereur une poésie âpre, douloureuse, avec des accents bibliques, qui vont au cœur.

«Les miens m'ont haï d'une haine inique ; ceux qui mangeaient mon pain m'ont tendu des pièges ; ceux que j'avais protégés m'ont présenté à boire dans le calice de mort ; mes confrères m'ont enlevé la faveur dont je jouissais ; mes inférieurs m'ont ravi la supériorité que j'avais sur eux. Les mécréants m'entourent de leurs lances ; ils me percent le côté de leurs traits acérés ; ils me font blessures sur blessures. Ils me secouent de la poussière dans les yeux et tirent au sort mes vêtements. Ils attendent que pour celui qui est consumé par l'angoisse, il n'y ait pas une grappe dans la vigne de son seigneur ni un morceau de pain dans la maison de son maître... Qu'ils songent ces méchants, que Celui qui habite dans les Cieux donne la pâture aux petits des corbeaux, que Celui qui met un frein aux flots irrités ne refuse pas à ses serviteurs la rosée de sa grâce... Le fils a été appelé par le père, et dans cet appel, il a consumé ses biens propres, les biens meubles et immeubles de son frère. Qu'une pieuse parole sorte de la bouche de mon père, et pour moi, le jour ne sera pas sans clarté. Ma douleur n'est pas tellement incurable qu'une main pieuse ne puisse la guérir. Encore plongé dans les ténèbres, je ne serai pas privé des secours d'une sainte pitié, et jusqu'à ce qu'il ait exaucé ma demande, je ne cesserai d'embrasser ses pieds bienheureux. Que celui qui a perdu toutes ses forces soit soutenu par un bras vigoureux. Qu'il ne meure pas sans avoir reçu un présent de son père. Nul ne peut empêcher le soleil de resplendir ni le père de verser sur son fils la rosée de sa bénédiction. Qu'il cesse donc l'obstacle qui s'oppose à l'œuvre de charité[89]. »

Il était maladroit de reprocher à Frédéric d'écouter les calomniateurs et de se laisser abuser par eux. Aussi l'empereur répondit-il assez sèchement à la Lamentation qu'il était assez clairvoyant pour ne pas permettre aux faux rapports de le tromper, et que la justice suivrait son cours. Le logothète avait été arrêté à Crémone, au début de février 1249, puis transporté la nuit à Borgo San Donnino, et enfin à San Miniato. Le procès et les voyages de forteresse en forteresse à la suite de l'empereur durèrent jusqu'au mois d'avril. Il voyageait à dos d'âne, enchaîné. A San Miniato, on lui avait brûlé les yeux avec un fer rouge. Quand il arriva à Pise, il apprit que ses gardiens avaient l'ordre de le livrer à la populace. Alors pour échapper au plus hideux et au plus humiliant des supplices, il se frappa la tête contre une colonne si violemment qu'il se fendit le crâne et en mourut.

Il est difficile de juger, en cette affaire, ni le condamné ni son juge. Nous ignorons quelles preuves Frédéric II possédait de la trahison de son ministre. « Si l'un de vous retourne encore au monde, relevez ma mémoire qui gît encore sous le coup que l'envie lui a porté », lui fait dire Dante. Si Pietro della Vigna est vraiment la victime d'une *erreur judiciaire,* si l'empereur ne l'a condamné, comme le prétendent certains, que pour confisquer son immense fortune, le sort du logothète est des plus déplorables. Mais d'autre part, si l'on considère l'anxiété dans laquelle vivait l'empereur, exposé sans cesse aux coups des assassins, d'autant mieux dissimulés qu'ils fréquentaient sa cour en qualité d'amis, de conseillers, de familiers, on excuse une condamnation qui n'a certainement pas été prononcée sans des preuves sérieuses, ou, du moins, de fortes présomptions. Frédéric II avait trop grand besoin d'un serviteur comme Pietro della Vigna pour qu'il se privât, volontairement et sans raison, d'un ministre aussi exceptionnel, au moment même où son étoile pâlissante l'obligeait à resserrer autour de lui tout ce qu'il comptait encore de fidélités et de dévouements. La lettre par laquelle il ordonne son exécution est celle d'un juge qui ne doute pas de la légitimité de sa sentence. « Qu'il soit porté à la connaissance de tous la grandeur des bienfaits dont Pietro della Vigna avait été comblé et l'abomination de l'attentat commis par lui. Par lui, qui avait le devoir de veiller scrupuleusement sur notre vie, et il n'a pas hésité à préparer le poison pour le prince dont dépendent la sûreté et le salut de tant de peuples. Sa Majesté Impériale, interprète de la volonté divine, ordonne donc que, suivant l'usage des grands de l'État, ce traître soit conduit de ville en ville et exposé aux insultes et aux tourments jusqu'à ce que le dernier supplice y mette fin[90]. »

Quand Frédéric II apprit la manière dont Pietro della Vigna s'était tué, cet admirateur de l'Antiquité reconnut une grandeur stoïcienne, un héroïsme digne des Anciens, dans cette mort choisie et froidement exécutée. Il se retira un instant dans la solitude, et on l'entendit pleurer. De même il avait pleuré son fils Henri, qui s'était suicidé, lui aussi, presque de la même façon. Et en revenant parmi ses courtisans, il leur dit ces simples mots : « Celui qui est venu du néant est retourné au néant. »

C'est le chemin de toute chair, et Frédéric pressentait peut-être, en cet instant, que lui aussi, bientôt, il serait appelé à s'engager sur cette route obscure qui conduit chez les ombres.

XIV

« Le soleil du Monde s'est couché »

La mort de Pietro della Vigna et de Taddeo de Sessa priva Frédéric II de ses ministres les plus intelligents et les plus dévoués. Quels que soient les reproches qu'il ait pu faire au premier, vers la fin de sa vie, le logothète fut pourtant un des soutiens les plus vigoureux de l'empereur, un des partisans les plus ardents de sa politique. On retrouve le style enflammé de Pietro, son ironie subtile, sa véhémence dans l'invective, sa dialectique souple et fine, dans les « mandements » que Frédéric a lancés contre le pape. Ceux qui font un grief au logothète d'avoir voulu devenir le *souverain pontife* de cette religion nouvelle dont Frédéric aurait été le dieu, retrouvent la marque de son ambition dans cette violence passionnée avec laquelle il critique Innocent IV, les Ordres mendiants, les prêtres et les évêques qui ont l'audace d'obéir au pape plutôt qu'à l'empereur. Avec toutes ses qualités et tous ses défauts, c'était pour l'empereur un merveilleux collaborateur, un diplomate de grand talent — ses négociations avec l'Angleterre ont été particulièrement adroites —, un polémiste ingénieux. S'il est vrai que le buste d'homme qui survit à la destruction de la porte triomphale de Capoue, est vraiment un portrait de Pietro della Vigna, comme le veut la tradition, on y reconnaîtra dans la noblesse du visage, l'intensité et la profondeur du regard, les caractères de ce puissant ouvrier de l'Empire qui, au déclin de sa carrière, commit peut-être quelques fautes impardonnables qui entraînèrent sa chute ; la faute — qui sait ? — de douter du succès, et de chercher un rapprochement avec le pape, non pas dans son propre intérêt, mais dans l'intérêt de l'Empire dont il jugeait probablement la défaite inévitable.

Il ne restait rien, en effet, des beaux espoirs que l'on avait fondés sur les accords du Latran. Le traité qui devait réconcilier le pape et l'empereur et rendre la paix au monde, s'était révélé irréalisable, soit par le fait même des événements, soit par la mauvaise volonté qu'avaient mise les deux parties à l'exécuter. La guerre avait recommencé, avec une violence accrue, alors que l'encre était à peine sèche sur les paraphes des plénipotentiaires. Une guerre inexpiable, où chacun rivalisait de férocité avec son adversaire, parce qu'il s'agissait d'obtenir rapidement la victoire, et que, pour cela, les moyens les plus expéditifs étaient les meilleurs. Il fallait en finir, parce que l'Europe était lasse de ces querelles interminables, et que, par dépit de voir que les deux pouvoirs étaient incapables de se mettre d'accord, pour parvenir enfin à cette paix dont l'avènement paraissait de plus en plus lointain, de plus en plus aléatoire, elle risquait d'écraser brusquement un des combattants, d'adopter sans réserves l'ultramontanisme, en donnant la pleine puissance spirituelle et temporelle au pape, ou le schisme en acceptant que l'empereur fondât une église dissidente, comme cela commençait à se produire en Sicile, déjà, et en Allemagne, ce qui aurait divisé, écartelé la Chrétienté, déjà si cruellement atteinte par toutes ces querelles.

Quatre papes s'étaient succédé sur le trône de saint Pierre, depuis que Frédéric II avait reçu la couronne, et tous les quatre avaient été obligés de combattre, soit pour défendre leurs prérogatives contre l'empereur, soit pour lui disputer cette hégémonie, qu'ils réclamaient, eux, en vertu de la Donation de Constantin, et qu'il voulait conserver, lui, pour sauvegarder l'intégrité de l'idée impériale dont il était le serviteur et le chevalier.

Les longs conflits qui avaient séparé au cours des règnes précédents Papauté et Empire, aboutissaient fatalement à Canossa. A moins d'abattre la puissance spirituelle du pape, on ne pouvait pas diminuer son autorité temporelle.

Son emprise sur les âmes lui donnait une force à laquelle rien ne pouvait résister. C'était cette emprise, donc, qu'il fallait détruire, avant tout. Le projet de « réforme » élaboré par Frédéric II n'avait donc pas de fondement théologique ou métaphysique, à proprement parler. Pas plus qu'il ne faisait brûler les hérétiques parce qu'il détestait leurs doctrines religieuses, ce sceptique ne désirait faire triompher une foi nouvelle. C'était en tant que révolutionnaires et personnages subversifs, qu'il traquait les hérétiques ; c'était en tant que puissance temporelle qu'il combattait la Papauté. La réforme religieuse qu'il préconisait, n'était pour lui qu'un moyen, non un but. Elle lui servirait à détacher du Saint-Siège une partie des fidèles, du clergé, des ordres, et la Papauté en serait affaiblie d'autant, matériellement, politiquement. De même qu'il y a un fort soubassement politique dans la Réforme allemande du XVIe siècle, de même, le « schisme » souhaité par Frédéric II n'utilisait les idéologies et la foi que comme prétextes. L'ennemi, d'ailleurs, en faisait autant, et toutes les accusations que la chancellerie pontificale lançait contre l'Antéchrist, visaient simplement un souverain qui avait eu l'imprudence de ne pas accepter la suprématie du pape et la tutelle du Saint-Siège. On parlait beaucoup de religion, mais, en réalité, la religion n'était pas en cause.

Certes, le schisme vers lequel tendait la politique de Frédéric II aurait pu avoir des conséquences très graves pour la Papauté — celles-là même qu'il a eues trois siècles plus tard —, en détachant de l'obédience du Souverain Pontife un certain nombre d'États européens. L'Europe du XIIIe siècle, toutefois, n'était pas mûre pour une métamorphose aussi radicale. Seul le puissant brassement d'idées, agité par le Renaissance, pouvait rendre efficace la Réforme. Tous les autres « réformateurs » du XIIe, du XIIIe et du XIVe siècle, ont manqué de ce tremplin, de ce levier, et ils n'ont pu modeler à leur gré la masse médiévale, si profondément imprégnée de catholicisme.

Dans le cas même, où l'empereur aurait vécu plus longtemps et poussé plus loin, sa *guerre de religion,* il me paraît peu probable qu'il ait eu raison du pape, en définitive. Les temps n'étaient pas venus. Frédéric II avait le tort, aussi, aux yeux de la masse, d'incarner en même temps un idéal trop imprécis, parce que projeté trop loin dans le futur, et trop enraciné dans le passé. Il ressemble beaucoup, en cela, à Julien l'Apostat, avec lequel il possède d'ailleurs tant de traits communs. Admirateur passionné de Rome et de la romanité, Frédéric rêvait de ressusciter l'Empire des Césars. Peut-être même son système religieux englobait-il un certain paganisme officiel, pareil à la religion d'État de l'antique Rome, dominé par la « divinité » de l'empereur. Ses audaces d'homme moderne, ses archaïsmes de lettré, d'humaniste, tout pénétré de culture antique, concouraient à la rendre impénétrable à la masse, dont, dans aucun ordre d'idées, il n'était le « contemporain ». Toujours en avance sur son temps, ou en retard, il débordait le Moyen Age dans lequel il vivait. Il ne partageait pas ses idéaux, ni sa foi, ni ses rêves, ni ses espoirs. Il était étranger à son temps comme il était étranger, en somme, à son pays, étranger à l'Allemagne, en tant qu'homme méridional (*homo meridionalis*), étranger à l'Italie, aussi, parce que le sang de ses ancêtres souabes alourdissait ses veines, parce que les rêveries nordiques des Hohenstaufen obscurcissaient la claire vision du Méridional, le rationalisme adroit et aigu du Sicilien.

Il était trop composite, sans doute, pour pouvoir demeurer longtemps dans un temps avec lequel il n'avait pas d'affinités, et pour enfoncer dans une terre mal préparée à cette éclosion l'Empire qu'il rêvait. Ni Italien, ni Allemand, à la fois Italien et Allemand, ce personnage faustien épuisé par toutes les complexités qui l'enrichissaient, mais qui le faisaient d'autant plus vulnérable, se trouva acculé au schisme, comme il se trouva obligé à la guerre, pour les mêmes raisons. Sceptique, il fut l'instigateur d'une guerre de religion ; pacifique, il guerroya toute sa vie durant, avec un bref répit pendant les cinq années qui suivirent les Constitutions de Melfi. Porté par une idée trop grande pour lui, peut-être, et trop grande en tout cas pour l'époque et l'Europe auxquelles il la proposait, il fut contraint de sacrifier les réussites immédiates à ce succès lointain, hypothétique, éventuel, que personne ne pouvait garantir. Et comme sa position était, en définitive, très instable, et que seule une suite ininterrompue de succès pouvait la consolider, il était fatal que les premiers échecs, ébranlant cette construction fragile, dussent, en peu de temps, en provoquer l'effondrement total.

La défaite de Vittoria et la « trahison » de Pietro della Vigna secouèrent dangereusement cet édifice politique, dont l'excommunication et la déposition avaient déjà miné les soubassements. Les insuccès, les chagrins et les deuils devaient se suivre, bientôt, à une cadence rapide, accélérée, jusqu'au jour où le lutteur s'abattrait pour ne plus se relever.

Ce fut d'abord, peu après la fin lamentable du logothète,

la défaite de Fossalta. Dans cette petite ville, située entre Modène et Bologne, l'armée impériale rencontra le 26 mai 1249, les troupes de la ligue lombarde, et celles-ci, beaucoup plus fortes, beaucoup plus nombreuses, battirent les gibelins, auxquels ils tuèrent près de deux mille hommes, ce qui est énorme si l'on sait quels effectifs on mettait en ligne à cette époque. Mais plus encore que la mort de ses soldats, Frédéric regretta la capture de son fils Enzio, qui commandait l'armée, le beau «petit faucon», le chevalier blond, qui, après bien des prouesses, fut accablé par l'ennemi, ligoté et jeté dans un cachot à Bologne, où il languira de nombreuses années.

Frédéric n'a plus qu'une pensée : délivrer son fils. Il offre aux Bolonais une énorme rançon ; ils refusent, trop fiers et trop heureux de garder dans leurs prisons ce merveilleux «falconello» de sang impérial. S'ils sont insensibles à l'argent, ils céderont peut-être aux menaces. Frédéric annonce donc toutes les représailles qui accableront Bologne, s'ils ne délivrent pas le jeune prince ; forts de leurs murs et de leurs tours, les Bolonais repoussent dédaigneusement les menaces comme l'argent. Frédéric enfin s'humilie ; il supplie, il veut que Bologne devienne son alliée, il fera d'elle la ville la plus puissante du monde — «nous exalterons votre cité au-dessus de toutes les autres...» —, mais les vainqueurs de Fossalta savent probablement que l'empereur ne pourra pas plus exécuter ses promesses que ses menaces. Déjà le crépuscule tombe sur ce glorieux destin, et les villes italiennes qui sentent vaciller le trône, qui voient l'aigle, blessé en plein vol, battre des ailes lourdement, essayer de reprendre son vol, calculent que les chances du pape augmentent, et que le parti guelfe est un parti d'avenir.

L'aigle n'est pas encore vaincu, cependant. Avant de tomber, Frédéric II remporte quelques succès éclatants. Et pourtant que d'inquiétudes, que de soucis ! C'est l'armée que lève le légat Ranieri, avec l'argent du pape, pour envahir le royaume de Naples. C'est la croisade de Saint Louis, qui s'est embarquée à Aigues-Mortes. Vers la Terre Sainte ? Vers la Sicile ? On ne sait. Innocent IV a tant insisté auprès du roi de France pour qu'il lance ses croisés contre l'Antéchrist, au lieu d'aller combattre les musulmans, que l'empereur se demande si cette grande flotte va simplement passer en vue des côtes italiennes, ou y débarquer. La flotte impériale, celle-là même qui vient de remporter une victoire navale sur les Génois, non loin de Savona, croise, commandée par le grand amiral Pietro da Gaeta, pour attaquer les navires français s'ils manifestent des intentions belliqueuses.

Heureusement les galères de Saint Louis, fidèles à leur but sacré, gonflant leurs voiles vers cette terre d'Égypte où leur chef va tomber, passent sans s'arrêter, lentement, puissamment, comme de grands oiseaux lourds. Frédéric II pousse un soupir de soulagement : le saint roi, pour lequel il éprouve une étrange sympathie — si différent de lui ! — et cette France dont il voudrait l'amitié, n'ont pas cédé aux invitations insidieuses d'Innocent IV.

Bientôt, l'empereur reconnaîtra ce geste chevaleresque, en intervenant auprès du sultan pour qu'on remette en liberté le roi de France. La croisade, en effet, a subi une terrible défaite à Damiette, qui lui coûta sa liberté et qui coûta la vie à tant de bons compagnons, tombés sous les flèches sarrasines, hachés par les cimeterres courbes des janissaires. Dès qu'il apprit que Fahr ed Din gardait prisonnier Saint Louis, Frédéric II lui écrivit, au nom de leur vieille amitié. Mais sans doute les musulmans, eux aussi, savaient-ils que son étoile avait pâli, car ils ne tinrent pas compte de sa requête.

Le monde se détourne de lui. Le monde n'a plus peur de sa colère. Ses victoires nouvelles sont des succès partiels, qui ne ressuscitent pas son prestige, qui n'augmentent pas son pouvoir. Le « mauvais jeudi » voit la défaite des Parmesans ; le sang de trois mille des leurs venge la mort de

Taddeo de Sessa, la destruction de Vittoria, mais il faudrait des triomphes plus éclatants pour rendre confiance aux gibelins, pour abattre l'orgueil des guelfes, l'ambition des Clavaires, qui se disposent à envahir le royaume ; pour accomplir enfin, dans toute sa plénitude, dans toute sa grandeur sacrée, l'idée impériale qui est la raison d'être de cette vie, et le but de toutes ses actions.

Des ennemis éparpillés, qu'il faut poursuivre un peu partout, en Italie, en Allemagne, en divisant ses forces ; c'est là le principe de l'Empire. Et l'ennemi majeur, l'archiadversaire, inaccessible dans sa nouvelle Rome lyonnaise, qui tient dans son rude poing tous les fils qui manœuvrent les armées, les foules, et qui combat partout sur le champ de bataille par ses soldats, sur les places publiques par ses agitateurs, dans les églises par ses prédicateurs. C'est cette tête qu'il faut abattre, où s'échafaudent tous les plans de guerre, c'est ce poing qu'il faut couper, qui pèse sur le destin de l'Empire.

Harcelé par les guerres et les guérillas, Frédéric II ne renonce pas cependant à son dernier projet : forcer le pape dans sa retraite, comme on traque un fauve dangereux jusqu'au fond de sa tanière. L'empereur se rappelle alors cet adage bien connu de tous les chasseurs de bêtes féroces, qu'un fauve blessé est le plus dangereux, et qu'il ne faut pas tarder à l'abattre si on a eu l'imprudence de le blesser. Il rassemblera donc toutes ses forces, abandonnant si c'est nécessaire l'Italie en feu — on n'a pas le temps d'éteindre tous ces incendies locaux — pour courir sus à celui qui est l'inspirateur de toutes les séditions, l'âme des coalitions et des révoltes.

Frédéric s'est installé dans son château de Foggia. En hâte, il équipe des régiments sarrasins. Il fait venir d'Afrique des armes, du matériel de guerre, des provisions, des chameaux comme bêtes de somme. Il lève de nouveaux impôts. Il invite ses vassaux allemands à venir le rejoindre en Savoie, où il passera, en marchant sur Lyon ; et le duc de Savoie est de ses amis, de ses parents. Avec une rapidité fiévreuse, comme s'il pressentait que le temps lui est mesuré, il précipite les préparatifs. Il est plein d'espoir, de confiance, de gaîté ; il voit sa victoire proche...

Et voilà qu'un jour, il tombe malade. Ce n'est pas une maladie grave et il ne s'en inquiète guère. Puis, la maladie s'aggravant, tout à coup, il se dit que si l'Europe l'apprend, ce sera le découragement dans le royaume, l'anarchie en Allemagne, que ses ennemis en profiteront pour annoncer sa mort, prématurément. Et tout le travail préparatoire à la guerre, alors, s'effrondrera, deviendra inutile. Suivi de quelques familiers, pour que le bruit de sa maladie ne se répande pas, il fait raconter qu'il est parti chasser, et il s'en va se réfugier dans un de ses châteaux, qui, nous l'avons vu, étaient en même temps des rendez-vous de chasse et des forteresses. Celui-ci, l'empereur l'a fait aménager, mais il n'y est jamais venu : à cause de son nom, Castelfiorentino. Les astrologues en lesquels il a confiance, et qu'il consulte souvent, lui ont dit un jour qu'il mourrait sous la fleur ; ce qui signifiait dans une ville ou une demeure, dans le nom de laquelle entrerait le mot *fleur*. C'est la raison pour laquelle, aussi, il n'était jamais allé à Florence, se souvenant de cette prédiction. Aujourd'hui, soit qu'il la néglige, soit qu'il se sente perdu, et que la précaution soit désormais superflue, il s'enferme dans Castelfiorentino. La dysenterie qu'il a mal soignée l'a terriblement affaibli. Il espère guérir encore, par les soins de Giovanni da Procida ; il faut qu'il guérisse vite pour entrer en campagne au printemps.

Nous sommes en décembre 1250. Giovanni da Procida ne cache plus son inquiétude. L'empereur est perdu. On fait venir alors les grands du royaume, les hauts fonctionnaires, et devant eux, l'empereur va dicter ses dernières volontés. Le 10 décembre, Berardo de Palerme, Hertold de Hohenbourg, son fils Manfred, écoutent la voix défaillante de cet homme dont la vie s'éloigne, lentement. C'est Conrad qui héritera la couronne impériale et la couronne royale, Manfred gouvernera l'Italie en son absence. Son autre fils, Henri, sera roi d'Arles et de Jérusalem. Frédéric, son petit-fils, le fils d'Henri VII, le « nouvel Absalon », sera duc d'Autriche. Pour l'Église, il décide que tout ce qui lui appartenait lui sera rendu, à condition qu'elle restitue de son côté ce qu'elle a pris à l'Empire. Dans le royaume, on abolira les impôts vexatoires ou impopulaires, on rendra leurs privilèges aux vassaux de la couronne. Les Templiers recevront un legs considérable, et cent mille onces d'or seront distribuées pour les besoins de la Terre Sainte.

Il vécut encore trois jours après avoir fait son testament, mais il n'y avait pas d'espoir qu'il guérît jamais. Il sut, de façon certaine, qu'il allait mourir quand, ayant demandé ce que cachait une tapisserie, près de son mur, on lui dit que c'était une porte de fer, dont on ne se servait plus depuis longtemps. « Sous la fleur et près d'une porte de fer » avait dit la prophétie funèbre. L'oracle était accompli. Avant d'expirer, il revêtit le froc cistercien, ayant toujours montré grande sympathie pour cet Ordre, lui qui était d'ordinaire hostile aux moines, mais avant de le déposer dans le cercueil, on lui enleva la bure et on l'enveloppa, à sa place, dans une somptueuse étoffe de soie orientale, qui avait été donnée naguère à Otton IV, par un roi d'Asie, et que Frédéric avait trouvée dans son butin. C'était un merveilleux tissu, couleur de pourpre, brodé d'animaux, de figures allégoriques, d'images symboliques, où de longs caractères coufiques étirés en fils d'or célébraient la « félicité parfaite ». Ce n'était point celle que saint François trouvait dans les privations, les mortifications, les insultes, mais, à ce moment, Frédéric II était au-delà de toutes les conceptions du bonheur terrestre.

Celui qui avait fait l'*étonnement du monde,* n'était plus. Déjà les ciseaux des sculpteurs gravaient l'épitaphe composée par l'archevêque Bérard de Palerme : « Si la probité, le talent, la grâce de tous les dons, la magnificence, la noblesse de la race, peuvent résister à la mort, Frédéric, qui gît ici, n'est pas mort. »

Longtemps le monde ne voulut pas croire à sa mort, en effet. Comme tous ces grands hommes dont on ne peut pas admettre qu'ils aient subi le destin commun, on attendit que Frédéric II revînt. Ainsi attendit-on le roi Arthur. Ainsi attendra-t-on Charles le Téméraire, Napoléon... On racontait qu'il s'était réfugié dans les montagnes d'Allemagne, et que, là il attendait *son heure.* Comme son aïeul Barberousse, endormi dans sa caverne de Kyffhauser, on se le représentait, plongé dans un sommeil magique, jusqu'à ce que l'incantation qui l'avait fait disparaître, cessât, et qu'il revînt aux yeux des hommes. Certains affirmaient qu'il était descendu dans le cratère de l'Etna, pour ne pas quitter sa chère Sicile, et qu'il en sortirait un jour, quand l'Empire aurait besoin de lui.

Le besoin de croire à son immortalité et l'amour qu'on lui portait étaient si grands que, pendant très longtemps, d'astucieux faussaires firent de nombreuses dupes en se donnant pour Frédéric II ressuscité. Les poètes, enfin, qui avaient salué en lui un homme divin, chantaient sa puissance magique et ses dons surhumains. Des fous, qui croyaient être le grand Hohenstaufen, des imposteurs, qui expiaient sur le bûcher leurs mensonges, ou qui en vivaient grassement dans quelque village de Sicile, à l'ombre de l'Etna, prolongèrent bien au-delà de sa mort, ce nom fabuleux.

Et pourtant, ainsi que l'avait annoncé à son frère Conrad, dans la lointaine Allemagne, le petit roi Manfred, qui avait assisté aux derniers moments de son père : « Le soleil du monde s'est couché, qui luisait sur les peuples, le soleil du droit, l'asile de la paix[91]. » Ses funérailles furent solennelles, et d'une triste magnificence. « Le 28 décembre, dit un contemporain, j'appris que le corps de l'empereur qu'on portait à Tarente, allait passer, et je me rendis à Bitonto pour le voir. Il était déposé dans une litière recouverte d'un drap cramoisi ; la garde sarrasine à pied l'entourait avec six compagnies de cavaliers armés de toutes pièces. Ils marchaient tristement, pleurant l'empereur dans tous les lieux où ils passaient. Un grand nombre de barons vêtus de noir et les syndics des villes du royaume fermaient le cortège[92]. »

Cette funèbre procession alla ainsi de Castelfiorentino à Palerme le long des routes désolées, traversant les villes et les villages, jusqu'à la cathédrale où l'on déposa le cadavre, enveloppé de sa robe orientale dans un magnifique sarcophage sculpté, de porphyre sombre, couleur du sang caillé, couleur de la pourpre impériale. Le corps avait été embaumé à Foggia, mais le cœur fut, selon l'usage, extrait de la poitrine, et enfermé dans une urne qu'on plaça sur un petit monument supporté par quatre colonnes de *verde antico*. Un tremblement de terre a fait disparaître ces reliques, appliquées sur la façade de la chapelle palatine de Foggia.

Dans cette église, où reposaient déjà Henri VI le Cruel, l'impératrice Constance, et ses ancêtres normands, on éleva ce monument sobre et majestueux, le dais de pourpre sombre abritant le sarcophage rougeâtre, que l'on avait apporté de Cefalu. Au XVIIIe siècle, on ouvrit le tombeau. On y trouva trois cadavres superposés. L'un était celui du roi Pierre d'Aragon, mort en 1342 ; un autre appartenait à un mort anonyme ; entre eux Frédéric II de Hohenstaufen dormait son dernier sommeil. On le reconnut à son costume précieux et splendide. « Frédéric avait au front, rapporte Émile Bertaux, une couronne fleuronnée pareille à celle que porte son effigie sur les augustales de Vienne. Il était vêtu d'un costume italien fait d'étoffes orientales pareilles à celles que portaient les rois normands. L'orfroi de son manteau de soie cerise était orné d'oiseaux à deux têtes ; sur ces sandales étaient brodés des cerfs. Les manches de l'aube de lin étaient entourées d'une inscription coufique. L'épée, déposée dans le sarcophage de porphyre, à côté du globe rempli de terre, avait un ceinturon de soie cerise aux ferrements d'or ciselés par un ouvrier musulman[93]. »

XV

« Cette race maudite... »

La mort de l'empereur entraîna la chute de l'Empire. Une fois disparu l'homme qui soutenait entre ses mains cet édifice paradoxal et compliqué qu'était l'association de l'Allemagne et de l'Italie — sans négliger la Bourgogne, la Provence, et les autres possessions de Frédéric II —, une fois éteinte cette intelligence prodigieuse qui rêvait d'harmoniser toutes les discordances d'un État hétérogène, fait de morceaux que ne rattachait les uns aux autres aucun idéal commun, le désordre, qu'il avait si énergiquement combattu pendant toute sa vie, reprit possession de l'Europe. Accru encore de tous les ferments de rébellion que l'empereur avait suscités dans sa lutte contre le pape, de tous les ferments de schisme qu'il avait tacitement encouragés, pourvu qu'ils donnassent naissance non à un libéralisme social, mais à une sorte de libertarisme intellectuel conciliable avec la discipline et la soumission à l'État.

« Sa mort produisit une coupure profonde dans l'histoire de l'Occident, elle a mis fin au haut Moyen Age. Depuis longtemps déjà on en était arrivé au point où seul un souverain de génie, nettement supérieur à tous, pouvait maintenir le système de contrainte impérial tel qu'il s'était développé dans la lutte contre l'Église pontificale. La cause des Hohenstaufen périt avec Frédéric. Même si la mort et la discorde n'avaient pas causé autant de ravages parmi ses héritiers, il est peu probable que la Curie aurait surmonté son hostilité contre cette «race maudite». Pendant quarante ans, Frédéric avait tenu le monde en haleine. Non seulement il a ajouté au drame des Hohenstaufen un dernier acte grandiose, dont le pathétique ne pouvait être dépassé, mais aussi ce dernier empereur de la dynastie avait, volontairement ou involontairement, déterminé l'évolution future de l'Occident[94]. »

C'est par là que ce destin fascinant, malgré l'effondrement de son œuvre, malgré la dislocation de cette «unité» à laquelle il aspirait, constitue un des sommets les plus brillants et les plus hauts de ce tumultueux Moyen Age, où il introduisit déjà les clartés précoces de la Renaissance. Seule sa personnalité pouvait maintenir la cohésion entre les divers éléments de ses États. Tenir d'une main l'Allemagne de l'autre l'Italie, réunir ici un royaume, là un empire, c'était déjà une de ces réussites extraordinaires qui ne survivent pas à leur auteur. Pour maintenir contre tant d'ennemis acharnés l'unité de cette construction politique, il aurait fallu un héritier qui possédât le génie de son père et, surtout — car Conrad et Manfred ne manquaient pas du génie propre à tous les Hohenstaufen —, une de ces longues périodes de paix qui permettent de réaliser de puissantes et durables œuvres de paix.

Malheureusement cette «race de vipères», cette «race d'Hérode» comme disait Innocent IV, dut employer toutes ses forces, tous ses talents, uniquement à la protection d'un domaine qu'on attaquait de tous côtés, à la protection d'un édifice qui chancelait et tombait en morceaux sous le coup de bélier des communes, de la Papauté, de la féodalité allemande, à laquelle la mort de Frédéric II avait rendu le goût de la turbulence anarchique. Tous ces fils de l'*Antéchrist,* qu'une mort prématurée empêchera d'accomplir totalement leur destin, semblaient promis aux plus heureuses carrières. Tous beaux, tous intelligents, illuminés de cet éclat poétique qui entourait l'empereur et rayonnait sur tous ses descendants, ce sont des *fleurs de chevalerie,* des héros magnifiques et exquis, des paladins à visages de jeunes filles, qui associaient la harpe des Minnesaenger au luth des troubadours, et qui comme le Volker von Alzay des Nibelungen, ne séparaient jamais la bravoure du don poétique, l'épée de la harpe. La fatalité qui plonge dans les ténèbres la personnalité solaire de leur père, les accable également. Ces frêles et fortes silhouettes sont emportées dans de terribles bourrasques. Le sort s'acharne sur eux ; on dirait que tous les raffinements de la cruauté suffisent à peine pour flageller ces princes du plus noble sang, du plus pur génie. Leur brève existence s'écoule dans un rythme bref et heurté d'avalanche. On dirait que des montagnes s'écroulent exprès pour les ensevelir. Les débris de l'« empire unitaire » retombent sur eux, et les écrasent. Ils font tête à la catastrophe avec une sorte de témérité joyeuse, de courage insensé, dans lequel il y a de l'ironie et du désespoir.

Ils savent qu'ils ne sont pas les plus forts. D'avance, ils pressentent la défaite qui les attend. Ils vont au-devant d'elle avec cette grâce héroïque qui prête une auréole romanesque à ces courtes vies, si ardemment, si imprudemment aventurées dans des batailles sans merci. Eux aussi, ils pourraient s'approprier cette sentence gœthéenne, qui inspirait leur père : « J'aime celui qui désire l'impossible. » Plus impossible encore pour eux, qu'il ne l'était pour Frédéric II, ce rêve d'Empire, puisque Frédéric avait reçu de son père un héritage stable, vigoureusement assis sur des fondations solides, alors qu'ils ne bâtissent, eux, que sur des sables mouvants — quand ils ont le temps de bâtir.

Tous, ou presque tous, ils meurent de mort violente, au printemps de leur vie. Le fils aîné, Henri VI, s'est suicidé, en se jetant de son cheval, au fond d'un précipice, alors que son père venait de lui accorder son pardon. Richard, comte de Chieti, était un vaillant homme de guerre. C'est lui qui battit, près de Civitanuova, l'armée des Clavaires alliée aux rebelles napolitains, en 1247. Vicaire impérial pour la Romagne, le duché de Spolète, et la Marche d'Ancône, il disparaît après la mort de son père, et nul, aujourd'hui, ne sait plus ce qu'il est devenu. Emporté dans la bourrasque qui disperse les enfants, qui éparpille l'Empire. Un autre Henri, fils d'Isabelle d'Angleterre, celui-là, est mort à quinze ans, presque sans laisser de traces.

Frédéric d'Antioche, dont la mère était, dit la légende, une sœur de Malek Al Kamil, avait été nommé vicaire de Toscane, podestat de Florence, et, en cette qualité, travailla utilement à maintenir cette province dans la ligue gibeline. Il semble même que, sans le priver de son duché d'Antioche, son père ait créé pour lui un royaume de Toscane, dont il lui aurait donné la couronne. Courageusement, il servit la cause de son frère Conrad, et légua à son fils, Conrad d'Antioche, ces belles traditions de vaillance, de dévouement, de fidélité, dont ce jeune prince fit preuve dans l'abnégation avec laquelle il lia sa cause à celle de son cousin Conradin, « le lionceau ».

Les plus brillants des fils de Frédéric, Manfred et Conrad, avaient reçu, par le testament de leur père, le lourd héritage d'un Empire prêt à se démembrer, d'un royaume ravagé par la guerre civile, de finances épuisées, de peuples démoralisés, ébranlés dans leurs convictions religieuses, incertains de la voie sur laquelle ils trouveraient la justice et la vérité. Enzio, depuis qu'il avait été pris par les Bolonais à Fossanova, n'existait plus pour le monde extérieur. Ce

« falconello » auquel ses geôliers avaient rogné les ailes était l'aîné des fils naturels de l'empereur et son préféré. On ne sait s'il était fils d'une Allemande ou d'une Italienne, mais, comme dit Huillard-Breholles, « Frédéric II eut pour ce fils une affection toute particulière ». Il retrouvait en lui non seulement les traits de son propre visage, mais aussi ses goûts personnels pour les nobles délassements de l'esprit et du corps. Enzio savait rimer et chanter comme un *trovatore* ; il maniait l'arc aussi bien que le plus adroit archer sarrasin ; il excellait dans l'équitation et dans l'escrime et montrait, en toute occasion, une valeur intrépide. Nommé en 1239 légat général de l'Empire en Italie, Enzio remplit avec gloire pendant dix ans cette importante fonction, jusqu'au jour où le hasard des batailles le fit tomber entre les mains des Bolonais.

Le malheureux « falconello » mourut à Bologne, le 14 mars 1272. On emporta son cadavre de cette cellule, vingt-sept ans après qu'y fût entré ce brillant cavalier. Dans cette prison, il eut la consolation d'être aimé d'une jeune fille, qui partagea sa captivité. Sa femme Adelisia, fille du roi de Sardaigne, avait été répudiée par lui, lorsque, désertant la cause « impie » des Hohenstaufen, elle avait voulu faire sa paix avec le pape, et avait même placé ses États sous la souveraineté du Souverain Pontife. Enzio avait épousé ensuite une nièce d'Ezzelino da Romano, qui, elle non plus, ne lui avait pas donné d'enfants. Toute sa descendance, Hélène, qui épousera le comte de Donoratico Magdelaine et Constance, sont les filles de sa compagne de prison.

A neuf ans, Conrad avait été désigné par la Diète de Spire comme futur roi des Romains. De 1237 à 1250, il lutta pour maintenir son autorité contre l'indiscipline de ses vassaux allemands et des petits souverains associés à l'Empire. Il eut à combattre surtout le terrible Albert de Beham, dont les clameurs perfides excitaient toutes les haines, toutes les rancunes, toutes les ambitions, toutes les convoitises, contre l'Antéchrist et ses descendants ; non sans vigueur poétique, parfois ; il y a un certain génie dans les invectives apocalyptiques de cet avocat du pape. « Semblable au grand dragon, il a entraîné avec sa queue la majeure partie des étoiles. Il a rendu les prélats apostats pour tenter les bons et profaner le temple du Seigneur et les sacrements de l'Église. Beaucoup d'entre eux, à l'instar des étoiles filantes, pour ne pas perdre leurs dignités et leurs délices temporelles, ont marché sans courage devant la face de celui qui les pousse en avant... »

Après la mort de Frédéric II, Conrad emprunta de l'argent au duc de Bourgogne, en lui donnant en gage Arles, Lausanne et Besançon, et continua à guerroyer contre l'antiempereur Guillaume de Hollande. Puis il amena son armée au secours de son frère Manfred, qu'il rencontra dans la ville construite pour celui-ci, Manfredonia, qui a suivi le sort de la dynastie des Hohenstaufen et, comme elle, est tombée en ruine. Conrad prit Naples et mit un mors au cheval de bronze qui était l'emblème de la ville. Excommunié par Innocent IV, qui voulait donner la couronne de Sicile à Henri III d'Angleterre, il rassembla une armée de vingt-six mille hommes, ce qui était considérable à cette époque. Il se proposait de réaliser son grand projet, l'écrasement complet de la faction guelfe en Italie et en Allemagne, la destruction de la ligue lombarde, l'anéantissement de l'antiempereur et de ses partisans, quand la fièvre le terrassa à Lavello, la veille du jour de l'Ascension, alors que, d'accord avec Manfred, il venait de mettre sur pied son plan de campagne.

En grand deuil, on porta dans la cathédrale de Palerme son corps qui devait y reposer auprès de son père, dont il semblait qu'il eût, pour un instant, égalé le génie, et essayé d'achever l'œuvre, quand un incendie éclata, tout à coup, on ne sait comment, et la dépouille de Conrad fut consumée. Il laissait un fils de deux ans, Conradin, le lionceau, qui lui aussi aura une destinée héroïque, tragique et splendide à la fois. A quatorze ans, il prendra les armes pour la cause des Hohenstaufen, mais trahi par Guido de Montefeltro, battu par les Angevins, il erra dans la Maritima après que Rome, livrée aux Guelfes, lui eut refusé l'asile. Des hommes le reconnurent, s'emparèrent de lui et le conduisirent à Charles d'Anjou, qui après un simulacre de procès ridicule et odieux, lui fit trancher la tête, à Naples, sur la place publique.

Ce fut aussi une fin tragique que celle de Manfred. Fils de Bianca Lancia, il épousa la fille du comte de Savoie, Béatrice. Lui qui disait que tous les « enfants de l'amour » devenaient de grands hommes — et il était né lui-même d'une union illégitime —, il fut terrassé par la « croisade » angevine et tué dans la bataille de Bénévent, en 1265. Charles d'Anjou voulait le faire enterrer décemment, non pas en terre sainte, puisqu'il était excommunié, mais le pape qui poursuivait de sa rage tous les fils de l'Archi-Ennemi, le fit arracher du sépulcre grossier, qu'on lui avait donné — un tas de pierres, près du pont romain de Bénévent —, et dispersa ces débris au vent, et à l'eau.

Les filles de l'empereur eurent une destinée moins dramatique. Selvaggia, qui avait épousé Ezzelino, partagea le destin de son mari, jusqu'à sa mort prématurée, après cinq ans de mariage à peine. Violante épousa le comte de Caserta. Constance, impératrice de Nicée par son mariage avec Vatatzès, erra longtemps après la mort de son mari, jusqu'au jour où elle se réfugia en Aragon, pour y vivre ses dernières années et y mourir. Celle qui semble avoir eu le destin le plus paisible est Blanchefleur qui mourut en 1278, dans le couvent des dominicaines de Montargis, où elle s'éteignit doucement après avoir vu disparaître, dans leur chevauchée pathétique, tous les enfants de cette race maudite sur laquelle le sort accumulait les désastres et les catastrophes.

Sans doute valait-il mieux qu'il en fût ainsi. Née sous un

signe tragique, cette dynastie des Hohenstaufen devait disparaître dans le fracas de ces grands orages qui accompagnent le trépas des êtres voués à un destin exceptionnel. Et puis, ils avaient accompli leur œuvre, ils avaient réalisé, dans la gloire, dans la détresse, dans l'exaltation de la victoire et dans les ténèbres du désespoir, leurs vies d'hommes, pleinement, totalement, héroïquement. Et cela seul compte, en définitive.

Notes

1. A. Luchaire. *Innocent III, Rome et l'Italie,* Paris, 1904. Baluze, *Innocenti III Epistolae.*

2. Huillard-Breholles. *Historia diplomatica Frederici Secundi,* Paris, 1859. Préface et introduction, p. CLXXIX.

3. Voir le portrait de Markwald d'Anweiler dans Kantorowicz. *Kaiser Friedrich der Zweite,* Berlin, 1927. Markwald ayant essayé de soulever les Sarrasins, le pape les admonesta en ces termes : « Considérez ce que vous devez à Frédéric et quelle est la perfidie de Markwald. Songez bien que, comme beaucoup de princes et une grande foule de peuples d'Occident se sont ligués contre les Sarrasins, ont pris la Croix et se proposent de passer prochainement la mer, ils tourneront leurs armes contre vous, s'il vous arrive de vous joindre à Markwald contre les chrétiens et le jeune roi ; et Markwald ne pouvant leur résister apaisera bon gré mal gré leur colère par votre sang, et rachètera sa vie par votre mort. Nous vous avertissons donc et nous vous exhortons tous, tant que vous êtes, à imiter en cela la fermeté de vos ancêtres, à ne pas payer d'ingratitude les bienfaits dont les rois de Sicile vous ont comblés, à prendre en considération la douceur du siège apostolique, qui

non seulement veut maintenir, mais accroître vos bonnes coutumes si vous consentez à être dévoués à nous et fidèles au roi, sans ajouter foi aux promesses et aux tromperies de Markwald. » Huillard-Breholles, *op. cit.*, vol. I, p. 37.

4. Hampe, *Le Haut Moyen Age,* traduction française, Gallimard, Paris, 1943, p. 309.

5. Hampe, *op. cit.*, p. 304.

6. Huillard-Breholles, *op. cit.*, vol. I, pp. 268-272.

7. Hampe, *op. cit.*, p. 324.

8. Huillard-Breholles, *op. cit.*, vol. I, p. 473.

9. René Grousset. *Histoire des Croisades,* Paris, Plon, 1937 et W. Norden, *Der Vierté Kreuzzug...*, Berlin, 1898.

10. Hefele, *Concilien Geschichte,* vol. V.

11. Hefele, *id., ibid.*

12. Hampe, *op. cit.*, p. 348.

13. Burchard d'Ursperg, *Chronicon,* édition Holger, Egger et Simson.

14. Zeller, *Histoire d'Allemagne,* vol. V, « L'empereur Frédéric II et la chute de l'Empire germanique du Moyen Age », Paris, 1885.

15. « Frédéric ne négligea rien pour flatter la vanité des Arabes de Lucera, en embellissant leurs villes avec les dépouilles des cités vaincues, pour encourager leur principale industrie, en faisant venir de Damas et d'Espagne des armuriers habiles à tremper l'acier, et surtout pour les protéger contre l'animosité de ses sujets chrétiens. Malgré tout, beaucoup de ces musulmans se regardaient toujours comme exilés ; sans cesse ils inventaient des ruses pour franchir les hautes murailles qui les emprisonnaient, ou bien se tenaient cachés en différents lieux de la Capitanate, afin de s'évader à la première occasion favorable. Mais l'empereur s'appliqua constamment à prévenir ces désertions par d'actives mesures, soit en interdisant à ses officiers de recevoir dans les ports siciliens aucun Sarrasin venant de Calabre en Sicile, sous prétexte de faire le négoce, soit en défendant aux justiciers des provinces méridionales de souffrir qu'aucun Sarrasin résidât sur

les terres de leur juridiction, sans l'envoyer à Lucera pour qu'il justifiât de sa condition civile. » Huillard-Breholles, *op. cit.*, Préface et Introduction, p. CCCLXXXV.

16. Auvray, *Les Registres de Grégoire IX,* Paris, 1896. Balan *Storia di Gregorio IX e de suoi tempi,* Modena, 1872.

17. Huillard-Breholles, *op. cit.*, vol. VI.

18. Auvray, *op. cit.*

19. Huillard-Breholles, *op. cit.*, vol. VI.

20. René Grousset, *op. cit.*, Paris, 1937. Momigliano, *Frederico II di Svevia,* Milano, 1932. Kantorowicz, *op. cit.* Voir aussi la *Chronique Sicilienne* et le *Continuateur de Guillaume de Tyr.*

21. Pertz, *Monumenta Germaniae Historica; leges,* I, p. 283.

22. Zeller, *op. cit.*, pp. 260-261. Winckelmann, *Geschichte Kaiser Friedrichs des Zweiten und seiner Reich,* Berlin, 1863. Du même auteur, *De Regni Siculi administratione,* Berlin, 1859, et *Acta imperia inedita,* Berlin, 1880-1885.

23. Huillard-Breholles, *Const. regni,* vol. I et *Historia Diplomatica,* t. IV. Sclopis, *Storia della Legislazione d'Italia.*

24. Jordan, *L'Allemagne et l'Italie aux XIIe et XIIIe siècles,* Paris, 1939.

25. Momigliano, *op. cit.*, p. 73.

26. *Op. cit.* Tout l'ouvrage est plein, d'ailleurs, de points de vue profonds et originaux, parfois assez hardis, sur Frédéric II et son temps.

27. Voir là-dessus Pertz, Wilckelmann, Huillard-Breholles.

28. *Grande Chronique* de Mathieu Paris.

29. Huillard-Breholles, *op. cit.*, vol. IV, p. 55.

30. Huillard-Breholles, *op. cit.*, Préface et Introduction, CCXCIX.

31. Salvemini, *Le lotte fra Stato e Chiesa nei Communi italiani,* Firenze, 1901. Pivano, *Stato e Chiesa negli Stati communali italiani,* Torino, 1904. Volpe, *Medioevo italiano,* Firenze, 1923.

32. Julien Luchaire, *Les Sociétés italiennes du XIIIe siècle au XVe*, Paris, 1933. Du même auteur, *Les Démocraties italiennes,* Paris, 1920.

33. Fra Salimbene, *Chronica.*

34. Huillard-Breholles, *op. cit.,* vol. IV.

35. Huillard-Breholles, *op. cit.,* vol. IV.

36. Rymer, t. I, p. 228.

37. Auvray, *op. cit.* et *Regesta Gregorii IX.*

38. Auvray, *id.*

39. Auvray, *id.*

40. *Regesta Gregorii IX.*

41. Huillard-Breholles, *op. cit.,* vol. IV.

42. Huillard-Breholles, *op. cit.,* vol. V.

43. Huillard-Breholles, *op. cit.,* vol. V.

44. Zeller, *op. cit.,* vol. V.

45. Zeller, *id.*

46. Zeller, *id.*

47. Huillard-Breholles, *op. cit.,* Préface et Introduction.

48. Raynald, *Ann. Eccl.,* année 1241.

49. Huillard-Breholles, Préface et Introduction. Voir aussi Pietro della Vigna, *Epistolae,* lib. I et Giuseppe de Blasiis, *Della Vita e delle Opere di Pietro della Vigna,* Napoli, 1861.

50. Huillard-Breholles, *op. cit.,* Préface et Introduction.

51. Cherrier, *Histoire de la lutte des papes et des empereurs,* t. III, p. 98.

52. Huillard-Breholles, *op. cit.,* vol. V.

53. H. de Ziegler, *Vie de l'Empereur Frédéric II de Hohenstaufen,* Paris, 1935. Kantorowicz, *op. cit.* « Ce n'est pas Jésus le médiateur entre Dieu et les hommes, le maître des apôtres, mais le prince des ténèbres, le père du mensonge ; Satan, qui siège au milieu des cardinaux. Par suite de leurs discordes l'Église est en désordre, la foi est ébranlée. Si l'onction pontificale manque, si un pape oint et sacré fait défaut, ne craignez-vous pas qu'il s'élève un autre Saint des Saints ? Et quel sera-t-il ? » *Lettre de Frédéric II,* citée dans Huillard-Breholles, *op. cit.,* vol. VI.

54. Hampe, *op. cit.,* p. 388.

55. René Grousset, *L'Empire des Mongols,* Paris, 1941, p. 298.

56. Zeller, *op. cit.,* vol. V, p. 378.

57. *Grande Chronique* de Mathieu Paris.

58. Renan, *Averroës et l'Averroïsme,* Paris, 1866.

59. « Le premier temps a été celui de la connaissance, le second celui de la sagesse, le troisième sera celui de la pleine intelligence. Le premier a été l'obéissance servile, le second la servitude filiale, le troisième sera la liberté. Le premier a été l'épreuve, le second l'action, le troisième sera la contemplation. Le premier a été la crainte, le second la foi, le troisième sera l'amour. Le premier a été l'âge des esclaves, le second celui des fils, le troisième sera celui des amis. Le premier a été l'âge des vieillards, le second celui des jeunes gens, le troisième sera celui des enfants. Le premier s'est passé à la lueur des étoiles, le second a été l'aurore, le troisième sera le plein jour. Le premier a été l'hiver, le second le commencement du printemps, le troisième sera l'été. Le premier a porté les orties, le second les roses, le troisième portera les lis. Le premier a donné l'herbe, le second les épis, le troisième donnera le froment. Le premier a donné l'eau, le second le vin, le troisième donnera l'huile. Le premier se rapporte à la Septuagésime, le second à la Quadragésime, le troisième sera la fête de Pâques. Le premier âge se rapporte donc au Père qui est l'auteur de toutes choses, le second au Fils qui a daigné revêtir notre limon, le troisième sera l'âge du Saint-Esprit, dont l'Apôtre dit : "Là où est l'esprit du Seigneur, là est la liberté." » Joachim de Flore. *Concordia,* livre V, chap. 48.

60. Phrase prononcée par Innocent IV au Concile de Lyon.

61. « Le soudan avait besoin d'argent ; il fit venir un riche juif, afin de le dépouiller. Il lui demanda quelle était la meilleure foi ; si le juif répondait : la juive, c'était une injure à la foi du maître. S'il disait : la sarrasine, c'était une apostasie ; dans l'un et l'autre sens, un prétexte à confiscation. Mais le juif avait en réserve une histoire édifiante, qui remonte peut-être à la captivité de Babylone : "Messire, il y eut un père qui eut trois fils et un anneau orné d'une pierre précieuse, la meilleure du monde. Chacun des fils priait le père de lui laisser la bague en mourant. Et le père pour contenter chacun, appela un bon orfèvre et lui dit : « Maître,

fais-moi deux anneaux semblables à celui-ci et mets à chacun une pierre pareille à celle-ci. » Le maître fit les anneaux si ressemblants que personne, hormis le père, ne pouvait distinguer le vrai. Il fit venir ses fils chacun à part, et dit le secret à chacun, et chacun crut recevoir le vrai anneau que le père seul connaissait bien." C'est l'histoire des trois religions, messire. Le père qui les a données sait quelle est la meilleure, et chacun de ses fils, c'est-à-dire nous autres, nous croyons que nous avons la bonne. « Le soudan fut émerveillé et laissa le juif s'en aller sans lui faire de mal. » Novellino, 112 ; cité dans Gebhart, *L'Italie Mystique,* Paris, 1908.

62. Renan, *op. cit.,* p. 288.

63. Échard. *Scriptores ordinis Praedicatorum* t. I, p. 126 et aussi *Buoncompagni, Intorno ad alcune opere di,* Pisano-Firenze, 1854.

64. *Malaspina,* cité dans Huillard-Breholles, *op. cit.,* Préface et Introduction, DXXXII et aussi vol. IV, p. 369.

65. « On peut donc dire sans exagération que le grand mobile de Frédéric II fut un goût en quelque sorte inné pour la civilisation, et par civilisation il faut entendre ici, conformément au sens moderne du mot, le développement libéral des facultés de l'âme. Le mouvement de rénovation intellectuelle auquel le génie de Charlemagne avait donné une impulsion puissante mais éphémère, reprit au XIIe siècle sa marche interrompue et devint, sous Frédéric II, à la fois régulier et définitif. On doit même considérer le règne de ce souverain comme marquant l'époque d'une première Renaissance qui annonce et prépare de loin les splendeurs du XVIe siècle. Le retour vers les anciens systèmes de philosophie, les progrès de la méthode scientifique, la culture des lettres classiques, l'essor de la langue nationale, tous ces faits qui caractérisent si nettement le temps de François Ier se retrouvent déjà dans l'exposé que nous venons de faire ; et en jetant un coup d'œil sur l'état des arts pendant la même période nous les verrons suivre à peu près la même tendance, celle de remonter aux antiques sources du beau. Ce n'est pas un mince honneur pour un monarque du XIIIe siècle que d'avoir fait appel aux savants et aux

lettrés sans se préoccuper de la différence des religions et des races, d'avoir favorisé toutes les manifestations de la raison humaine, de lui avoir enfin rouvert ces larges voies d'où elle ne devait plus s'écarter. » Huillard-Breholles, *op. cit.*, Préface et Introduction, p. DXLIV.

66. De Rossi, *Cod. Manuscr. Hebr.*, t. II, p. 162.

67. *Sur Juda Cohen ben Salomon,* voir dans Huillard-Breholles, *op. cit.*, Préface et Introduction, p. DXXVII.

68. H. de Ziegler, *op. cit.*, p. 126.

69. Sur le développement donné par Frédéric II aux universités, voir Momigliano, *op. cit.*, p. 89, et la magnifique lettre du 5 juin 1224, dans laquelle Frédéric II déclare que « pour créer une fontaine de science et un séminaire de doctrine », il a décidé que, à Naples, « cité bellissime », seront instituées des études pour les arts légaux et pour toutes les professions possibles, « afin que ceux qui sont affamés de culture puissent trouver dans le Royaume le moyen de satisfaire leur désir et qu'ils ne soient pas obligés pour l'étude des sciences de s'en aller au loin chercher des écoles à l'étranger ».

70. Voir Boehmer, pour *l'Histoire d'Élisabeth de Hongrie.* « Sur le tombeau de la sainte femme, morte en 1231, déjà des miracles avaient eu lieu en 1233, s'il faut en croire la chronique de Marbach... Le pape avait chargé les évêques de Cologne, de Trèves et l'évêque d'Hildesheim de la translation des restes dans un cercueil orné de pierres précieuses. Mais Frédéric vint en personne à Marbourg, escorté des grands et des princes, souleva lui-même la pierre du caveau et mit sur la tête de la glorieuse morte de l'Allemagne (*Gloria Germaniae*) une couronne d'or. Il honorait à la fois ainsi le nom d'un homme qu'il avait regretté, le caractère d'une femme admirée de tous, et la religion qu'il prétendait toujours servir en maître. » Zeller, *op. cit.*, vol. V, p. 320.

71. É. Bertaux, *L'art dans l'Italie méridionale,* p. 710.

72. É. Bertaux, *op. cit.*, p. 727.

73. É. Bertaux, *op. cit.*, pp. 722-723 et Carl Frey, *Ursprung und Entwickel ung Staufischer Kunst in Sud Italien.* De même

Baltard, *Monuments des Normands et de la dynastie de Souabe.*

74. É. Bertaux, *op. cit.,* p. 752.

75. É. Bertaux, *op. cit.,* p. 747.

76. Voir dans É. Bertaux, pp. 709 et suiv., *la description de la porte triomphale de Capoue.*

77. Zeller, *op. cit.*, vol. V, p. 376.

78. Élia Berger, *Les Registres d'Innocent IV,* Paris, 1884, et *Nicola de Curbio, Vita Innocenti IV,* édition Mansi.

79. Élia Berger, *op. cit.*

80. Voir dans Gebhart, *op. cit.,* pp. 77-78, *la «réforme» de Joachim de Flore.*

81. Huillard-Breholles, *Vie et Correspondance de Pierre de la Vigne,* Paris, 1865, p. 191.

82. Huillard-Breholles, *Pierre de la Vigne,* p. 241, et *De Blasisis, op. cit.*

83. Voir le *récit des séances du concile,* très vivant et pittoresque, dans Raynald, et surtout *la Grande Chronique* de Mathieu Paris.

84. Huillard-Breholles, *Historia Diplomatica,* t. VI, pp. 392-393.

85. Hampe, *op. cit.,* p. 341.

86. Huillard-Breholles, *Pierre de la Vigne,* p. 3.

87. *Id.* p. 54.

88. *Chronique* de Mathieu Paris.

89. *Giornale di Scienze, lettere ed arti per la Sicilia,* 1823.

90. Huillard-Breholles, *Pierre de la Vigne,* p. 82.

91. «En Frédéric II, un empereur était déifié pour la dernière fois «comme une force attendue en l'éternité, comme le Messie et le Seigneur de l'Achèvement, maître dans le royaume apollinien qu'annoncèrent les Sybilles». De son vivant déjà on l'honora comme «le roi du Soleil». Et l'on pourrait lui rapporter une foule d'images messiniques. Manfred écrivait au roi Conrad après la mort de leur père : «Le soleil du monde s'est couché, qui luisait sur les peuples, le soleil du droit, l'asile de paix.» Un mois après ce «coucher», des fidèles annonçaient à Tivoli, comme l'eût pu

faire la Sibylle tiburtine que « semblable au soleil, Frédéric avait plongé dans la mer occidentale, laissant derrière lui son fils solaire, dont l'aurore approchait ». C'est toujours le culte du *Sol invictus*, rajeuni par les prophéties, qui mille ans plus tôt s'était fondu dans le culte du Seigneur, et qui prenait pour objet maintenant l'empereur Frédéric, né un jour après la naissance du Soleil et la nativité du Christ, mort en décembre aussi, qui reviendrait à la consommation du temps pour ériger le royaume de Paradis. » H. de Ziegler, *op., cit.*, pp. 215-216.

92. Matteo, *Diurnali*, § 33.

93. É. Bertaux, *op. cit.*, p. 750.

94. Hampe, *op. cit.*, p. 398.

TABLE DES CHAPITRES

Chapitres

DANS LA MÊME COLLECTION

Louis ALTHUSSER, *Machiavel et nous*
François-Jean ARMORIN, *Terre Promise, terre interdite*
Colette ARNOULD, *Histoire de la sorcellerie*
Raymond ARON, *Essais sur la condition juive contemporaine*
Frédérique AUDOIN-ROUZEAU, *Les Chemins de la peste : le rat, la puce et l'homme*
Elisabeth BADINTER, *Les Remontrances de Malesherbes*
Jacques BAINVILLE, *Histoire de France*
Malcom BARBER, *Le Procès des Templiers*
Giovanni BELZONI, *Voyages en Égypte et en Nubie*
Célia BERTIN, *La Femme à Vienne au temps de Freud*
Louise BROOKS, *Loulou à Hollywood*
Christopher R. BROWNING, *Des hommes ordinaires. Le 101e bataillon de réserve de la police allemande et la Solution finale en Pologne*
Christopher R. BROWNING, *Politique nazie, travailleurs juifs, bourreaux allemands*
Riccardo CALIMANI, *Histoire du ghetto de Venise*
Piero CAMPORESI, *Le Goût du chocolat*
Boni DE CASTELLANE, *L'Art d'être pauvre*, précédé de *Comment j'ai découvert l'Amérique*
Pierre CHAINE, *Mémoires d'un rat*
Kellow CHESNEY, *Les Bas-Fonds de Londres. Crime et prostitution sous le règne de Victoria*
Winston CHURCHILL, *Discours de guerre*. Édition bilingue
Winston CHURCHILL, *Journal politique, 1936-1939*
Winston CHURCHILL, *Mes jeunes années*
Winston CHURCHILL, *Mon voyage en Afrique*

Winston CHURCHILL, *Réflexions et Aventures*
Marthe COHN, *Derrière les lignes ennemies*
Pierre DAIX, *Aragon avant Elsa*
Franck DANINOS, *CIA. Une histoire politique, 1947-2007*
Sophie DEROISIN, *Le Prince de Ligne*
Moses I. FINLEY, *L'Héritage de la Grèce antique*
Robert FLEURY, *Marie de Régnier*
Michael R.D. FOOT & J.-L. CREMIEUX-BRILHAC, *Des Anglais dans la Résistance. Le SOE en France, 1940-1944*
Max GALLO, *La Nuit des longs couteaux*
Max GALLO, *L'Italie de Mussolini*
Murray GORDON, *L'Esclavage dans le monde arabe*
Zalmen GRADOWSKI, *Au cœur de l'enfer*
Michael GRANT et John HAZEL, *Dictionnaire de la mythologie*
Mogens Herman HANSEN, *La Démocratie athénienne*
Victor HANSON, *Le Modèle occidental de la guerre*
John HERSEY, *Hiroshima*
Richard HILLARY, *Le Dernier Ennemi. Bataille d'Angleterre, juin 1940-mai 1941*
Adam HOCHSCHILD, *Les Fantômes du roi Léopold. La terreur coloniale au Congo belge, 1884-1908*
Alistair HORNE, *Comment perdre une bataille*
Aldous HUXLEY, *Les Diables de Loudun*
Jean-Noël JEANNENEY, *Georges Mandel. L'homme qu'on attendait*
Lucien JERPHAGNON, *Julien dit l'Apostat*
Alexandre JEVAKHOFF, *Les Russes blancs*
Joseph KESSEL, *Jugements derniers. Les procès Pétain, de Nuremberg et Eichmann*
Joseph KESSEL, *L'Heure des châtiments*
Joseph KESSEL, *La Nouvelle Saison*
Joseph KESSEL, *Le Jeu du roi*
Joseph KESSEL, *Le Temps de l'espérance*
Joseph KESSEL, *Les Instants de vérité*
Joseph KESSEL, *Les Jours de l'aventure*
Arthur KOESTLER, *La Treizième Tribu*
Paul LAFARGUE, *Paresse et Révolution, 1880-1911*
Evelyne LEVER, *Marie-Antoinette, journal d'une reine*
Claude LÉVY et Paul TILLARD, *La Grande Rafle du Vel d'Hiv*
Louis XIV, *Mémoires suivis de Manière de montrer les jardins de Versailles*. Textes présentés par Joël Cornette

Pierre MENDÈS FRANCE, *Dire la vérité*
Jean MEYER, *La Révolution mexicaine*
André MIQUEL, *Ousâma. Un prince syrien face aux croisés*
Nancy MITFORD, *Madame de Pompadour*
Horst MÖLLER, *La République de Weimar*
Philippe MONNIER, *Venise au XVIIIe siècle*
Daniel MORNET, *Les Origines intellectuelles de la Révolution française*
Donald M. NICOL, *Les Derniers Siècles de Byzance*
George D. PAINTER, *Marcel Proust*
Jacques-Henry PARADIS, *Le Journal du siège de Paris.* Texte annoté et présenté par Alain Fillion
Jean-Christian PETITFILS, *Le Véritable d'Artagnan*
Christophe PROCHASSON, *14-18. Retours d'expérience*
Salomon REINACH, *Sidonie ou Le Français sans peine*
Yves RENOUARD, *Les Hommes d'affaires italiens au Moyen Âge*
Jean-François REVEL, *Un festin en paroles. Histoire littéraire de la sensibilité gastronomique de l'Antiquité à nos jours*
Jacqueline DE ROMILLY, *Alcibiade*
Steven RUNCIMAN, *La Chute de Constantinople : 1453*
Cornelius RYAN, *La Dernière Bataille : 2 mai 1945*
Cornelius RYAN, *Le Jour le plus long*
Comte Philippe de SÉGUR, *Un aide de camp de Napoléon. De 1800 à 1812*
Comte Philippe de SÉGUR, *La Campagne de Russie, 1812*
Comte Philippe de SÉGUR, *Du Rhin à Fontainebleau, 1812-1815*
William L. SHIRER, *Les Années du cauchemar, 1934-1945*
La Baronne STAFFE, *Usages du monde. Règles du savoir-vivre dans la société moderne*
Robert VAN GULIK, *Affaires résolues à l'ombre du poirier. Un manuel chinois de jurisprudence et d'investigation policière du XIIIe siècle*
Paul VEYNE, *Sénèque. Une introduction*
Alexander WERTH, *La Russie en guerre. La patrie en danger, 1941-1942*
Alexander WERTH, *La Russie en guerre. De Stalingrad à Berlin, 1943-1945*
Edith WHARTON, *Villas et jardins d'Italie*
Arthur YOUNG, *Voyages en France*
Natalie ZEMON DAVIS, *Le Retour de Martin Guerre*

Du faîte de sa puissance à l'aube du premier millénaire, l'Empire byzantin fut l'objet de toutes les convoitises. Démembrée en 1204, reconstituée en 1261, cette portion orientale de l'Empire romain s'effrite sous les menaces extérieures et les déchirements internes avant de s'effondrer définitivement dans les mains ottomanes en 1453. Aux querelles de succession impériale s'ajoutent les assauts incessants des barbares. Jusqu'à ce que mort s'ensuive, les ambitions expansionnistes, territoriales comme économiques, des chrétiens d'Occident, Turcs, Serbes, colons francs et autres marchands italiens secouent l'Empire byzantin, où le conflit l'a toujours disputé à la splendeur. Ce livre retrace les deux derniers siècles des vicissitudes d'un monde ballotté entre gloire et périls, monde dont l'effervescence et le rayonnement culturels marqueront à jamais les bassins de la mer Noire et de la Méditerranée.

530 pages – 12 €

La mondialisation serait-elle née en Italie au Moyen Âge ? En distinguant les hommes d'affaires italiens des marchands locaux, Yves Renouard analyse la façon dont ces industriels, grands commerçants ou encore banquiers surent profiter des occasions offertes par les croisades pour accroître les échanges dans un monde en pleine mutation. L'ouvrage révèle ici leurs capacités à développer le secteur industriel ainsi que les techniques commerciales et bancaires héritées de la Grèce Antique, et à élaborer celles de l'assurance, de l'information et de la banque moderne. L'évolution des sociétés occidentales pendant la période médiévale résulte en grande partie des activités de ces mercatores. Déterminants dans la constitution de la bourgeoisie, de la civilisation urbaine et laïque, ils sont également apparus comme de vrais acteurs de la transformation de la culture ou de l'éthique, qui s'appellera la Renaissance.

384 pages – 10 €

À l'époque où Charlemagne se fit couronner empereur d'Occident, l'extrémité orientale de l'Europe, entre le Caucase et la Volga, était dominée par un État juif connu sous le nom d'Empire khazar... » Ainsi débute le récit d'Arthur Koestler sur l'une des plus passionnantes énigmes des temps médiévaux. En historien novateur, il retrace méticuleusement l'épopée des Khazars, de leurs origines à leur déclin. S'attardant sur la composition de la mosaïque ethnique de ce peuple guerrier et sur ses mythes, l'auteur dépeint un monde méconnu qui contribua à façonner la destinée de l'Europe médiévale. De son étude ressort l'influence de cet épisode sur le développement du judaïsme russe et européen. Aux confins des mondes occidentaux et orientaux, à une époque riche en épopées guerrières, l'autorité khazare est le seul exemple concret d'un État juif avant la fondation de l'Israël contemporain.

336 pages – 8 €

Achevé d'imprimer en avril 2011
dans les ateliers de Normandie Roto Impression s.a.s.
61250 Lonrai
N° d'imprimeur : 111568
N° d'éditeur : 3421
Dépôt légal : mai 2011
ISBN : 978-2-84734-799-9

Imprimé en France